以人为本背景下中学教育
教学模式创新研究

于伟强　著

北京工业大学出版社

图书在版编目（CIP）数据

以人为本背景下中学教育教学模式创新研究 / 于伟
强著 ． — 北京 ：北京工业大学出版社，2021.10 重印
ISBN 978-7-5639-6839-8

Ⅰ ． ①以… Ⅱ ． ①于… Ⅲ ． ①中学教育－教学模式－
研究 Ⅳ ． ① G632.0

中国版本图书馆 CIP 数据核字（2019）第 102362 号

以人为本背景下中学教育教学模式创新研究

著　　者：于伟强
责任编辑：张　贤
封面设计：点墨轩阁
出版发行：北京工业大学出版社
　　　　　（北京市朝阳区平乐园 100 号　邮编：100124）
　　　　　010-67391722（传真）　bgdcbs@sina.com
经销单位：全国各地新华书店
承印单位：三河市元兴印务有限公司
开　　本：710 毫米 ×1000 毫米　1/16
印　　张：14.75
字　　数：295 千字
版　　次：2021 年 10 月第 1 版
印　　次：2021 年 10 月第 2 次印刷
标准书号：ISBN 978-7-5639-6839-8
定　　价：45.00 元

前　言

　　坚持以人为本，树立全面、协调、可持续的发展观，促进经济社会和人的全面发展。这一新论断，深刻阐明了中国共产党人新发展观的本质特征，是对马克思主义人的全面发展理论的继承、丰富和发展。以人为本的科学理念，既是一个新的价值取向，也是高等教育的一个基本原则，在教育领域具有本体论的意义。树立以人为本的教育理念，是落实科学发展观的具体体现。

　　人本主义心理学是 20 世纪五六十年代在美国兴起的一种心理学思潮。以罗杰斯为代表的人本主义心理学家和教育学家提出学生中心论的教育思想，认为在教育过程中，教师一方面要突出情感的地位和作用，解决情感问题，统一学生的认知与情感，形成一种以情感作为教学活动的基本动力的新的教学模式；另一方面，现实世界千变万化，教师只有帮助学生掌握学习方法，学会学习，增强学习者的主体意识和自主学习能力，促进学习者身心健康地成长，在未来他们才有可能积极地适应不断变化的现实世界。简言之，人是教育的中心，也是教育的目的，教学必须服务于完整的人的发展，这是人本主义教育理论的核心。完整的人的发展主要包括认知、情感、态度和技能的和谐发展。我们的每一门课程、每一个学习主题都有具体的教学目标，而要达到任何一个具体的教学目标，都应自觉地朝向这个教学的终极目标——完整的人——发展。

　　树立主体意识，造就独立人格，已成为现代国际教育思想变革的一个重要标志。在各个教育领域，人们越来越强调"以学习者为中心"的教学方法。人们意识到，对学习的最终结果起决定作用的是学习者本人。任何成功的教育必须充分考虑到学习主体的个性特征。以人为本的教育理念是时代发展的产物，它的意义在于把人放在第一位，主张以人作为教育教学的出发点，顺应人的禀赋，提升人的潜能，完整而全面地关照人的发展。树立以人为本的教学理念是每一个教育工作者义不容辞的责任。

教学的本质是人的活动，教学就是为了人的发展。在教学中以学生为中心，一切教学都是为了学生的全面发展，每一门学科都是面向全体学生的。教学的目标是培养学生的自主学习能力，提高其语言应用能力和文化素养，促进学生的全面发展。长期以来，教学强调的以知识为本位的传统教学观念，使教学的实践与研究过多地偏重于技能技巧，忽视了"以人为本"，抛开了学生，没有针对"人的发展"，达不到教学的目的。教学工作者要认识到这一点才能在教学中有所突破，树立"以人为本""以学生发展为本"的教学观念。把"以人为本"思想纳入教学工作是大势所趋。

　　以人为本的教学理念给了教学极大的挑战，但同时也给了教学新的机遇。树立以人为本的教育观，更新观念，转变角色，从教书匠转变为学生成长的引导者、学习潜能的唤醒者、教育内容的研究者，是每一位教师面临的重要课题。作为一名教师，笔者深知转变教育理念、创新教学方法、改革教学模式、运用先进的教育技术和手段、加强教学管理和评估的迫切性和重要性。因此，近年来，笔者致力于以人为本思想的研究并努力在教学实践中加以应用。本书就是笔者对"以人为本与教学"有关问题的思考与探讨。

　　由于笔者水平有限，加之时间仓促，书中不足之处在所难免，恳请读者批评指正。

目　录

第一章 教育概述

第一节 教育与教育学

一、教育的性质

教育在人类生活中的重要性越来越为人们所认识。随着国际竞争日趋激烈以及科学技术迅速发展，综合国力和经济实力的竞争实际上成为科学技术的竞争。从这个意义上来说，谁掌握了 21 世纪的教育，谁就能在 21 世纪的国际竞争中处于战略主导地位。

我们都经历了十多年的学校教育，并且一直都在接受家庭教育，应当说对学校教育、家庭教育是不陌生的。

（一）教育的概念

1. "教育"的词源

在我国，一般认为"教育"一词最早见于《孟子·尽心上》中的"得天下英才而教育之，三乐也"。但由于 20 世纪前，人们很少把这两个字合起来作为一个词使用，所以这里的"教育"主要指"教"或"育"。按东汉许慎所著《说文解字》的解释，即"教，上所施，下所效也；育，养子使作善也"。在我国古代思想家的教育论说中，与"教"相伴出现的字多为"学"。这是因为，古代的"教"主要指"教学生学有关的知识"，"学"主要指"学生在房子里学习有关的知识，教"与"学"只是从不同角度描述同一种活动。

在现代英语中，教育是"education"；在法语中，教育是"Education"；在德语中，教育是"erziehung"，三词都来源于拉丁文"educare"。"educare"是名词，它是从动词"educSre"转换来的。"educare"是由前缀"e"与词根"ducare"合成的。前缀"e"有"出"的意思，词根"ducgre"有"引导"的意思，合起来即为"引出"。意思是借助一定的办法，把潜藏于学生内心的东西（知识、智慧等）引导出来。

"教育"一词逐渐被中国人认识、传播，并成为使用频繁的名词，与西方教育传入中国有关。明清之际，来华的耶稣会士在为传教服务的宗旨下，翻译介绍了各种科学文化知识，同时也为中国带来了与传统的封建教育不同的西方新教育。如高一志的《童幼教育》、艾儒略的《西学凡》和《职方外纪》等。19 世纪中叶，传教士加强了对西方学制的介绍，如丁韪良的《西学考略》、李提摩太的《七国兴学备要》等。这时期的传入，虽然数量很少，但已经激起了一部分人对新"教育"的兴趣。甲午战争以后，借助日本这个媒介，中国真正开始大量引介西方教育思想、学说和理论著作。当时去日本留学的一些人开始翻译日文教育学书籍。由于日文中有"教育"和"教育学"一词，故翻译过来的有关"兴学"活动和理论就称为"教育"和"教育学"。正是在我国最早创办的教育杂志《教育世界》以及教育著作的影响下，"教育"一词频繁出现，逐渐代替了原先使用的"教"和"学"的单音词。

2."教育"的定义

教育界里里外外的许多人不仅喜欢谈论教育，而且非常愿意界说教育。同时，教育领域在历史长河中不断地拓宽，教育与社会发展和个体发展的关系也处于不断的变化之中，"教育"的定义类型和基本词义也因此而多种多样。

一般来说，人们从两个角度给"教育"下定义，一是社会的角度，一是个体的角度。

从社会的角度来定义"教育"，代表性的观点有涂尔干的"教育在于使年轻一代系统地社会化"，巴格莱的"教育是传递人类积累的知识中具有永久不朽价值的那部分的过程"。不少学者根据"教育"一词外延的大小做了进一步区分。

广义的教育，泛指影响人们知识、技能、身心健康、思想品德的形成和发展的各种活动。它包括人们在家庭中、学校里、亲友间、社会上所受到的各种有目的的影响。

狭义的教育，主要指学校教育，即根据一定的社会要求和受教育者的发展需要，有目的、有计划、有组织地对受教育者施加影响，以培养一定社会（或阶级）所需要的人的活动。

特狭义的教育，指有计划地形成学生一定的思想政治观点和道德品质的活动，与德育同义。在此类定义中，教育是社会进化的一个基本因素，强调社会政治、经济和文化等因素对个体发展的影响，强调发挥教育在促进个体履行社会功能方面的作用。

从个体的角度来定义"教育"，往往把"教育"等同于个体的学习或发展过程。代表性的观点有特朗里的"教育即成功地学习知识、技能与正确态度的过程"。李特的"教育就是对人性的改造"。在此类定义中，教育是个体发展与完善的一个基本因素，强调个体的价值以及个体发展对社会的发展与进步的积极作用。

这些"教育"定义从不同角度揭示了教育活动的某些属性，展示了教育活动在范围、内容、层次、过程或结果等方面的不同状况，有助于人们更加全面地认识教育活动。但这些定义对教育活动的层次性普遍重视不够，缺乏立体感，从而影响人们对教育活动的深入理解。

根据对"教育"概念的分析，我们尝试将"教育"区分为三个层次，并分别定义为：低限"教育"，即使人免受伤害的人际交往活动；现实"教育"，即使人掌握谋生本领的人际交往活动；理想"教育"，即发展人的自由人格的人际交往活动。

教育从来都是具体的，低限（原初、底线）教育和现实教育是非常具体的教育，教育要有理想，但教育的理想和理想的教育也应该是具体的。使人免受伤害，是人类社会或个体办教育、个体或群体接受教育的原初动力来源。办教育，提高民众（哪怕只是少数人）的文明程度，目的是使这些受教育民众不因无知和无能受到或带给自己、他人、自然及社会伤害。虽然最初阶段的专门教育可能只是为了使（少数人）自己少受或不受伤害，但人们接受教育的初始动力没有因此发生改变，教育能够满足人的初始需求的功能没有因此发生改变。人们看到今天的教育更加人性化，更加体现人与人、人与自然之间的和谐，已经是使人少受伤害的教育。而人类正在积极倡导的"生命教育""健康心灵教育""全纳教育""关注弱势群体权利的教育"，争取教育平等、民主，合理处理教育中的各种关系等也都是为了使人免受伤害，它是人类发展阶段更高的教育，和当下的教育一样，它们都是先人的教育理想。

"使人掌握谋生本领"是现实教育的真实追求，也是衡量现实教育价值大小的主要砝码。斯宾塞的"教育为未来生活做准备"，揭示了教育的继时谋生价值，忽视了教育的即时谋生价值，现实的教育应该争取这两种价值的有机结合。教育，哪怕是以公共性为根本特征的基础教育，都应该建立起与谋生的实质性联系。教育目的的确立，课程计划的制订，课程目标、内容的选择，教学活动的安排，教育活动的管理与评价等都应该体现谋生要求。

发展人的自由人格是教育目的的理想形态，是人成为"人"的真正标尺。自由人格的人是一个完整的人，是全人教育和自由活动相融合促成个性充分发展的人。

首先，全人教育是基础。近代教育思想史上的"人的全面和谐发展"基本上是以抽象的人性观为理论基础的。马克思主义经典作家，从考察分工入手，揭示人的片面发展的根源，指出社会化大工业生产和资本主义的高速度发展为人的全面发展提供了物质基础，"用那种把不同的社会职能当作相互交替的活动方式的全面发展的个人，来代替只是承担一种社会局部职能的局部个人"，是资本主义生产发展的必然要求。这样就导致"能够适应极其不同的劳动需求并且在交替变换的职能中只是使自己先天的和后天的各种能力得到自由的发展"。这种发展的核心是"个人能力（体力和智力）的多方面的、充分的发展"（这个意思与我们今天讲的"全人教育"不完全相同）。人是实践的存在物。人有自然生命（种生命）和自为生命（类生命）；人有物质生命本质（种本质）和社会文化本质（类本质）。"自由自觉的活动"就是人的类生命、类本质。而衡量"自由自觉"的尺度是真善美。"真"是一种外在的科学的尺度，衡量活动客体的运动是否合规律；"善"是一种内在的价值的尺度，衡量活动主体的价值追求和目的意向是否合社会准则；只有既合科学规律又合社会准则，才是"美"的。

其次，以自由活动为主线。体现为认识活动的自由（多些"内发"，少些"外铄"；多些"思考"，少些"静听"；多些"主动"，少些"被动"）和交往的自由，即人格意义上的交往（平等）和教育意义上的交往（不完全平等，不平等）。

最后，以个性发展为落脚点。《学会生存》（2010—2016）提出要正视人格分裂的现状与原因：社会分成各个阶级；人与工作的脱离以及工作的零星杂乱；体力劳动与脑力劳动之间人为的对立；意识形态上的危机；人们所信仰的神话的崩溃；身心之间或物质价值与精神价值之间分为两端——人们周围的这些情况看来都在促使一个人的人格产生分裂。对于青年人的训练（理智、知识、技术、科学研究及其他专门技艺），使人变得"支离破碎"。

总之，教育是发生在人与人之间的实践交往活动，无论从历史的还是现实的角度，也无论从群体的或是个体的角度，它都应该是抽象概括性与具体层次性的交融。站在个体发展的角度将教育做三个层次的划分，有助于澄清教育功能上的递进关系，便于人们理解教育的阶段性地位与作用，同时有利于人们更好地分析、把握教育与个体成长、教育与社会发展之间的复杂关系。

（二）教育过程的基本要素

教育是一种复杂的社会现象，发展到今天，已形成一个多因素、多层次、多类别、多领域、多形态的整体系统。但任何教育活动，都是由三个基本要素构成的，即教育者、受教育者和教育中介要素。

1. 教育者

凡是对受教育者在知识、技能、思想、品德等方面起到教育影响作用的人，都可称为教育者。家庭是一个人受教育的重要场所，父母是子女最初和最经常的教育者。社会教育中的师傅以及起到教育作用的其他人员，都是教育者。但从教育成为社会的独立形式以后，特别是近代教育制度确立之后，教育者主要是指学校的教师以及其他形式的教育机构的教育工作者。教育是教育者有目的、有意识地向受教育者传授或引导他们学习人类生产活动经验和社会生产经验的活动，教育者是教育活动的主导者，对整个教育活动的方向和进程有着决定性的影响。教育者除了有明确的教育意图或教育目的之外，还必须理解其在实践活动中所肩负的促进个体发展及社会发展的任务或使命，他（她）是社会的代言人、文化的传播者，也是学生的领路人。

2. 受教育者

凡是在教育活动中承担学习责任和接受教育的人都是受教育者。广义来看，几乎任何人都可能成为受教育者，只要他是因为缺少点什么在向别人学习着。在学校教育中，受教育者指学生。随着科学技术在生产上的广泛应用以及终身教育时代的来临，受教育者逐渐扩展到成人乃至所有的社会公民。教育活动是教育者与受教育者双向互动的活动，受教育者是教育的对象，也是构成教育活动的基本要素。在教育活动中，相对于教育者，受教育者处于被领导和受教的地位。但受教育者也是社会的现实的活生生的人，他们不是教育者可以任意涂抹的白板或加工的素材，而是学习活动的主体，具有能动性、独立性、选择性和创造性。受教育者的这些主体性特征，影响和制约着教育活动的质量。受教育者的身心发展水平和个性特点既是教育活动的起点，也是他们自身进一步发展的基础。只有受教育者把外部要求转化为自己的学习、成长需求时，他才能成为自己学习的主人。随着受教育者学习能力的增长，其主观能动性在教育活动中表现得更为明显，起的作用也更大。

3. 教育中介要素

教育中介要素就是与教育相关联的精神性客体（相当于素材性教育资源）和／或物质性客体（相当于条件性教育资源）。"精神性客体"或"素材性教育资源"（教育者和受教育者不包括在内）指与教育活动中教育者与受教育者共同认识、掌握、运用的对象——合教育性文化（资源是教育活动中的客体）。"精神性客体"或"素材性教育资源"的构成成分大致可分为四种：①取之于符号文化的教育工具文化；②取之于人类智慧结晶的教育材料文化；③取之于"行为—作用体系"文化的教育手段文化；④取之于制度文化的教育组织形式与活动方式形态文化。它具有发展人的道德、情感、态度、智慧、体力、审美能力和综合实践能力等的作用。"物质性客体"或"条件性教育资源"（教育活动展开所必要的物质条件）指进入教育活动过程的各种物质资源。根据这些物质资源在教育中的不同作用，可以把它们分为教育的活动场所与设施、教育媒体以及教育辅助手段三大类。如果没有最低限度的条件性教育资源，教育活动就不能开展下去。从这个意义上可以说物质性客体对教育活动起着决定性作用。

教育的活动场所与设施在学校中主要指校舍、教室、操场、实验室、综合活动室等的外部与内部的设备装置。

教育媒体是教育活动中教育者与受教育者之间传递信息的工具，如口头语言、图片、印刷物、影碟、电子文本等。它是教育"精神性客体"或"素材性教育资源"的载体。同样的精神性客体可以使用不同的载体，不同的载体对不同的受教育者的学习也会产生不同的作用，从而影响教育的最终效果。

教育辅助手段是那些帮助教育者和受教育者开展教育活动的物质工具与技术手段。它与媒体的区别在于它本身并不是教育中需要传递的信息的载体，而是某些信息载体传递时必须有的工具或手段，如录音机、计算机以及其他教育工具。不同教育媒体往往需要不同的教育辅助手段。

如果没有最低限度的条件性教育资源，教育活动就不能开展下去。从这个意义上可以说物质性客体对教育活动起着决定性作用。但具备基本教育教学条件之后，对教育活动质量产生决定性作用的因素是由一组动态因素构成的，它们依次是教育者、受教育者、教育管理和教育观念。教育管理和教育观念似乎不是独立的因素，但它们是最特别的具有决定人行为意义的复合因素，复合因素与它的载体之间相互影响，但复合因素因载体而"水涨船高"后，一个（些）动态因素功能大小取决于前一个（些）因素的状况，前一个（些）因素的质量决定后一个（些）因素的质量，也决定教育的整体质量。此即教育的"五层塔理论"。

（三）教育过程的关系结构

教育者、受教育者和教育中介要素是构成教育过程的基本要素，三者有机结合，共同推动教育活动的发展变化，在发展变化的过程中形成三者之间复杂的关系。

传统的实践教育观认为，教育就是教育者通过对受教育者进行一种有目的、有计划、有组织的改造（影响），以达到教育者期望的目的的活动。在这种教育观中，教育者是教育活动的主体，受教育者是被动接受的客体。虽然这种以教师为中心的现象在今天还大量存在，但在理论上已经不再有市场，理论上使用得多的是"教师主导，学生主体"说或"双主体"说，但由于它把教育或教学分割为"教"与"学"两个过程，或者用"教的过程主导学的过程"，因而解释不清楚基本要素之间的复杂关系。

（四）教育的质的规定性

在中外教育史上，关于什么是教育的本质，有过许多表述。如中国儒家经典《中庸》上说"修道之谓教"；捷克著名教育家夸美纽斯认为"教育在发展健全的个人"；法国 18 世纪启蒙思想家卢梭指出，"植物由培栽而成，人是教育而成的"；美国实用主义教育家杜威则认为"教育即生活""教育即生长"等。尽管这些表述各异，但都存在一个根本的共同点，那就是都把教育看作是培养人的活动，其目的在于促使一个新生个体社会化，促使受教育者的身心得到发展，在知识、品格等方面都能适应社会的需要。

因此，教育的质的规定性，简言之，就是根据一定社会的需要进行的培养人的活动，或者说是有目的地培养人的过程。这一质的规定性贯穿于从古至今的一切教育之中。无论社会如何发展、时代如何变迁、教育自身如何完善，教育都是一种有意识的以影响人的身心发展为直接目的的社会实践活动，其活动的具体形式也处处体现这一本质，体现着教育与其他社会活动的根本区别。

教育作为一种培养人的活动，细分起来应有三层含义：第一，人是人，人不是动物，人生下来就带了人在进化、在历史进程中沉淀下来的历史的烙印。人的生理素质为人类所特有，而不为其他动物所具有。教育的重要内容之一，就是"引发"人的生理心理素质得以发展，使人的原始的丰富的素质呈现出来。这可以称为人的本质的"外化"。第二，人不仅是自然的实体，还是社会的实体。人作为社会的实体，必然是在后天生活中，获得了人类在历史进程中所形成的并构成人们共同生活的共同的文化。人总是在一定的文化环境中生活，而所处的环境中的文化，给人的心理以潜移默化的影响，这种影响完全是一种不自觉的过程，即"文化无意识"的作用。广义的教育，实际就是"文化化"的过程。第三，人在其现实性上，又是社会关系的总和。人是具体的人，而不是抽象的人。教育的特定职能，就是按照社会要求造就一定社会所要求的人。这一过程，也就是将一定的社会本质内化于个体的过程，这可以叫作社会本质的"内化"。

人的本质的"外化"、后天社会生活的"文化化"、社会本质的"内化"，都是相对意义上的用语。没有"内化""文化化"，也就谈不上"外化"。"内化""文化化"与"外化"是矛盾的运动、矛盾的发展、矛盾的转化。教育过程就是教师凭借一定的手段，将特定的内容转化于受教育者的主体之中的过程。教育过程以动态的形式表现出来，而结果则以静态的形态存在于受教育者的主体内部，教育对象化了，而对象被加工了。"教"使受教育者转化，内化表现为外化，完成一个教育过程、一个教育活动。一个个的教育活动，构成了一个个的受教育阶段，完成了一个个阶段的教育，人的发展就达到了各个不同的发展水平。教育就是在这样一个个的内化、外化的序列活动中进行着，实现着人的发展。

二、教育的起源与发展

（一）教育的起源

近现代教育史上，关于教育的起源问题，有四种主张：生物起源说、心理起源说、劳动起源说和需要起源说。

1. 生物起源说

教育生物起源说的倡始人是法国社会学家、哲学家利托尔诺。他在《各种人种的教育演化》一书中认为，教育活动不仅存在于人类社会之中，而且存在于人类社会生活之外，不仅为人类社会所特有，而且早就存在于人类产生之前的动物界了。他把老动物对小动物的爱护照顾都说成是一种教育，连昆虫界也有教育。他认为人类教育是在动物教育活动的基础上的改善与发展，而生物生存竞争的本能是教育起源和存在的基础。动物为了自己物种的保存与发展，出自一个"自然和自发"的本能，要把自己的"知识"和"技能"传授给小的动物，这就是教育。

后来，英国教育学家沛西·能（Percy Nunn，1870—1944）在其主要教育著作《教育原理》一书中，进一步地阐发了教育生物学化的理论观点。他曾在于 1923 年的不列颠协会教育科学组的大会上所作的报告中明确地说明："教育从它的起源来说，是一个生物学的过程，不仅一切人类社会——不管这个社会如何原始——有教育，甚至高等动物中间，也有低级形式的教育。我所以把教育称为生物学的过程，意思就是说，教育是与种族需要相适应的种族生活的天生的而不是获得的表现形式；教育既无待周密的考虑供它产生，也无须科学予以指导，它是扎根于本能的不可避免的行为。"

教育的生物起源说肯定了动物本能活动和人类教育之间的联系，这是正确的，较之古代社会认为的教育起源于神意无疑是一种进步。但这种观点把教育仅仅归结为本能而抹杀了教育的社会性，因而没能科学地解决这一问题。

　　2. 心理起源说

　　美国教育史学家孟禄（Monroe，1869—1947）从心理学观点出发，认为生物起源论者忽视了人的心理与动物心理的本质区别，提出了教育的心理起源说。他根据原始社会尚无传授各种知识的教材和相应的教育方法，断定教育起源于学生对成人的无意识的模仿。

　　3. 劳动起源说

　　教育起源于劳动的学说，主要是苏联一些教育史学家和教育学家在十月革命后提出的观点。他们认为，教育作为一种社会历史现象，是人类祖先发展和进化到一定阶段的产物。这就是说，当人类祖先已进化到了相当的水平，即当自然界给了人类祖先发展为人的可能性（亦即当自然界的作用使基因突变而携有发展为人的某种物质）时，当生存迫使人类祖先必须利用自然工具进行劳动使上肢发展为手并进一步制造工具时，当生存迫使人类祖先的劳动和生活必须采取集体的形式而过着共同的社会生活时，当上述这些活动促使人类祖先的大脑得到进一步发展并由于共同劳动和共同生活必须进行交流而产生语言，进而促进思维的发展和产生意识时，正是在上述辩证发展的过程中和在这个时候，人类已创造了人类经验（劳动知识和社会生活知识）。为了自身的生存和延续，人类必须把这些生产劳动经验和社会生活经验传递给新生一代。因此教育就是基于生产的需求，基于人类生存的需求而产生的。他们同时认为，教育是人类社会所特有的一种自觉有意识的活动。这种意识性表现为教育者头脑中已经获得了生产知识，教育者已经意识到传递经验的必要性，教育者还意识到了要追求和达到的目标是什么。而教育产生于劳动又是以人类的语言发展为条件的。语言和教育同时都是在劳动中产生和发展起来的。

　　教育的劳动起源说认识到了社会性问题是教育起源的关键性问题，把握了人类的生存与物质生产的关系，并把工具的制造作为一个显著标志。然而，"按遗传学观点，不是劳动创造了人，而是劳动选择了人，保留了人。而且人也创造了劳动本身"。劳动是人的属性、人猿的分化，劳动并非唯一的因素。据此，只能说：人"选择""保留"或"创造"了教育。事实上，在劳动、人和教育这三者之中，几乎不可能做出源流之分。

（二）教育实体的产生与教育系统的形成

教育随着人类社会的产生而产生，但最初的教育没有固定的教育者和受教育者。学习的内容与生产和生活联系在一起，教育的形式是不定型的，是一种非形式化教育。教育的进一步发展，出现了承担教育职能的机构（教育职能可能只是该机构的职能之一），我们把它们称为教育实体。伴随教育实体的产生出现了固定的教育者和受教育者，出现了相对独立于生产和生活的教育内容，教育形式日益定型，于是产生了形式化教育。在形式化教育的发展过程中，教育实体本身还经历着"非制度化教育实体"到"制度化教育实体"的演变过程。制度化的教育实体以近代学校的出现为标志。

从学校兴起的那时起，教育便步入系统化、制度化、正规化的发展道路之中。各级各类教育系统正是在这个过程中建立和完善起来的。教育系统的产生是制度化教育形成的前提。在历史发展过程中，随着教育系统组织化程度的不断提高，各级各类教育实体内部及实体之间，在关系处理以及活动开展等方面越来越形成了彼此遵循的标准和规范，即教育活动日益制度化。

制度化教育在数百年的发展过程中，其本身的正规化、封闭化和划一化特征不仅造就了不计其数的各级各类人才，促进了社会的进步与繁荣，而且巩固了它自身的社会地位和内在结构，形成了相对稳定的运行规则。但是随着人类社会不断进步，这种以杰出人才论为标准的精英教育，自然也是一种不民主的教育，因而难以适应现代社会的需要。对制度化教育进行改革已不可避免。一方面，改进现行的学校教育系统：把教育的空间从学校扩大到社会，构建一个学习化社会；用开放的教育系统代替封闭的系统；提高教育的个人选择性；推行现代教育技术背景下的个别化教育。另一方面，发展去制度化、非正规化教育。"去制度化教育"与"非制度化教育"不同，非制度化教育是教育发展的低级形式，是发展不足的教育；"去制度化教育"则是在对制度化教育缺陷反思的基础上确立起来的新型教育，是对"制度化教育"的超越，它的根本追求是避免制度化教育所产生的消极影响，使人摆脱不合理教育制度的束缚。非正规教育的发展，打破了制度化教育、正规教育对整个教育系统的垄断，形成了对正规教育系统十分重要的补充。

（三）学校教育制度的形成

1.学校教育在形式上的发展

从形式上看，教育经过了从非形式化教育到形式化教育再到制度化教育的过程。

非形式化教育是指与生活过程、生产过程浑然一体的教育，没有固定的教育者，也没有固定的受教育者；形式化教育的教育者和受教育者相对稳定，有稳定的教育场所和设施，教育内容也相对规范化。随着学校教育的独立程度越来越高，教育的育人功能和筛选功能越来越重要，学校制度、课程设置、考试制度也越来越完备，制度化的教育逐渐形成。学校教育制度（简称学制）的建立，是制度化教育的典型表征。

2. 学校教育制度的演进

学校教育制度的生成受到生产力发展水平和政治经济制度的制约，其演进同样反映了生产力和政治经济制度及教育自身发展的要求。20世纪以后，随着民主化思潮的兴起，教育机会均等的理念建立起来。人们普遍要求享有平等的受教育权利，认为双轨制是阻挡社会发展和社会公平的障碍。统治阶级为了减少社会矛盾，同时需要为经济和社会发展培养各级各类人才。为此，欧洲各国在"民主化"和"现代化"理念的引领下，对原有的学校教育制度进行了重构，教育制度由过去的双轨制逐渐向单轨制发展，发展成为中间型学制。

3. 我国现代学校教育制度的建立

在我国，1904年清政府以日本学制为蓝本，颁布了《奏定学堂章程》，这是我国第一个实际执行的现代学制，因该年为旧历癸卯年，故称"癸卯学制"。该学制规定学堂的办学宗旨，还规定了各级各类学堂的性质、任务、入学条件、修业年限及相互衔接的关系。这个学制1911年后废止。1922年，全国教育联合会以美国学制为蓝本，提出了改革学制的方案——壬戌学制，即通称的"六三三"学制，这一学制虽然后来几经修改，但基本上是民国时期的学制模式。

1949年，新中国成立后，中央人民政府政务院于1951年颁布了《关于改革学制的决定》，确定了我国的新学制。我国现行学制以这一学制为基础，根据社会的变化情况有所发展变化，小学和中学有"六三三"制和"五四三"制。1986年，我国颁布了《中华人民共和国义务教育法》（以下简称《义务教育法》）以后，基础教育的基础性在学制中得到了强调；高中阶段实行职教与普通教育的分轨；大学教育以四年的本科和二至三年制的专科为主。随着时代的发展，终身教育的学制特征日渐增强。

第二节 以人为本思想及相关理论

以人为本，是科学发展观的本质和核心。深刻领会和全面贯彻以人为本，对于推进经济社会和人的全面、协调和可持续发展具有极其重大的意义。

一、以人为本思想的产生与发展

（一）以人为本思想的由来

以人为本思想在历史上源远流长。在中国，以人为本的思想大致产生于春秋战国时期，以儒家思想为代表，宣扬以人为本的思想。"以人为本"一词最初出自《管子·霸言》："夫霸王之所始也，以人为本。本理则国固，本乱则国危。"这里所说的"以人为本"，是指建立霸业的一种重要手段。管子提出的"以人为本"的人本观，还不同于孟子主张的"民为贵，社稷次之，君为轻"的民本观，更不同于近现代意义上的人本主义。后来，在漫长的历史文化积淀中，这两种思想进一步合流，形成了"国以人为本，人以衣食为本"（吴兢：《贞观政要·务农》）以及"国以民为本，民以谷为命"（范晔：《后汉书·张奋传》）、"国以民为本，社稷亦为民而立"（朱熹：《四书集注·孟子·尽心下》）的民本思想。我国古代思想家的这些思想，在客观上有利于减轻当权者对老百姓的剥削和压迫。但是，他们提出以人为本或民本思想的目的主要是维护封建统治者的统治地位。正像毛泽东同志说的那样，剥削阶级讲的"爱民"同"爱牛"差不多，为的是用牛耕田，从牛身上挤奶。以人为本思想是我国古代传统文化的精华。同时，我国古代的一些思想家非常重视人的地位和作用，重视人与自然之间的和谐统一。"人者，万物之最灵也。"（欧阳修：《怪竹辩》）作为万物之灵长的人类，具有其他物质所不可替代的作用。荀子提出"天行有常，不为尧存，不为桀亡"，"故明于天人之分"，"从天而颂之，孰与制天命而用之"。刘禹锡强调"天与人交相胜"，"天之能者，人固不能；人之能，天也有所不能也"，"天之道在生植，其用在强弱；人之道在法制，其用在是非"，"天之所能者，生万物也；人之所能者，治万物也"。古人的这些见解至今仍具有积极意义，为形成以人为本的科学发展观提供了具有中国特色的思想资料。

在西方，以人为本思想最早可以追溯到古希腊时期。普罗泰戈拉提出"人是万物的尺度"。这一命题标志着智者派把哲学研究的对象由自然转向了人。英国学者阿伦·布洛克在《西方人文主义传统》中指出："古希腊思想最吸引人的地方之一在于它是以人为中心，而不是以上帝为中心。"在西方中世纪，哲学成为"神学的婢女"，人的地位被神所淹没。到了近代，以人文主义思潮兴起为标志的欧洲文艺复兴，把人对神的崇尚，转向对人自身的崇尚。这种人文主义思潮所倡导的以人为本位的人本主义，与中世纪的"神本主义"相对应，在人与上帝、人与自然的关系中，高扬人的意义和价值。文艺复兴，从根本上讲，是在资本主义兴起的条件下对古希腊罗马哲学中以人为中心的思想的复兴。

在西方哲学史上，费尔巴哈对人的本质的认识具有特殊重要的意义。他的人本主义思想，是马克思主义人本思想形成的重要理论来源。正如马克思所指出的，费尔巴哈的伟大功绩在于"创立了真正的唯物主义和现实的科学，因为费尔巴哈使'人与人之间的'社会关系变成了理论的基础原则"。然而，"人"虽然是费尔巴哈哲学的中心和最高对象，但他并没有真正解决人的问题，没有科学阐明人的本质，更没有正确回答实现人的自由和解放的途径。

马克思主义继承了以往哲学关于人的思想的积极成果，科学地揭示了人的本质，为"以人为本"思想的确立奠定了科学的基础。马克思创立的唯物史观，本质上就是"以人为本"的历史观和发展观。马克思主义唯物史观认为：人是现实的、具体的人，人与人之间是平等的。马克思主义唯物史观从社会实践出发，坚持社会存在决定社会意识，主张人是现实的、具体的人。所谓现实的人，是指处在一定社会历史条件下，在一定社会关系中生活的从事实践性活动的人，他既是物质生产的承担者，也是政治生活和精神生产的承担者。具体的人，总是生活在一定的社会关系中，是实践着的、活生生的、现实的人，即社会的人。实践是人所特有的生存方式。人在实践活动中把自己与动物区分开来，创造了人与为人的一切本质特性；人在实践活动中创造了人的意识属性、语言符号，创造了人的主体地位，体现了人的价值，树立了作为人的尊严。这就体现了现实的具体的人的实质，人与人相互之间是平等的关系。马克思恢复了"人作为人"的尊严和价值，而这是以人与人之间的平等关系为基础，把自然、世界、社会、国家都交给人，把人类的本质归还给人，使人能够平等地享受社会和自然的一切恩惠。社会不平等是一切压迫制度的特征，要反对人与人之间不平等，反对剥削和人身依附关系，把人从重压下解放出来，实现以人与人之间相互平等为目标的政治解放。马克思抛弃了人与人之间不平等的主从关系的内容，开创了人与人之间平等关系的实实在在的内容，并构成了马克思主义唯物史观在对待人的问题上的一个基本思想，从而成为以人为本的真正基础。

马克思主义唯物史观从现实的人出发，以理想（自由而全面的）人为归宿，把努力促进人的自由而全面发展作为创造未来共产主义社会的本质要求，把人的自由和全面发展作为社会发展的最终目标。马克思、恩格斯在 1848 年发表的《共产党宣言》中宣布共产党人的最终目标是建立"每个人的自由发展"的"联合体"。马克思又强调说："未来社会是以每个人全面而自由地发展为基本原则的社会形式。"

人的自由是一个主体性范畴，是人的主体性最充分的体现，人"是由于有表现本身的真正个性的积极力量才得到自由的"。也就是说，自由是指人在生产实践中不断地摆脱自然力的束缚，成为自然的主人与朋友的过程，是人在改造社会的实践中不断地摆脱物的统治关系成为社会的主人，塑造自由平等和谐的新型的社会关系的过程，是人在改造自然、社会和人自身的实践中不断地揭示客观世界规律的科学认识的过程和思想解放的过程。人类文明的发展与进步是通过人的自由与解放体现出来的，人的自由与解放是人类文明的发展与进步的标志。

人的全面发展是指人的各种潜能、素质都得到充分的发展，包括体力和智力，包括德、智、体、美、劳以及个性、能力、宗教、性格、气质等的充分发挥。恩格斯说："共产主义者的目的是……把社会组成这样。使社会的每一个成员都能完全自由地发展和发挥他们的全部才能和力量。"就是说，实现人的自由而全面的发展是共产主义者的奋斗目标，只有在共产主义社会才能真正实现人的自由和全面发展。因为共产主义社会是在高度发达的生产力基础上建立起来的，消灭了片面化和固定化旧分工，消灭了人剥削人和人压迫人的现象，形成丰富的、全面的社会关系的高级社会形态，是人类社会发展的最高阶段。在这个社会中人们享有发展自己全面能力和提高自己全面素质的物质、文化条件和社会条件，人们将在丰富、全面的社会关系中获得自由和全面的发展，从而真正实现人的自由和全面的发展。因此，马克思主义唯物史观把努力促进人的自由而全面发展作为创建共产主义社会的本质要求和社会发展的最终目标。这一思想正是以人为本的一个重要基础。

马克思主义的唯物史观认为，人类社会发展的主体是人，物质生产活动和精神生产活动的主体是人。这里所说的"人"，其主体就是广大人民群众。人民群众是历史的创造者。马克思还在《共产党宣言》中破天荒地提出了新社会的组织和建设的原则，即政府及其工作人员不是凌驾于社会之上的主人，而只能是社会的公仆，是为广大人民群众服务的。广大党员干部要做人民的公仆，要有忘我工作、无私奉献的精神，要以人民的利益高于一切、以合乎最广大人民群众的根本利益为最高标准。充分调动和发挥人民群众的主动性和创造性，为实现共产主义而奋斗。这说明马克思主义唯物史观关于充分发挥人民群众主体精神和创造性的思想是以人为本的一个深刻基础。

总之，马克思主义唯物史观关于人是现实的、具体的人，实质上的平等和促进人的自由而全面发展是创建未来共产主义社会的本质要求和社会发展的最终目标以及充分发挥人民群众的主体精神和创造性的思想，构成了以人为本的唯物史观基础。

中国共产党人的奋斗历程，也体现出了马克思主义以人为本的精神。中国共产党从诞生的时候起，就在自己的纲领中规定了要推翻帝国主义、封建主义、官僚资本主义三座大山的统治，以使广大劳动人民翻身得解放，真正成为国家和社会的主人。在革命战争年代里，毛泽东同志为纪念张思德同志发表了《为人民服务》的著名演讲，提出了全心全意为人民服务的思想，后来逐渐发展成为我们党的宗旨。实行改革开放后，邓小平同志提出了把是否有利于提高人民生活水平作为判断是非得失的一个重要标准。他强调，制定一切方针政策的出发点和归宿，始终要看"人民拥护不拥护""人民赞成不赞成""人民高兴不高兴""人民答应不答应"。江泽民同志是"三个代表"重要思想的主要创立者，他指出："不断发展先进生产力和先进文化，归根到底都是为了满足人民群众日益增长的物质文化生活需要，不断实现最广大人民的根本利益。"他们所强调的关于党要始终代表中国最广大人民的根本利益、不断促进人的全面发展等要求，无不蕴涵着以人为本的真谛。

党的十六大以后，以胡锦涛同志为总书记的新一届中央领导集体，明确提出了坚持以人为本，树立全面、协调、可持续的科学发展观。这就把以人为本提到战略指导思想的高度，强调以人为本是发展观的本质和核心。强调以人为本就是要把人民的利益作为一切工作的出发点和落脚点，不断满足人们的多方面需求和促进人的全面发展，在经济发展的基础上不断提高人民群众的物质文化生活水平和健康水平。要尊重和保障人权，提高人们的思想道德素质、科学文化素质和健康素质，创造人们平等发展、充分发挥聪明才智的社会环境。

（二）以人为本与人本主义

以人为本就是要坚持以现实的人为目的、为根本，促进人的自由而全面发展和充分发挥人民群众的主体精神和创造性，也就是说，以人为本指的是人们处理和解决一个问题时的态度、方式、方法，即指人们抱着以人为根本的态度、方式、方法来处理问题，而所谓根本就是最后的根据或最高的出发点与最后的落脚点。而人本主义是一种观点、看法、理论，以人为本与人本主义有根本区别。

作为现代发展理念的"以人为本"是在20世纪60年代最初被提出来的

一种经济思想，它与经济发展中的以物为本相对立。随着全球发展中人与自然、人与社会、人与人关系的矛盾日益尖锐突出，人们越来越深刻地认识到，经济社会的发展，不仅是物质财富的积累，更重要的是人的价值的实现和全面自由的发展。这一理念逐渐被社会发展理论所接受，并成为社会发展理论中的一个核心理念。

党的十六届三中全会提出："坚持以人为本，树立全面、协调、可持续的发展观，促进经济社会和人的全面发展。"这一新的论断，吸收了当代西方社会发展理论和我国传统政治文化思想的精华，把马克思关于"人的解放"思想贯彻于当代中国社会发展的理论与实践，明确把以人为本作为发展的最高价值取向，突出社会发展中人的地位和作用，强调社会发展要尊重人、理解人、关心人，把不断满足人的全面需求、促进人的全面发展，作为社会发展的根本出发点。可以说，以人为本的社会发展观，是在综合了中国的文化历史、政治哲学与风俗习惯、民族心理的前提下，具有新的思想内涵和实践意义的中国特色社会主义发展理论，是对马克思主义关于人的全面发展理论的重大贡献，标志着我们党对社会主义建设规律和人类社会发展规律认识的新飞跃。近年来关于这一理论的提出和实践，先是在教育方式与观念上的实施，继而是在社会发展中经济、文化、体育、法律、科技等方面全方位的实践。其理论和实践效应已在社会发展中得到了承认。

"以人为本"不是西方"人本主义"的简单演绎和重复。西方人本主义（humanism，又译为人文主义）反对以神为本的旧观念，宣传人是宇宙的主宰，是万物之本，用"人权"对抗"神权"（这也是人文主义的立场，所以人文主义有时也被称作"人本主义"）。它也译作"人本学"，泛指任何以人为中心的学说，以区别于以神为中心的神本主义。在哲学上，通常指抽去人的具体历史条件和社会关系而把人仅仅看作是一种生物的形而上学唯物主义（费尔巴哈）；而在现代哲学运动中特指与科学哲学相对立、否认科学理性的作用，强调人的非理性因素的哲学理论，在此意义上，它与"非理性主义"相通，成为与科学主义相对抗的现代人本主义，以区别于曾将科学容纳于其中的早期的人文主义或人本主义。因此，在人本主义传统中，我们可以找到各种不同含义的"人本主义"。例如，欧洲文艺复兴时期的人本主义，以尼采、海德格尔为代表的现代西方人本主义以及后现代主义显然都属于西方的"人本主义"。但是，它们之间有着重大的差别。比如，我们在欧洲文艺复兴时期的人本主义那里，能够看到强烈的理性精神和科学精神及其科学文化与人文文化的和谐。在现代西方人本主义和后现代主义那里，却看到了强烈的非理性主义和反科学主义。如果不加分析，单从字面上理解，那么，根据

humanism 的含义，以人为本很容易被理解为西方"人文主义"精神（宣扬人性，反对神学）、"人道主义"精神（宣扬博爱，提倡爱人）、"人本主义"精神（反对以神为本，以"人权"抗"神权"），或者按其对人和人性的理解诠释为"人性"精神、"人道"精神、"博爱"精神甚至非理性精神。实际上，对以人为本做这种理解，在当前国内关于人文精神的讨论中，不居少数，并且由此引发了不少争论和对立。但显然，这不是对以人为本的科学理解。再说，即便是就文艺复兴倡导的人本主义而言，它的主旨"高扬人的意义，尤其强调个人价值，其思路上承希腊古典民主和建立在原子论基础之上的个性主义，下启 18 世纪启蒙运动的自由、平等、博爱和近世民主精神"，从反对宗教神学、解放人性这一点上来看，的确是进步的。但与此同时，它又诱发了享乐主义、物欲主义以及因个人主义和现世精神的扩张而导致的现代人精神（理想、信念、信仰）的失落等诸多现代社会问题，也背离了历史上的人文主义和我们所说的以人为本的真正含义，这正是我们今天要反思和批判的。

以科技文明为主体的西方近代文明，有一个基本的实践理性范式，那就是以物为本或以物为根基和归宿的那种真理态度、价值取向和实践原则，这可称为物本范式。作为以人为本的社会发展之实践理性范式的"人本"，就是以人为本或以人为根基为归宿的那种真理态度、价值取向和实践原则。哲学上，对它的基本特征可做如下理解：其一，从实践层面看，人的一切活动始终围绕人性的生存本质、发展本质、自由本质以及人的自由全面发展而进行，运用崭新的人性科技，在满足人们的基本生存需要和人与自然和谐统一的基础上努力实现人的发展。人们的生存和生活活动是发自人性深层的自由自觉的活动，因而也是人性的和谐统一和提升的过程。这可称为"人本实践"。其二，从思想文化层面看，人们的科学、哲学、艺术等一系列精神、理论活动甚至只是在物质财富增长的总过程之外，才具有真正属于人的内在本质的独立自在的价值，这些活动及其内容获得了人的存在形态和人的丰富内涵。其三，从人的发展层面看，人在这种实践中充分发挥了人作为自然物质性、社会历史性和精神意识性三位一体的完整而又现实的人的全部意识和实践能力，最大限度地发掘作为人之本质的社会历史性和精神意识性的功能，实现和展开自我的全面性、丰富性和自由自觉性，从而尽可能地实现自我的内部和谐和人性的升华。同样，这些"人本"内容在人与世界的实践关系中也表现为多姿多彩的形态和不同的作用方式，但其社会文化效果和人的发展意义也都趋归于以人为本的真理态度、价值取向和实践原则。

如果说马克思主义社会发展理论继承了文艺复兴以来人本主义传统中"高扬人的意义"和近世民主精神，在反对宗教神学、解放人性的基础上，立足于人的社会实践的历史性本质而高扬人的精神意识的理性能动性的话，那么，20世纪西方哲学中的"人本主义"（包括"西方马克思主义"）却大多立足于人的自然物性而张扬人的精神意识中的非理性能动性，以脱离社会实践的抽象非理性主义来反对传统人本主义与马克思主义实践唯物主义的理性主义。这显然与我们所说的以人为本是格格不入的。

（三）坚持以人为本思想的现实意义

人类社会在长期发展过程中，由于资源匮乏，不得不牺牲个体，牺牲局部，以保全种族和集体，并因此发展出了一套与之相适应的完整的意识形态和文化。这套意识形态强调物质的力量，否定人的自我实现的价值，藐视人的尊严，使人沦为人的奴隶，沦为物质的奴隶、金钱的奴隶、机器的奴隶。卓别林的电影《摩登时代》，对美国大工业时期劳动者沦为机器奴隶的现象，有非常生动的刻画和描写。

随着生产力的极大发展和社会资源的极大丰富，"人的自我实现"成为可能。以人为本，表明了这一社会文明进程的必然，是对"以物为本""唯利是图"的否定。以人为本，揭示人类社会活动的最终目标，有着社会学、心理学、哲学意义上的非常丰富而深刻的含义。在现代社会，以人为本的思想越来越受到重视。人们普遍把它作为经济社会发展的一种尺度、一种原则、一种要求，作为维护人的利益的一种需要、一种追求、一种目的。这种理念思想内涵深刻，具有重大的现实意义。

在新的历史条件下，我们党明确提出以人为本的理念，这既是社会主义的内在要求，又是全面建设小康社会的需要，也是顺应历史发展趋势的必然选择。

首先，坚持以人为本，是社会主义的内在要求。唯物史观告诉我们，人是社会发展的主体，人民群众是推动经济社会发展的根本动力。共产党作为代表最广大人民群众的根本利益的先进政党，以解放全人类为自己的最终目标，必然要坚持以人为本。社会主义发展的根本任务是解放生产力和发展生产力，根本目标是最终实现共同富裕。这里所说的"根本任务"和"根本目标"都与以人为本有关。

其次，坚持以人为本是全面建设小康社会和实现社会主义现代化的必然要求。进入21世纪，我国进入了全面建设小康社会、加快推进社会主义现代化的新的发展阶段。我们要建设惠及十几亿人口的更高水平的小康社会，使经济更加发达、民主更加健全、科教更加进步、文化更加繁荣、社会更加和谐、人民生活更加殷实。这是一个由经济、政治、文化、生态和人的全面发

展共同构成的社会发展目标体系，它相对于我国现代化建设的前两步目标来说，是又一次质的飞跃，进一步体现了以人为本的理念。它要求我们制定方针政策时既要关注经济指标，也要关注政治和文化指标；既要关注社会指标，也要关注自然和生态指标；既要关注近期指标，也要关注远期指标。一句话，就是要把实现最广大人民群众的根本利益、促进人的全面发展作为社会发展的根本而长远的目标。

最后，坚持以人为本是顺应人类社会发展规律的必然选择。在过去很长一段时间里。人们一般把发展仅仅理解为经济增长，并把国内生产总值看成衡量一个国家发展的唯一指标。但是，20世纪70年代以后，人们逐渐认识到单纯的国内生产总值增长不等于经济社会的全面发展，而且片面追求这种增长会带来发展失衡、环境污染等许多严重的问题。实践一再证明，如果人类以破坏自然、污染环境为代价来发展经济，必将遭到自然的惩罚。那将是"吃祖宗饭，断子孙路"，经济、社会和人类本身都很难健康地持续发展。于是，世界各国的有识之士越来越清楚地认识到，仅有国内生产总值的增长是不够的，经济发展应该与社会进步相协调，与人口、资源、环境相协调。为了避免走西方发达国家的老路，我们党提出要坚持以人为本，树立全面、协调、可持续的新的科学发展观。只有这样，才能不断缩小城乡差距和区域差距，才能协调经济发展与社会发展的关系，处理好人与自然的关系，使越来越多的人民群众共享坚持以人为本的科学发展观所创造的美好的生存环境和全面发展的条件。以人为本的科学发展观的提出，反映了当前我国经济社会发展的迫切要求，体现了当代人类社会发展进步的必然趋势。

二、以人为本思想的基本内涵

（一）关于"人"和"本"的理解与认识

要理解以人为本，首先必须弄清楚以人为本中的"人"和"本"。以人为本的理论基础是马克思主义的人的存在理论、马克思主义的人的解放与人的全面发展理论。要弄清楚以人为本中的"人"和"本"，必须从以下两个角度出发。

首先，根据马克思主义关于人的存在理论理解以人为本中的"人"和"本"。马克思主义认为，人有三种基本存在形态：人类存在、社会存在、个人存在。根据马克思主义关于人的三种存在形态理论，我们强调以人为本中的"人"应包括：类存在意义上的人；社会群体意义上的人；具有独立人格和个性的个人；一切中国特色社会主义事业的建设者和劳动者；主要是最广大人民群众。

其次，根据马克思主义关于人的解放与人的全面发展理论理解以人为本中的"人"和"本"。马克思主义认为，人既是手段，又是目的，人总是按照人的尺度来评判历史的；社会历史是人的依赖走向物的依赖再走向自由个性的历史，这样的社会历史就是不断解放人的历史，也不断表现着对人的终极关怀。根据马克思主义人的解放和全面发展理论，我们强调以人为本中的"本"，需要放在各种关系中来理解和确定。这主要有三层含义：①相对于人对人的依赖、人对物的依赖而言，它把人当作主体。在今天我国现实生活中，存在着人的依赖和物的依赖现象。所谓人的依赖，就是人对狭隘的"人情关系"和权力意志的依赖，人丧失其独立人格，成为依附性的人。物的依赖，就是人对金钱、物质财富和交换关系的依赖，人成为物的奴隶，成为只为物而存在的人，见物不见人。这两种人的存在方式阻碍人的健康发展，也对社会发展产生了消极影响。当代中国社会历史发展的必然性要求我们必须进一步突出人的主体地位，强调人的主体性。当然，这里的主体，既是权利的主体，又是责任的主体。②相对于人被边缘化而言，它把人看作一切事物的前提、最终本质和根据。在今天我国现实生活中，存在着人被边缘化的倾向，许多人在分析、思考和解决问题时，缺乏人的意识、人的观念和人的维度。其实，人是一切活动的主体和承担者，又是一切事物的最终根据和本质。当代中国社会历史的发展，内在要求明确把人理解为一切事物的根据和本质。③相对于人作为手段而言，它把人作为目的。过去我们往往较多地关注人以外的世界，而对人本身的世界关注不够，人总是为人之外的某种东西而存在着，而不是为自己而存在。当代中国社会历史发展进一步要求关注人的生活世界，关注人本身的生存和发展的命运。这意味着世界、社会和事物也应为人而存在。总之，以人为本在当今我国还没有完全变成现实，所以我们才进一步强调以人为本。

（二）以人为本思想的含义

以人为本的科学内涵需要从两个方面来把握。首先是"人"这个概念。"人"在哲学上常常和两个东西相对：一个是神，另一个是物，人是相对于神和物而言的。因此，提出以人为本，要么是相对于以神为本，要么是相对于以物为本。大致说来，西方早期的人本思想，主要是相对于神本思想，主张用人性反对神性，用人权反对神权，强调把人的价值放到首位。中国历史上的人本思想，主要是强调人贵于物，"天地万物，唯人为贵"。《论语》记载，马棚失火，孔子问伤了人吗，不问马。说明在孔子看来，人比马重要。在现代社会，无论是西方还是中国，作为一种发展观，人本思想都主要是相对于物本思想而提出来的。

其次是"本"这个概念。"本"在哲学上可以有两种理解：一种是世界的"本原"，另一种是事物的"根本"。以人为本的本，不是"本原"的本，是"根本"的本，它与"末"相对。以人为本，是哲学价值论概念，不是哲学本体论概念。提出以人为本，不是要回答什么是世界的本原，人、神、物之间，谁产生谁，谁是第一性、谁是第二性的问题，而是要回答在我们生活的这个世界上，什么最重要、什么最根本、什么最值得我们关注。以人为本，就是说，与神、与物相比，人更重要、更根本，不能本末倒置，不能舍本求末。我们大家所熟悉的"百年大计，教育为本；教育大计，教师为本"以及"学校教育，学生为本"等，都是从"根本"这个意义上去理解和使用"本"这个概念的。

根据马克思主义人的解放和全面发展理论和人的存在理论，所谓以人为本，说到底就是以人为基础，以人为前提，以人为动力，以人为目的，具有三层基本含义：

首先，它是一种对人在社会历史发展中的主体作用与地位的肯定。它既强调人在社会历史发展中的主体地位，又强调人在社会历史发展中的主体作用。以人为本重视的是对人的主体地位的确认。人的存在是产生以人为本原则的前提与基础，但以人为本并不只是简单承认人的存在，而是要把握人的存在的主体本质。人作为世界上唯一能够进行自我创造、自我生成、自我完善、自我发展的能动的存在物，创造了自己的全部生活和整个历史，并且通过自由自觉、千姿百态的创造活动，获得人在人的世界和社会中的主体地位，成为人的世界和社会的根本、主体。对人的主体地位的肯定，不仅深刻地表现人的存在的目的，而且充分体现以人为本原则的真实主旨，在于确定人的主体地位，即一切依靠人，一切为了人。于是，贯彻以人为本原则关键在于千方百计地弘扬人的主体性，唤醒人的自我意识，充分发挥人的能动作用。这样，才能反映出人的世界和社会是以人为本的，人的世界和社会只不过是人的存在的组织形式。

其次，它是一种价值取向，即强调尊重人、解放人、依靠人、为了人和塑造人。尊重人，就是尊重人的类价值、社会价值和个性价值，尊重人的独立人格、需求、能力差异、人的平等、创造个性和权利，尊重人性发展的要求。解放人，就是不断冲破一切束缚人的潜能和能力充分发挥的体制、机制。塑造人，是说既要把人塑造成权利的主体，也要把人塑造成责任的主体。以人为本强调的是对人本身的尊重，明确了人是人的世界和社会的主体，也意味着人本身就是人的独立人格的主体。人不是机器，不是被奴役、被宰割、被控制的对象或工具，人有自己的人格，有自己的个性，也有自己的尊严。

人性不是物性，人需要关心、需要爱护、需要理解、需要尊重。对人的尊重，具有人性化的特点，充满着人性的关爱和支持。这既缺少不了对人的生命的尊重，让人的生命价值高于一切，也缺少不了对人的利益、权利的尊重，让人行使自己的权利和获取正当利益；既缺少不了对人的个性的尊重，让人的个性得到健康培养与塑造，又缺少不了对人的自由的尊重，让人始终能保持强烈的自主意识和自主能力，这所有一切都是理解人、尊重人的具体表现。一句话，凡是涉及人性展示的方面，都是值得理解和尊重的。对人尊严的尊重，也是尊重人的重要组成部分。每个人既要尊重自己，也要尊重他人，因为人人都是人格的主体，都有人格的尊严。一个人在尊重自己的人格尊严的时候，还必须尊重他人的人格尊严；一个人如果轻视、蔑视他人人格的尊严，也必然会贬低、损害自我人格的尊严。以人为本就是要把人当作人，既要把他人当作人，也要把自己当作人，这是坚持以人为本最基本的要求。

最后，它是一种思维方式。以人为本要求我们在分析、思考和解决一切问题时，既要坚持并运用历史（符合规律发展的要求）的尺度，也要确立并运用人（或人性化、合乎人性发展的要求）的尺度，要关注人的生活世界，要对人的生存和发展的命运确立起终极关怀，要关注人的共性、人的普遍性、共同人性与人的个性，要树立起人的自主意识并同时承担责任。以人为本关注的是对人的价值和意义的肯定。人除了有自己的人格和尊严外，人还是一种有价值、有意义的存在。人作为人格主体的一个根本内涵，就在于人是创造价值、生成意义的。人的价值和意义不是与生俱来的，而是由人的有目的的活动创造的。劳动和创造是一切价值的源泉，人只有在劳动创造中才能获得价值、实现价值、确证价值。创造价值、生成意义是人的生存及其活动的目的，最大限度地创造价值、生成意义是以人为本原则所追寻的目标。从更普遍范围讲，人积极地创造价值、生成意义绝不只是为了满足个人的需要，还要能够满足他人和社会的需要。一个人为满足他人和社会需要而做出贡献和服务，是人生的一种崇高目标，而实现这个目标，更体现出人存在的价值和意义。坚持以人为本的原则，就是要在肯定和重视人的价值和意义的存在同时，想方设法为人能够创造更大价值、生成更大意义创造条件。

以人为本之所以是人的世界和社会必须贯彻的一个根本原则，是因为只有坚持以人为本，才能确立人的主体地位，表现人的尊严，实现人的价值，体现人性关怀，发扬人文精神，从而保证人的和谐、自由、全面发展。在当代，随着社会文明和人性化程度的提高，以人为本的思想原则越来越受到普遍重视。

（三）以人为本思想的基本特征与原则

1. 以人为本思想的基本特征

（1）强调人的主观能动性

人本思想反对机械论的行为主义（他们忽略人的行为的复杂性），反对生物性决定论的心理分析（他们忽略人的行为的积极性）。人本主义心理学重视推理、内省、创造、想象等能力。认为人虽然具有潜意识的、非理性的动机，但可以清醒而理智地选择行动，以理性来克服潜意识的行为动机及各种生物性的冲动。他们承认人的行为虽然深受过去经验和学习的影响，但绝不像机器人那样是一个信息接收器，而是一个能自我理解、判断、追求理想，并且有能力抵制环境影响的独立个体。

（2）"自我"是行为的中心

人既是生物的有机体，又能对环境刺激予以反应。人既受过去经验和内在驱力的影响，同时人也具有创造性、发展性，人的行为具有个人意识，并对未来有指向性。人能控制并指导自己的行为，如果单从环境刺激中无法理解人行为的真相。内在的心理状态与心理过程对人的思想、情感与行动也具有决定性的影响。正如罗格斯所主张的：第一，每个个体均生存在个人的经验世界中，而他自己是这个想象世界的中心。第二，人的生存目的不只在于维持生命，更进一步要求充实生命和自我实现。第三，个人的行为决定于个体主观的知觉及其对实体世界的看法。第四，人根据其自我的观念做出行为，对于和自我观念不一致或威胁到自我平衡的信息，将加以拒绝或予以修正。第五，个体有不断追求生长的倾向，并有能力决定自我发展的方向。

人的行为受制于个人的知觉、自由与责任。个人的知觉不同，反映也就不同。个人的自我知觉与自我感念是决定个体行为的重要因素。唯有改变个人的知觉，才能改变其行为。自由是人生来就有的本质，自由是一种选择能力。人既然有知觉与自由，必能对自己的命运做出选择，同时也要对抉择的后果负责。这就是说自由包含了责任，负责肯定了自由的积极意义。

马丁·布柏（Martin Buber）曾说过：每个人诞生到世上，都代表某种新的、从未存在过的事物，是一个原创的、独一无二的个体，必须了解他在这个世界上具有独一无二的特性，并体验绝无第二个人和他相同的——使人产生一股强烈的需要去发现一个属于独特的自我，好让自己有中心感。人若缺乏这种中心感，在与人相处时，就不免流于点头主义，并使自己像一个空壳子，内在的空虚就充分地表现出来，就成为外在的淡漠，淡漠积久，就会变成怯懦。这也就是为什么人类的行为总是以自我中心为出发点，否则就不会有真实的感觉。建立中心感之后，人也需要建立隶属感，即与他人建立关系的需要。

人有追求自我实现的基本动机。这个特征是以人为本思想的精髓，意思是人有发展其内在潜能的倾向。人有一种力争上游的倾向，才使得人格不断发展，使生活具有无穷的希望。艾德勒（Adler）等人认为：每个人都在寻求圆满的自我。所谓圆满自我是指：第一，个人能以积极的态度认识自己，也就是从积极的自我概念中接纳自己。第二，能接纳别人——与别人发生有效的关系，并能接纳与合作。第三，能清楚地接纳他所知觉的一切，不歪曲，不拒绝。第四，有自发性和创造性。第五，有安全感，能寻求情感、信念和态度，能充分指导自己的行为。第六，富有同情心，会关心别人并且没有敌意或恐惧感。罗格斯认为，人类具有一种自我导向的潜能，个人不但赖此维持生存，而且由它促动生长，以充分实现个人遗传限度内的一切可能；顺乎个人的自我导向，个人自己能做出适当的自由选择。因此，即使自我观念与现实经验不协调而引起困难，个人也将靠这种内在的潜力，自行调整并恢复和谐，并进而达到自我实现。所以，自我实现的人具有三种特征：对经验、内外刺激均能采取坦率的态度，无须防卫与歪曲；能够适应外在的环境；对自己充满信心，是有创造性的、社会化的个人。马斯洛的自我实现最为人知晓，他认为，在内在动机的层次上，即使个体获得了满足，个体还是具有紧张感的，因此必须尽其能力，做其所能，方可心安理得。这种自我充实发展潜能的倾向，即为自我实现。

2. 以人为本思想的原则

人本原则。"世间一切事物中，人是第一个可宝贵的。"在人与自然、人与社会的相互联系和作用中，人总是扮演主体的角色。强调人是主体，树立人们的主人翁意识与社会责任感，不仅对发挥人的能动作用、促进社会进步非常重要，而且也是实现人的解放的基本内容。没有人，一切发展都无从谈起；离开人，一切发展也都失去了意义。因此，坚持以人为本，必须处处体现着"以人为本"的价值诉求，促进人的全面发展。

人性原则。人是一个具有多重属性的物质和精神的统一体。人有七情六欲，也有理想信念；有价值观，也有人生观；有经济利益，也有精神利益；有自然属性，也有社会属性。以人为本就是以人性为本，即通过最大限度地满足人的本性要求，达到调动人的积极性的目的。然而，人的本性却是多方面的，最起码有自然属性和追求在社会中自我发展的社会属性。那么，到底以哪个方面的人性为本呢？即使二者兼顾，也应该有个重点。即提倡人性解放，万类平等，个性自由，尊重人权，发挥人的灵性、本性和创造力。

和谐原则。即从天人合一、物我和谐的宇宙观出发,正确处理竞争与合作、个人与社会、人类与自然以及经济与人口、资源、环境、生态的关系。

非异化原则。反对物质、技术、权力对人的异化,反对人的大众化、功利化和标准化,反对技术、网络对人的压抑,反对专制主义、官僚主义和教条主义对人的摧残,建立人道经济、公平社会、无压抑文明。

第三节　教学模式概述

一、教学模式的含义

(一)教学模式的概念

1.模式

近些年来,"模式"一词在各行业、各领域运用十分广泛,诸如政治模式、经济模式、文化模式、思维模式、行为模式、教育模式、教学模式等。究竟什么是模式呢?《现代汉语词典》的解释为:"某种事物的标准形式或使人可以照着做的标准样式。"这种解释从静态方面揭示了模式的典型性和可模仿性,但与我们目前所使用"模式"一词的含义有明显的区别。美国两位著名的比较政治学家比尔和哈德格雷夫对"模式"的解释又进了一步,他们认为:"模式是再现现实的一种理论性的简化的形式。"这种观点揭示出模式有三层含义:第一,模式是现实的再现,也就是说模式是现实经验的抽象概括;第二,模式是一种理论,而非工艺性的方法、方案或计划;第三,模式具有简约化的形式,便于操作、模仿。比尔和哈德格雷夫较为科学地揭示了模式的本质。

从上述两种解释,我们不难做出如下的判断:模式是经验与科学、实践与理论之间的转换中介,具有承上启下的作用。一方面,它把经验提纯,加以升华,进行概括化、抽象化、简约化的描述;另一方面,它又依据一定理论,提供结构方式和操作程序,用以指导实践。我们可以这样表示模式与理论和实践的关系:

其中,既有从理论到模式再指导实践这一程序,又有从实验归纳出模式再到理论这一程序。

总之,由于模式具有简约性、再现性和可操作性,而作为沟通理论与实践的桥梁,它既可以推动实践的发展,又可以不断丰富理论。

2. 教学模式

国外对教学模式的研究起步较早，成果较多，其中影响较大的是美国教学研究者乔伊斯（Joyce）、韦尔（Weil）于1972年出版的《教学模式》一书，他们系统地研究了80多个理论和学派，从中抽取25种有代表性的教学模式进行了深入探讨。我国对教学模式的研究起步较晚，近年来随着中小学教学改革实验的不断发展和国外教学模式理论的引进，一些介绍和研究教学模式的译著、专著、论文陆续出版、发表，教学模式成为教学研究的一个重要课题，受到广泛关注。

关于教学模式的概念，国内外研究者尚无统一的认识。国外较为权威的定义是乔以斯和韦尔的解释，他们认为教学模式是一种可用于形成课程、设计教材和在课堂及其他场合指导教学的计划或范型。而国内对教学模式的界说，概括起来大致有以下三种：

（1）教学模式属于方法范畴

这一观点认为教学模式是多种教学方法的综合，甚至认为教学模式就是教学方法。还有的认为教学模式与教学方法既有区别又有联系，各种教学方法在不同的时间、地点和条件下表现为不同的空间结构和时间序列，从而形成不同的教学模式。

（2）教学模式就是教学过程的模式

这一观点认为教学模式是在一定教学思想指导下，为完成规定的教学目标和内容，对构成教学的诸要素所设计的比较稳定的简化组合方式及其活动程序。

（3）教学模式与"教学结构—功能"这对范畴紧密相关

教学结构即教师、学生、教材、教法诸因素相对稳定的组合关系。教学模式是人们在一定教学思想的指导下建立起来的各种类型教学活动的基本结构或框架。按一定模式进行的教学，必然产生一定的功能，功能的反馈作用，又使人重新认识和选择教学结构，导致教学模式的不断调整或重组。

上述各种教学模式的定义，在某个侧面反映了教学模式的本质，计划、方法、结构、程序、理论等都是构成教学模式的个别要素。我们认为对教学模式的概念做如下定义较为恰当：教学模式是在一定教学思想或教学理论指导下，以教学实践为基础、以特定功能为目标而建立起来的稳定的教学结构和教学活动程序。

3. 教学模式与教学方法的关系

教学模式与教学方法密切相关，甚至有时是相应的，但二者并非简单的等同。为了进一步理解教学模式的概念，我们有必要弄清教学模式与教学方法的关系。

（1）教学模式与教学方法的区别

教学模式体现教学的整体结构，显示出教学活动的状态和特征，确切地说它规定了教学活动的具体形式，给教学活动提出一种模式和框架。而教学方法则是为实现一定教学目的而运用的具体教学方式，它要求人们在教学活动中如何去做，是达到一定教学目的的手段。

（2）教学模式与教学方法的联系

教学模式与教学方法既有差异性，又有同一性。首先，教学模式与教学方法相互渗透。从方法论来看，模式是一种科学方法，教学模式中包含有教学方法的因素。一种教学模式常常要应用多种教学方法，离开教学方法这一要素，教学模式就不完整。有的教学模式本身就是教学方法。如道尔顿教学法，既是一种教学模式，又是一种教学方法。从模式论来看，方法可以形成某种教学模式，如黎世法的"六课型单元教学法"，钱梦龙的"三主""四式"教学法，魏书生的"六步教学法"等，同时也是教学模式。因此，有人把教学模式称作"大教学方法"是有一定道理的。当然，模式不仅仅是方法。

其次，教学模式与教学方法相互影响、相互制约。教学模式影响着教学方法的选择与运用。只有当教学方法与教学模式相适应时，才能使教学模式的整体功能得到最大限度的发挥，也才能充分发挥教学方法的作用。此外，教学方法也影响教学模式的构造。教学模式的构造如何，在很大程度上取决于采用何种教学方法，教学方法不同，教学模式的构造方式也会不同。

（二）教学模式的历史演变

教学模式的存在由来已久，有着自身的继承性。了解教学模式的历史沿革，有助于我们对古今中外教学模式的学习、借鉴、完善和更新。

1. 古代教学模式理论的萌芽

早在公元前六世纪时，我国教育家孔子的教学思想中便有了教学模式的雏形。他提出"学而不思则罔，思而不学则殆""学而时习之"和"躬行"的思想，初步形成了"学""思""习""行"的教学模式。荀子（约前313—前238）提出"入乎耳，箸乎心，布乎四体，行乎动静"的"闻""见""知""行"的学习阶段。他们的这些观点被后来的儒家思孟学派所发展，在《中庸》一书中把学习过程概括为"博学""审问""慎思""明辨""笃行"五个步骤，强调学生学习的能动作用，使学、问、思、辨、行在教学过程中统一起来。

我国古代对教学过程理论的认识更多地侧重于学习过程。

2. 近代教学模式的发展

随着欧洲资本主义的发展及自然科学的兴起，教学理论亦步入科学化进程。近代教学模式一般都以一定的教育、哲学思想为理论依据，并提供一定的操作程序。捷克著名教育家夸美纽斯以"适应自然"为理论指导，概括出教学的一般模式为：观察—记忆—理解—练习。18 世纪德国教育家赫尔巴特以心理学为依据，提出了四段论教学模式：明了—联系—系统—方法。该模式以课堂教学为中心，以教师为中心，在一定程度上忽视了学生的主动性，但这一模式的提出，对指导和推进当时及以后的教学实践起到了重要作用。其后，这一教学模式被他的学生戚勒（Ziller）和赖因（Rein）发展为预备—提示—联系—总结—应用"五段教学法"。19 世纪末 20 世纪初，大工业生产和科学技术的发展，使科学、文化、教育领域发生了深刻的变化，美国实用主义教育家杜威（Dewey，1859—1952）以实用主义教育理论和"从做中学"教学思想为指导，根据学生在做中学的认识发展，提出了五步教学模式：困难—问题—假设—验证—结论。这一教学模式强调从学生的兴趣出发，注意引导学生通过个人的探索进行学习，便于发挥学生的主动性、创造性，但忽视了系统知识的教学。另外，凯兴斯泰纳提出的教学模式为：问题—假设—验证—结论。克伯屈提出的教学模式为：提出目标—计划—进行—评定。

十月革命后，苏联教育家凯洛夫（1893—1978）以马克思主义认识论为理论基础，提出了"感知—理解—巩固—运用"的教学模式。凯洛夫的教学模式非常重视书本知识、课堂教学和教师的主导作用，但对学生学习的能动作用强调得不够。这一教学模式曾一度成为我国教学的主导模式。

3. 现代教学模式的创新

第二次世界大战以后，教学模式的创新变得空前活跃，出现异常繁荣的局面。原因有三个：第一，生产和科学技术的迅猛发展，国际政治、经济、军事等方面的竞争日益加剧，对学校教育提出了更高的要求。因而各国纷纷致力于教学改革，探索新的教学模式。第二，新的科学技术革命，特别是系统论、信息论、控制论、电子计算机、人工智能等在教学上的应用，引起了教学手段的现代化和教学工艺的变革，为新的教学模式的产生提供了技术条件，对教学模式的更新发展产生了重大影响。第三，新的教育理论、教育流派迭起丛生，如继实用主义教育之后，又出现了改造主义教育、要素主义教育、结构主义教育、永恒主义教育、存在主义教育、人本主义教育和新行为主义教育等流派，这些流派的思想理论为新教学模式的出现提供了依据。这一时期较有影响的教学模式有：布鲁纳的概念获得教学模式、皮亚杰的认知发展教学模式、塔巴的归纳教学模式、奥苏贝尔的先行组织者教学模式、罗杰斯的非指导性教学模式、斯金纳的操作条件反射教学模式、布鲁姆的掌握学习教学模式、根舍因的范例教学模式、洛扎诺夫的暗示教学模式等。

近二十多年，我国一些教学理论和实践工作者，在批判借鉴传统教学模式和国外教学模式的基础上，勇于革新探索，提出许多适合我国特点的教学模式，如学导式教学法、六课型单元教学法、六步教学法、自学—辅导教学模式、"结构—定向"教学模式、"尝试回授"教学模式、单元目标教学模式等。现代教学模式较之近代教学模式更为强调学生在教学中的主体地位，重视学生智能和个性的发展，而且现代教学模式更多地以心理学作为其理论基础。

从上述对教学模式简单的历史回顾中不难看出，教学模式作为教学活动的基本结构，客观地存在于教学过程中，更确切地说它包含在对教学过程理论的认识之中，只不过以往的教育家没有明确提出教学模式的概念，而冠以教学过程的阶段，实际上每个教师都是自觉或不自觉地按照一定教学模式开展教学活动的。由于教学目标不同，教育家的哲学思想及其对教学规律的认识不同，从而导致教学模式多种多样、千姿百态。而每一个教学模式又各有千秋，都有各自适用的范围与条件。所以在教学实践中应根据具体情况，创造性地综合运用教学模式。

（三）研究教学模式的意义

目前，国内外对教学模式基本问题的认识尚存较大分歧，诸如教学模式的本质是什么？教学模式的标准和条件是什么？教学模式如何分类？这些都是有待研究探讨的问题，但有一点是可以肯定的，即教学模式概念的提出和深入研究，对揭示教学活动的本质、指导教学实践、推进教学改革无疑有着重大的意义。

1.研究教学模式有助于建立各教学要素之间的稳定联系，把握教学活动的本质特征

在教学活动中，教学各要素之间的关系十分复杂，要有效地推进教学进程，就必须建立各要素之间稳定的联系，把各种不同的教学要素的关联方式划分成一些基本类型，掌握它们的共性与特殊性。而教学模式正是按照体现教学活动本质的内在规则把各教学要素联结起来，从而使我们从内在联系的角度对各教学要素进行分类、组合，抽取其中主要的特殊的部分，舍弃非本质的偶然的联系，使复杂多样的教学要素得到简化的。建立教学模式，可以

将教学的重要因素、关系、状态、过程充分地显现出来，便于人们进行观察、实验、模拟，有助于把握教学活动的本质。

2.研究教学模式有助于指导教学实践，推进教学改革

教学模式是教学理论与教学实践的中介环节。教学理论转化为教学模式来指导教学实践，可为教学实践提供更为直接具体的操作程序，使教学实践工作者便于理解、把握、模仿和操作，从而大大提高教学活动的效率，对指导教学实践、推进教学改革起重要的促进作用。

二、教学模式的结构与类型

（一）教学模式的结构

教学模式的结构即教学模式各组成部分联系的组织方式和内部构造，它是由教学模式包含的诸因素有规律地构成的系统。完整的教学模式一般由教育（哲学）主题、教学目标、条件、范围和操作程序几部分构成。

1.教育（哲学）主题

教学模式受设计者一定的教育（哲学）思想、观念的支配，体现出一定的教育（哲学）思想，并以此为理论依据，这就是教学模式的教育（哲学）主题。教育（哲学）主题控制着教学模式的运行方向，成为教学模式的核心和灵魂。例如，布鲁纳以学习的结构迁移原理和充分承认学习者认知主体的思想为主题，创立了探究发现教学模式；罗杰斯以人本主义学习理论为基础，提出了非指导性教学模式；布鲁姆以掌握学习理论为依据建立了目标教学模式。可见，任何教学模式都以深层次的教育（哲学）理论为主导，从而体现其方向性与独特性。所以在运用某种教学模式时，首先要全面、深入理解其教育（哲学）主题思想，在此基础上才能完整地把握教学模式程序、步骤和方法。相反，如果我们没有理解某种教学模式的主题思想，而盲目采用其教学程序，抓住皮毛而舍其本质，使教学改革成为失去灵魂的一种形式，就不会有任何实际效果。

2.教学目标

教学模式是与教学目标联系在一起的。任何教学模式的创立都是为了实现一定的教学目标，同时也体现着一定的教学理论。为使教学模式的教育（哲学）主题更加明确具体，必须设立一定的教学活动目标。教学活动目标常常是教学模式的设计者处理结构、安排程序、选择策略方法的依据。例如，以侧重智能发展为活动目标的探究发现模式，必然通过引导学生对问题或知识

体系的学习来提高学生的理解、转换和迁移能力；以强调个性充分发挥为活动目标的合作教学模式，必然建立人格平等合作的师生关系。总之，活动目标是教学模式的主导因素，它对安排教学结构和程序、选择教学策略和方法、确定教学评价的标准和尺度起制约作用。

3. 条件范围

条件因素是实现教学活动目标、促进教学模式发挥功能的各种条件，包括教师、学生、教材、教学方法、教学手段、教学时间与空间等因素，其中，教师、学生、教材和教学方法是教学模式基本的条件因素。因为教师在教学过程中起主导作用，学生是学习的主体，教材是教师对学生施加影响的主要媒体，教学方法则是有效地传递教学信息、实现教学目标、提高教学效率的重要保证。而这些条件因素之间稳定的联结方式直接影响教学模式的性质。师生地位、关系、活动方式不同，必然会形成不同的教学模式，如以教师为中心的赫尔巴特授课型模式、以学生为中心的杜威的自学—辅导教学模式、以合作为中心的合作教学模式。

此外，任何教学模式都是在特定条件下发生作用的，都有一定的适用范围，应当根据各种条件因素的具体情况，选择恰当的教学模式。

4. 操作程序

任何教学模式都有各自的操作程序，以确定教学活动的步骤及其任务，指明各步骤的操作要领。如布鲁姆的掌握学习教学模式的操作程序是：目标定向—实施—教学形成性测试—反馈矫正—平行性测试；巴班斯基的最优化教学模式的操作程序是：选择—优化—组织—激励—检查—合作教学模式的操作程序是：兴趣引导—合作发展。为了确保教学模式运作的准确性和可行性，许多教学模式都附有操作要领。掌握操作要领是准确执行教学模式的重要步骤。

操作程序是将教学目标、实施要领具体化，从而便于执行者模仿、运用，是教学模式必不可少的组成部分。

总之，教育（哲学）主题、教学目标、条件、范围和操作程序是教学模式的必要组成部分，缺一不可，它们相互依存、相互作用，构成一个完整的教学模式。

（二）教学模式的类型

教学模式是多种多样的，为了便于研究和实践应用，需要把形形色色的教学模式加以分类。教学模式分类的角度不同，其类型也就不同，一般有以下几种分类：

1. 以理论根源为标准的分类

美国学者乔以斯和韦尔认为，教学的任务可以概括为三个方面，即学生的个人发展、社会性发展和学科知识的掌握。他们以学习心理学为理论依据，把教学模式分为四种类型：

第一种是个性发展模式。这类教学模式以人本主义心理学注重挖掘人的潜能和人格发展为依据，强调个人在教学活动中的主观能动性。个性发展模式主要有罗杰斯的非指导性教学模式、合作模式等。

第二种是社会交往模式。这类教学模式依据社会心理学的互动理论，强调师生人际关系的调整，着眼于学生的社会性和适应能力的发展。社会交往模式主要有塞伦的群体调查模式、谢夫特的角色扮演模式和奥利弗的法理学探究模式等。

第三种是信息加工教学模式。这类教学模式以认知心理学有关信息加工理论为基础，着眼于知识信息的获得和智力的构建。信息加工教学模式有布鲁纳的探究发现模式、奥苏贝尔的接受学习模式和加涅的积累学习模式等。

第四种是行为控制教学模式。这类教学模式依据行为主义心理学的"刺激—反应"原理，侧重学生行为习惯的控制和培养，把教学过程当作行为不断修正的过程。行为控制教学模式有斯金纳的程序教学模式、布鲁姆的掌握学习模式等。

2. 以师生活动关系为标准的分类

在教学中，根据师生活动的方式及各自的地位、作用和关系，把教学模式划分为三种类型：

第一种是以教师活动为主的模式。这类教学模式强调教师的主导作用，重视课堂教学和系统知识的传授，对学生学习的主动性和智力发展不够重视。这类教学模式主要有赫尔巴特教学模式、凯洛夫教学模式等。

第二种是以学生活动为主的模式。这类教学模式强调学生学习的主动性，以学生自学、自己活动为主，教师只提供必要的帮助和辅导。这类教学模式以杜威教学模式最为典型，克伯屈设计教学模式、德可乐利教学模式、道尔顿教学模式均属此类。

第三种是以教师为主导、学生为主体的教学模式。这类教学模式兼顾教与学两方面，既发挥教师的主导作用，又调动学生学习的积极性、主动性和创造性，注重传授系统知识和促进学生智能发展。这类教学模式有根舍因的范例教学模式、洛扎诺夫的暗示教学模式、奥苏贝尔的接受学习模式及近20

多年我国教改中出现的一些卓有成效的教学模式，如"茶馆式"教学法、六课型单元教学法、六步教学法、自学—辅导教学模式、启发研究模式等。

此外，有人根据教学过程的"重心"偏向教的方向还是学的方面，把教学模式分为回答模式、授课模式、自学模式、合作模式和研究模式。也有人根据师生活动的不同强度，把教学模式分为注入式、启发式、问题式、范例式和放羊式，第一类教师活动强度最大，学生活动强度最小，最后一类则相反，教师活动强度最小，学生活动强度最大。还有人以师生作用的不同方式为标准，把教学模式分成"传递—接受""问题—发现""示范—模式""陶冶—领悟""自学—指导"五种类型。

3. 其他不同标准的分类

第一，从教学活动的实现来划分，可分为理想模式和现实模式。理想模式即主观设计但尚未实现的模式；现实模式即实现存在的模式。

第二，从时代角度划分，可分为传统教学模式和现代教学模式。赫尔巴特的四段教学模式一般被认为是传统教学模式，而杜威及其以后西方出现的教学模式均被认为是现代教学模式。

第三，从教学的构成因素来划分，可分为教学传播模式、教学过程模式、教学方法模式、教学媒体模式等，这其中既有单因素的教学模式，也有多因素的教学模式。

第四，从教学模式形成的方法来划分，可分为归纳教学模式和演绎教学模式。归纳教学模式的起点是教学实践经验，经过总结上升到理论高度，形成模式。演绎教学模式的起点是科学理论假设，以此为根据推演出一种教学模式，并进行严密的实验来证实。

第二章　国内外重要教学模式概述

第一节　国外课堂教学模式

近三十多年来，经济发达国家都对中小学的教学方法进行了大规模的研究，国际教学论研究突飞猛进，教学论文献卷帙浩繁。新的研究成果，新的假设、命题和课题层出不穷。为此，我们将国外几种流行的教学模式介绍过来，供我国教育、教学改革实践工作者参考。

当然，世界上并不存在"放之四海而皆准"的最优教学模式，任何教学模式总是要依据一定的条件发挥作用的。因此，我们所要探讨的，不是去评定哪一种模式最佳，而是哪种模式的哪些侧面针对什么目标可以取得什么效果。

一、信息加工教学模式

从信息处理的观点来看，教学是向学生传递学习信息的教育活动。这里至少有两个问题：其一，要使学生的信息处理活动有效地进行，应当怎样设计课堂教学；其二，为使学生在教学中通过信息活动，形成更成熟的信息处理能力，应考虑怎样设计课堂教学。

作为信息加工教学模式，主要介绍以下几种：

（一）布鲁纳的探究发现模式

美国教育心理学家、哈佛大学教授杰罗姆·S.布鲁纳，是一位侧重于探讨教学内容的改革家。他在人的认知过程的实验研究方面取得了独特的业绩，为认知心理的体系化做出了贡献。他撰写的《教育过程》使他蜚声世界。

布鲁纳是以学生的认知过程——智力的发展为研究主轴，来构思他的教学论的。布鲁纳的认知发展论，基本上是皮亚杰学派的继承。不过，他做过许多精巧、丰富的实验，独创地汲取了现代语言学等邻近学科的成果，来展开他的现代认知发展论。

布鲁纳认为，教材的好坏，对于学生的智力发展具有重要影响。然而，在知识和信息加速增长的现代社会里，力图毫无遗漏地网罗知识来充塞教材是不可取的，与其"包罗万象"，毋宁予以削减、精选。但是，把现代的教材改革仅仅归结为单纯的削减、精选，恐怕也是一种糊涂的策略，重要的是应该改进教材的质。布鲁纳正是在这一点上，强调教材"结构的重要性"。他认为，提供处于科学技术核心地位的基本概念和基本主题为基调的教材内容，是促进学生的智力发展所必需的。因为，唯有受到这种教材中所包含的理智的力量诱发，学生的智力发展才能得到促进。

教材的结构进行了质的改进以后，重要的是进一步培养学生学习和探究以及独立解决问题的态度。而要培养这种探究态度，最重要的条件就是培养学生发现的喜悦感。换言之，重要的是发现以前未发觉的各种关系的法则性和各种观念的类似性，树立对自己能力的自信心。

发现学习并不局限于数理学科，人文学科教材的发现学习也可开拓。例如，只提示一个故事的开端部分，然后以喜剧、悲剧、滑稽剧的形式让学生去创作故事。这样，就可以加深对有关文学形式结构的领会，这也可以说是一种探究发现学习。在探究发现学习模式中，师生处于协作关系。

（二）奥苏贝尔的接受学习模式

美国认知心理学家奥苏贝尔倡导了不同于发现学习的另一种教学模式——有意义言语接受学习。这种模式是以奥苏贝尔的学习理论为基础的。他的学习理论将认知方面的学习区分为机械的学习与有意义的学习两大类。机械学习的实质是形成文字符号的表面联系，学生并不理解文字符号的实质；有意义学习的实质是个体获得有逻辑意义的文字符号的含义。

在奥苏贝尔看来，学生接受的信息材料若本身无内在的逻辑意义（如无意义音节、电话号码等），就必然会导致机械学习；若信息材料本身有逻辑意义（如古诗、乘法口诀等），但学生原有认知结构中没有适当知识基础可以用来同化它们，也会产生机械学习。前者条件下的机械学习是不可避免的，而后者条件下的机械学习则是教学中应力求避免的。要避免这种条件下的机械学习，教师则应了解有意义学习的条件。只有在教学中满足了有意义学习的条件才会出现有意义的学习。

奥苏贝尔认为，有意义言语接受学习过程，就是个体从无意义到获得意义的过程，这一意义过程的获得必须满足下列条件：

第一，学习材料本身有逻辑意义。学生学习的材料知识一般符合这一条件。无意义音节、配对联想词不符合这一条件。

第二，学习者认知结构中具有同化新材料的适当知识基础，也就是具有必要的起点能力。如果这种条件不具备，教学任务应是先教这种起点能力。

第三，学习者还必须具有有意义学习的倾向，即积极地将新旧知识关联的倾向。

上述三个条件中，第一为外部条件，第二和第三为学生的内部条件，其中，第二为认知因素，第三为情感或态度方面的因素。

在教学中，最不易处理的是第二个条件。因此奥苏贝尔提出，根据学生原有知识基础进行教学，乃是教育心理学中最重要的原理。他所提出的同化论为教师分析新知识与学生原有知识之间的关系并依据原有知识的性质进行教学提供了理论依据。

奥苏贝尔的学习理论之所以被称作"有意义言语学习"或"接受学习"，是因为它的"有意义"是指教材中隐含的观念信息，是学生已具有的认知结构中的观念发生关联时产生的。谓之"言语"，是因为学习的媒体是言语。所谓"接受学习"，乃在强调学校中教学的中心与其说是发现、探究，毋宁说是接受信息的学习。

从奥苏贝尔的理论观点来看，学校的首要工作就是传授那些明确、稳定而又有系统的学科内容的知识体系。据此，他要求学校的教学顺序也应遵循人的认识的自然顺序，先认识事物的一般属性，呈现概念性的组织者，以便学生认知结构中形成同化新的知识的框架。然后呈现具体材料，使学生的认知结构从一般到个别，不断分化。同时也强调学生认知结构中的新旧知识的相互作用，以达到认知结构不断分化和综合贯通的目的。

自从布鲁纳和奥苏贝尔提出两种显著不同的学习与教学方法之后，许多心理学家纷纷对这两种教学主张展开实验研究。大量的实验证据表明，两种教学方法各有利弊。一般的看法是，发现法更适合低年级，适合教基础概念或原理，有助于远迁移能力的培养。奥苏贝尔的有意义言语接受学习更适合高年级，适合教概念之间的关系，省时，有助于近迁移。但在远迁移能力的培养方面不及发现教学法。

人们的认识顺序既从个别到一般，也从一般到个别。发现学习强调从个别到一般，接受学习理论则强调从一般到个别。从认识论来看，这两种主张均有合理的理论依据。实际教学工作中，教师应根据教学对象、教材内容不同而选取不同的方法。

（三）加涅的积累学习模式

加涅是美国当代心理学家，早年受过严格系统的新行为主义心理学训练，日后逐渐接受了信息加工理论。由于他是以新行为主义的学习功底来研究课堂上信息加工过程的控制的，所以，他在教学模式的研究上表现出许多独特之处。

加涅认为，学习过程是十分复杂的，课堂中的学习有种种水平，并不基于同一机制，水平不同的学习各自有不同的机制。加涅依据机制的不同，区分出了学习的八种类型：

第一类，信号学习——这是巴甫洛夫型的条件反射。它同后述的刺激—反应学习，从形成行为的最小单位这一意义上说，是最基本的学习。

第二类，刺激—反应学习——相当于斯金纳型的由肌体的运动刺激及其反应相结合（操作条件作用）而产生的学习。

第三类，连锁形成学习——这是两个（或两个以上）的S—R的联结，形成连锁作用。

第四类，语言联合学习——第三类的亚种，是语言的连锁作用。

第五类，多种辨别学习——是指对某一集合的个别要素，学会做出个别的反应。例如，记住任课班级学生的名字、弄清狗的种别，都属此种。这种场合需对刺激做出辨别，对反应做出分化。

第六类，概念学习——这同多样辨别相反，是要抽出学习情境中具有共同属性的多个因素，学习同一的反应。例如，用动物这个概念将狗、猫、猪加以抽象就是一例。

第七类，原理学习——是指原理、命题、法则等的学习。以（比重）=（重量）+（体积）为例，重量和体积的概念不明确，比重的概念也不会明确，这个原理也自然不能理解。

第八类，问题解决学习——这是利用先前学习的原理，分析情境，思考出新的原理。

加涅层级说的特点，不单是把学习类型划分（或拼凑）成八类，而且还在于申述下列主题，旨在建立教学设计的学习心理学：

第一，学习的每一后继形式实质上都是前一形式的最复杂的表现。这就是说，进行高级学习的前提条件是需要有低级的学习。这样，某种学习不是处于独立地位的，而是处于一整套的某一层级中。

第二，要提高学习的迁移效果，宜从低层级的学习伸向高层级的学习。学习正像叠瓦片一般，从单纯到复杂，从低层次到高层次进行，是最有效的。

第三，人的发展，是从第一类学习向第八类学习累积的结果。从这个观点出发，加涅的学习理论被称为累积式学习理论。

加涅的这种由低到高、由简到繁的学习中逐步提高并臻于完善的累积式学习理论，为教学设计提供了可靠的依据。教学就是依据预期的不同层次的学习结果，创设或安排适当的内部和外部条件，帮助学生有效地学习，使预期的学习结果得以实现。

有人评论加涅的累积学习模式无非是将传统的学习心理学成果应用于教学设计的集大成。不过，它同皮亚杰的发展观形成鲜明的对照并提供了教学设计的一个框架，是值得注目的。

二、社会交往教学模式

人们同社会处于什么样的关系，人们相互之间又处于什么关系，这种问题是被包括在社会相互作用这一概念之中的。

（一）塞伦的群体调查研究模式

塞伦的群体调查研究模式在许多方面类似于杜威的教学法。它的目标不是单纯地练习、学习民主主义过程，而是把"民主主义过程"的形态、动力学与学问研究过程统合成一种教学策略。

塞伦和他的研究者们强调，班级也是一个社会。班级里有班级独有的秩序，有班级独有的文化。而学生们对于发展起自己的班级这一社会生活方式是感兴趣的。

在教学中，围绕一个问题往往会产生若干不同的见解。例如，在课堂上学习地区产业的课题时了解到，耐水的杞柳其实在旱作地区也栽培了许多，为什么呢？围绕着这一问题，在班级里自然会产生种种不同的看法。对于这些看法，不要任其自然，停留于偶然一时的闪念，而要引导他们尽早地以群体研究方式，收集各种资料，开展探讨性作业。

在群体研究中，研究的主导权在于学生，教师起着顾问的作用，以保证按照科学的步骤开展研究。教师不能预先规定课题，随意地决定研究计划，或者把结论奉送给学生，倘若这样，那不是研究，只不过是单纯的活动。研究，必须从学生自身发现的问题出发，从他们的好奇心出发。

这种群体研究的教学模式，使学生们在学习过程中获得这么一个经验：凡事都通过协商解决。看到别人对这件事做出了与自己不同的反应时，将会反过来成为发展自我认识的一个契机，同时进一步刺激自身对问题的好奇心。这正是群体研究的教师在群体调查研究中，担任顾问、参谋和友善的批评家的角色。群体调查研究也需要教师的灵活性和课堂组织的灵活性，这一模式糅合了学术研究、社会交往和社会过程学习的教育目标，能用于所有的学科领域、所有的年龄阶段。教师在这个模式中要强调的是知识的形成方面和知识问题的解决方面，而不是接受预先组织好了的、预先决定的知识。

如果接受塞伦的知识观与知识的改造观，那么群体调查研究模式可以看作教给学生学术知识和了解社会的一种很直接的而又可能是很有效的方法。通过集体作业过程，可以培养那种具有脉脉温情与相互依赖的人际关系，以及对所定规则与方法的尊重、学习的自主性和尊重他人尊严等性格特点。

（二）谢夫特的角色扮演模式

范尼·谢夫特和乔治·谢夫特的角色扮演教学模式扎根于个人和社会两个方面。它试图帮助人们在他们所处的社会环境中发现个人的意义，并在社会群体的协助下解决个人的两难问题。在社会方面，它让个人共同致力于分析社会情境，尤其是分析人际关系问题，并且形成处理这些情境的恰当而又民主的方法。

角色扮演模式，在其最简单的水平上，是通过人们的描述、表演和行动来讨论、处理问题的。有些学生充当角色扮演者，其他的充当观众。每个人都要设身处地为别人着想，然后要尽量与其他角色的扮演者交往。

（三）法理学探究模式

美国哈佛大学的奥利弗和谢弗为学生学习社会科学构想了一种可以提供基本的教学策略的认知结构——法理学探究模式。这种模式的原理是以某些科学的学术性分析为基础的，其目的在于帮助学生学会系统地思考当代的争端，并要求学生把这些争端作为公共政策问题提出来，着重引导学生去追求高度的学识和价值。实质上，法理学探究模式是公民教育的一种高级模式。

奥利弗和谢弗设想的成熟的公民在很大程度上是有能耐的法官的形象。想象一下，你是最高法院的法官，正在审理一个重要案件，你的任务是听取双方所提供的证词，分析双方所持的法律观点，权衡这些观点和证据，估量法律上的意义和条款，最后尽可能地做出最佳决定。这就是学生考虑公共争端时所要承担的任务。

扮演法官的角色，要具备三种能力：第一，要熟悉美国信条中的价值，这些信条体现在美国宪法和《独立宣言》的原则中。第二，要有一套澄清和解决争端的技能。第三，要了解当代政治争端和公共争端，这就要求教师向学生揭示美国社会所面临的政治、社会和经济问题的范围。

三、人格发展教学模式

迄今的教育教学工作主要存在两种潮流或倾向：一种是传统的以教师为中心的"管理"方式；另一种是现代的以学习者为中心的"开放"方式。现代社会中，已有越来越多的学者强调：教育从一定意义上说是满足个人的需要，协作个人以自身的方式获得发展的工作。这对许多人来说曾经是一个梦幻，但在现代，已经有人提出了实现这一梦幻的模式了。

（一）罗杰斯的非指导性教学模式

非指导性的教学模式是以美国当代教育界人本主义心理学家卡尔·罗杰斯和其他倡导非指导性咨询者的研究为基础的。

正像咨询中的非指示性疗法叫作顾客中心疗法一样，以非指示性咨询理论为基础的教学，自然应当就是学生中心的教学了。在以学生为中心的非指导性教学模式中，教师不以指导者自居，而只是为学生提供方便（如环境、手段），由学生自己选择如何学，教师只起顾问作用，应学生的要求可以与他们一起参加讨论。知之为知之，不知为不知，不做指导，更非操纵，是学生学习的"方便者"。

那么在这种非指导性的教学模式当中要求教师遵循哪些原则呢？罗杰斯说："教师应把学生的感情和问题所在，放在教学过程的中心地位，自己的发言要有所节制。"他举了以下五条原则：

第一条原则。我们不能直接地教授他人；我们只能使他人的学习得以容易的展开。如古谚所说："可以牵马河边，但不能按马饮水。"因此，应把注意力集中在学生身上，考虑"学生在教学中要达到什么目的？学生究竟想学什么？我们怎样才能使学生的学习与成长得以顺利地展开？"

第二条原则。人是抱着维持自己的构造或是强化自己的构造，有所侧重地学习的。这是同问题意识、自我主导相联系的。比如，是听数学讲座还是听统计学讲座，一部分学生是为达到专业目标而做出选择，而另一部分则是迫于学校规章制度。前者的学习是求得"有效"，后者则是求得"过关"。罗杰斯主张"我要学"而批判"要我学"。

第三条原则。如果能够同化，会在自己的体制中带来某种变化——这种经验，由于象征化的否定或歪曲，而会出现抵御的倾向。教育的新教材，有时是有助于强化学习的，但在绝大多数场合，是威胁学习者正在实现同一化的若干价值的。

第四条原则。自我的构造和体制在受到威胁时，会变得僵硬起来，一旦从威胁下解脱出来，就会缓解这种僵硬状态。

第五条原则。极其有效地创建罗杰斯所说的以接受和信赖为基础的所谓"有意义的学习"的教育环境，还有一个重要原则就是尽量地排除对学习者自身的威胁。正如心理学家乔伊斯所说，这个原则是前四条原则的归结。在这里，非指示性教学的真髓是以排除威胁的形式来表示的。

罗杰斯倡导的非指导性教学模式所企求的是一种最大限度地允许学生个人选择的教育环境，使学生得以无拘无束、自由自在地交流想法，从而使学生增长经验、树立自信心、发展自主力。在整个教学过程中，教师应注意调整自己的角色，善于接受和理解学生所做的各种事情，忌讳对学生价值体系的侵犯，待学生理解了这种接受的气氛之后，教师便可通过以更自由的方式加入小组活动，从而起到实际的领导作用。

归根结底，罗杰斯非指导性教学模式的原则和方法意在拆除人与人之间的"玻璃墙"，打碎包裹思想的"外壳"，摘掉教师脸上的"面具"，创造出一种真正的融洽与和谐，其焦点在于维护教师与学生、学生与学生之间相互信任与相互理解的关系，并在这种环境气氛中构成"学生在教师的顾问作用下发现、体认和形成经验"的教学模式。

（二）合作教学模式

苏联各加盟共和国中小学里的一批从事教育实验长达25～40年的教师和学者，尽管他们生活期间的政治文化背景与社会环境存在着很大的差异，他们各自主张的个性在含义上也不可等量齐观，但是，他们在方法论上却是相通的，譬如：在师生关系上和教学关系上都强调亲密、和谐、形同伙伴；在组织教学上的重点也避开了智力这个正面战场而注重动机、情感、个性及学习者的自主选择，同样也认为学习是幸福的轻松愉快的事等。因此，苏联各加盟共和国的以"合作"为手段，以"个性民主化"为目的的实验教师们，便开创了他们的"合作教育学"模式。

按照苏联《教师报》的新闻撰稿人、著名作家 C. 索洛维依奇克的说法，合作教育学创造性地发展了马卡连柯的教育遗产，其基本精神是：人道主义、相信学生、通过创造性活动进行教育、教师跟学生合作。

（三）暗示教学模式

暗示教学主要是根据人的有意识心理活动同无意识心理活动的并存与相互转化，试图充分利用暗示作用，挖掘人的智慧潜力，从而提高学生学习效率的一种教学模式。这一模式为教育者有效地控制和利用暗示作用的方向与内容提供了一套程序和策略。

暗示教学模式的创立是与保加利亚医学博士乔治·洛扎洛夫分不开的。洛氏创立这门教学理论的构想源于他的两个发现：一是他访问印度时得知，瑜伽教徒通过强化的联想能记住经书上的十万个词；二是1955年在他的心理诊疗临床中，用暗示法使一名抱怨自己记性不好、成绩不佳的上业余学校的工人，产生了超常的记忆力。随后他连续实验九年，并在1965年创建了暗示教学法小组，实验外语教学。到七十年代暗示法引入中小学实验，同时开始研究暗示教学的各科教学法。暗示法从1969年起走出了国门，辐射到苏联、德国、匈牙利、古巴、美国、加拿大、奥地利等国，1977年以后又波及英、法、日乃至中国。

人的潜力是巨大的，有人认为普通人的发展还不到他所蕴藏能力的十分之一。暗示法的过"人"之处就在于挖掘了这种潜力。诚如洛扎洛夫所说，暗示作用的"最终效应是个人的一定潜力活化"。比如，通常人学习英语单词，每节课只能认识五六个至多十来个单词。而用暗示教学法教学，教师并不让你意识到是在正儿八经地学习，而是借助音乐等手段创设一种情境：你是一个外国人，到了伦敦市，需要住、吃，需要联系工作，那么遇见当地人你得跟他打交道。这样一来，学习者便进入了角色，产生一种急于讲英语的需要和动力，智力一经"活化"，学习就有兴趣，有了兴趣，学习就越有信心、越来劲，因此形成良性循环。

暗示法在语言教学中的运用最早，也最成熟，在其他学科中也有实验。由于把教学内容基本规则同电影、戏剧、舞蹈等艺术形式结合，学生产生了丰富的联想和想象，同样也取得了较佳的效果。

四、行为控制教学模式

按一定模式组织起来的教学活动，无论它是结构松散的还是步骤缜密的，不管是即兴的还是预谋的，展开于其间的学生认识活动或多或少都受到教师等外在环境因素的干预或控制。可以说，所有的教学模式都旨在创造一种可以对学习过程加以控制的外在环境。我们在这一节里谈到的两种教学模式也涉及这类问题。

（一）斯金纳的程序教学模式

程序教学的鼻祖斯金纳从行为主义出发研究学习，认为"学习过程是作用于学习者的刺激和学习者对它做出的反应之间的联结的形成过程"。但斯金纳并不认为反应的性质仅仅由刺激制约，这里面还存在一个中间环节，亦即人的内心活动所起的中介作用。

程序教学是以斯金纳关于操作性条件反射的学说和强化理论作为立论基础的。斯金纳的"操作性条件反射"理论来自他的动物行为实验。在一个特别的实验装置（称"斯金纳箱"）中，放进一只饥饿的白鼠（或鸽子）任其自由活动，当它偶然间踏上杠杆（机关），（做出了主试者期待的动作）便有一份食物落入食盘，动物吃到食物（强化），便重复动作，再次吃到食物，经若干次强化，这种条件反射（亦称操作性条件反射）便形成了。

斯金纳把这一套操作性条件反射的原理运用于控制课堂学习行为，于是便有了程序教学。不过课堂上的强化物当然不是食物，而是赞扬、记分、点头、微笑等方式，获得正确答案本身也是极好的强化因素。除这些确认反应结果的正强化外，还有用于消退不适当（即非期望）行为的负强化——如处罚和叱责。教师的作用便在于恰当适时地运用各种强化手段，以获得期望中的行为。

（二）布卢姆的掌握学习模式

美国芝加哥大学教授布卢姆也是当代倡导教育革新的著名学者。如果说布鲁纳侧重于探讨教学内容的革新，主张通过学科内容的结构改革来更新教育、教学，那么布卢姆则侧重于教学过程的变革。但他们的目标是共同的，都是使学生达到高度的学力水准，实现教育过程的现代化。

布卢姆关于学校教学中掌握学习模式的研究，是在现实学校所规定的条件下，改组教学单元，实施反馈矫正，力图使绝大多数学生达到"掌握"。

那么，什么是"掌握学习"呢？用布卢姆的学生布洛克的话说，它包含两层意思：首先，"掌握学习"是一种"有关教和学的乐观主义的理论"；其次，"掌握学习"是一套有效的教学策略。

作为理论，它摒弃了传统教学评价理论中以所谓"常态分布"模式（学生学习好、中、差水平各占三分之一）来预言学生发展的陈腐观念，坚信"我们的孩子都能学好"。它的核心观点可以归结为两点：第一，任何一个学生只要有充足的学习时间，就能够完成任何学习课题，并非只有能力强的学生才有完成高级的学习课题的潜力。第二，在现实中出现的学习成绩的差异，是由于该生所需的学习时间量与实际耗费的学习时间量的差异所致。"掌握学习"理论旨在树立这样一种信念：任何教师都能帮助所有的学生获得基本的智力、体力和感情的能力（达到掌握），并保证他们能够从事终生的学习。

作为一套有效的教学策略，可以把那种教和学的乐观主义信念变成现实。在此之前，为解决国际上由于大规模普及教育带来的差生问题，程序教学曾根据由浅入深、由简到繁的原则编制学习课程，提供有严格控制的程序，使上述问题得到某种程序的改善。但是，程序教学由于过分注重教学个别化而不能发挥课堂教学的优势。"掌握学习"教学法便是试图在学生能力优劣不等的前提下，尤其注重强化差生的参与意识，逐步把差生畏学的被动状态转化为乐学的生动局面，把厌学的畏难情绪转化为善学的愉快心情，用群体学习的教学方式，使每一个学生都能达到特定学习水平，以摆脱现实条件下扩大数量引出质量问题、想提高质量又顾不上大面积丰收的两难困境。

第二节　我国中学课堂教学模式

近20多年来，我国教育理论工作者和实践工作者，在继承传统、借鉴国外现代教学理论和模式的基础上，对中学教学进行了一系列改革实践，提出了一些卓有成效的教学模式。以下将对我国中学教学改革中涌现出的较有影响的教学模式加以介绍，为广大教师提供一些可供选择和参考的教学方案。

一、"自学—指导"教学模式

"自学—指导"教学模式是近年来我国教改中成效较为显著、成果最为丰硕的一类模式。其特点是重视学生在学习中的主体地位，充分调动学生的积极性、主动性，注重学生在教师引导下的自学。下面选择几例影响大、知名度高的分科或多科适用的教学模式，供大家参考。

（一）自学—辅导教学模式

这是由中国科学院心理研究所卢仲衡主持，在对中学数学自学—辅导实验的基础上提出的教学模式。

研究人员认为：中小学阶段不仅要使学生获得扎实的基础知识，而且要培养他们独立思考、独立学习的能力，以适应未来的工作、学习和生活，为此，应在中小学阶段有目的地培养学生的自学习惯和能力，使学生在获取知识的同时，掌握学习的方法，把以教师为主体的教学过程转变为以学生为主体的学习过程。基于这种认识，他们于1963年开始中学数学、语文、英语等学科的程序教学实验。1965年他们在总结实验的基础上，根据心理学原理，对初中数学辅导教学进行了深入研究。在卢仲衡主持下编写出自学课本、练习本、测验本，学生在教师指导下，依据三个本子自学、自练、自批作业，把传统课堂教学中以教师讲授为主，改为在教师指导下以学生自学为主。该项实验在"文革"时被迫中断。1980年又开始在全国7省市23个实验班进行扩大研究实验。到 80 年代末已推广到全国 26 个省市 1000 多个实验班，取得了显著的效果。

（二）六课型单元教学法

黎世法教授提出人类教学实践发展会经历个别教学、同步教学、异步教学三个阶段，并创立了异步教学论体系。其中适合指导中学各科教学的异步教学论为"六课型单元教学法"。

1. 指导思想

大面积提高教学质量，减轻学生的学习负担，促进学生全面发展，是当今教学改革的重点，也是难点。怎样才能找到一种行之有效的教学方法呢？黎世法认为，最优的教学方法必须符合学情，是最优的学习方式与最优课堂教学方式的总和。那么什么是中学生的学情呢？他们通过对 10 350 名中学生（其中优秀生 300 名，中等生 850 名，差生 9200 名）的学习情况进行了调查、分析和比较，从中归纳概括出中学生学习书本知识的八个紧密相连的环节：制订计划—课前自学—专心上课—及时复习—独立作业—解决疑难—系统小结—课外学习。并总结出运用八个学习环节学习书本知识的十条学习心理规律，即内因律：学习是内因起作用的主动过程；基础律：从自己的实际起点开始学习并逐步提高；理解律：掌握知识结论的推理过程；运用律：形成基本技能，将知识具体化；改错律：发现、分析错误并及时改正；结合律：脑和手、课内和课外、理论与实践相结合；精学律：重在掌握基本的事实、理论、技能和思维方法；智能律：概括知识，综合技能，培养自学能力；脑效率：遵循学习规律，提高学习效益；勤奋律：严格要求，克服困难。

2. 课堂基本程式

"六课型单元教学法"把教材分为若干教学单元，每个单元按照六种课型进行教学。下面简单介绍三种课型。

（1）自学课

自学课的教学步骤是：教师向学生布置自学提纲（口授、板书或油印）。自学提纲应具有启发思考、开拓思路、紧扣教材等特点。提纲的详略，以学生的自学能力、水平高低为转移。自学的内容可以是一个单元的教学内容或基本参考资料，也可以是与之有关联的旧知识。

（2）启发课

启发课的主要任务是解决全班多数同学在自学课中遇到的难以解决的共性问题，使学生在头脑中形成知识体系。

启发课的教学步骤是：教师指出自学中带有共性的问题，要求学生针对这些问题再自学一下课本或参考资料中的有关内容，以开拓学生的思路，提供必要的知识基础。

师生运用科学的思维方法，分析、解决共性问题。在分析过程中，教师要引导学生发表个人见解，可以让在自学课中对本单元重点、难点理解较好的学生先发言，教师再做适当的补充。对重点问题要展开讨论。

在分析完一个问题后，教师要提出几个问题，请学生回答，或出几道练习题让学生到黑板上做，检查学生的学习效果。

启发课是建立在自学课基础上的一种针对性很强的课型。教师应从学生学习实际出发，围绕并突出单元教学的重点、难点，引导学生全面深入地理解教材内容，发展学生的智力，培养学生分析问题、解决问题的能力。

（3）复习课

教师布置复习提纲。复习提纲比自学提纲要简明扼要，要抓住要领，突出重点问题。同时还要结合学生的具体实际，进行复习指导谈话。

学生独立复习。学生按教师布置的复习提纲，反复阅读教材，独立思考，抓住新教材的主要问题，对所学知识进行全面复习，使之系统化、概括化，真正做到融会贯通地掌握知识。

教师指导检查。在复习过程中，教师要巡查指导，并注意因材施教。为了及时了解学生的复习情况，教师可请 1～3 名学生，在全班宣讲各自的复习笔记，然后师生共同进行评论，指出优缺点，以深化对本单元教材主要问题的理解。

（三）六步教学法

"六步教学法"是辽宁特级教师魏书生在教学实践中探索和创造的。他运用信息论原理提出了由定向、自学、讨论、答疑、自测、自结六个步骤构成的课堂教学模式。

1. 理论依据

"六步教学法"的理论依据是信息论，根据信息理论设计课堂教学结构，体现了现代认知心理学的思想。

2. 六步教学法的特点

（1）教学目标明确具体

定向阶段的设立，使学生学习方向明确，心中有数。为此，魏书生把初中语文教材所涉及的语文知识，分成基础知识、文言文、文学常识和写作

4个部分,共19项、118个知识点,并用树式模式组成一个整体结构,称之为"语文知识树",从而便于学生从整体上把握语文知识结构,明确具体目标。

（2）突出发展功能

在自学阶段,学生可根据个人的实际水平对信息进行增减,使各类学生在原有的基础上都能得到发展,这对激发学习兴趣、强化学习动机、增强自信心有着十分重要的作用。

（3）建立多向反馈渠道

"六步教学法"的突出特点在于信息反馈渠道呈现立体、多向化。传统教学模式虽然也注意检查评价,但只是教师与学生之间单向的信息反馈,而六步法模式建立的信息反馈渠道却是立体的、多向的,六个环节中除一、二两个环节外,其余四个环节都给学生之间、师生之间以充分的信息交流的机会,通过答题、自测、自结形成师生之间的相互反馈、学生的自我反馈和学生之间的相互反馈,从而使教学活动的每一位参与者都能及时获得反馈信息,迅速调整个人的步调和状态。

（四）学导式教学法

学导式教学法是由黑龙江省教育工作者集体创造,经全国其他地区教育理论和实践工作者不断充实和完善而形成的具有一定理论体系、时代特征和民族特色的教学模式。它以学生自学为主体,以教师启发引导为主线,以优化学生学力（动力、智力、能力）结构为主标,以大面积提高教学质量为主旨。

二、"引导—探究"教学模式

（一）"引导—探究"教学模式

"引导—探究"教学模式是由华东师范大学教科所的研究人员进行实验总结提出的。它是以解决问题为中心,注重学生独立钻研,着眼于思维和创造性培养的教学模式。

"引导—探究"教学模式不仅使学生获得知识,而且会使学生领略到科学家的发明与创造过程,从而培养学生对科学的兴趣与热爱,激发学生学习、探索的求知欲,使学生在思考问题的过程中获得提出问题、分析问题、收集资料和使用资料的能力及创造性思维能力。

（二）问题研讨教学模式

这是一种以解决问题为中心的适用于文科教学的模式。教师和学生围绕教材内容提出问题,通过查阅资料、研究讨论、实验探索等方式提出解决问题的办法，最后由教师或指定学生做问题总结。在这个过程中，学生不仅掌握了教材规定的知识，而且也得到思维训练。它改变了传统的文科教学教师讲，学生听，"上课记笔记，下课对笔记，考前背笔记，考完全忘记"的被动局面，有助于调动学生学习的积极性。

（三）"尝试—回授"教学模式

"尝试—回授"教学模式是上海青浦区特级教师顾泠沅在长达 10 多年的教学调查、筛选经验、实验研究的基础上提出的，它的全称是"尝试指导及信息回授法"。它以培养学生获得和运用知识的能力为目标，将教材组织成一定的尝试层次，通过教师指导学生尝试来进行学习，以活跃思维，同时又注意回授学习的结果，及时调节教学步骤，以强化所获得的知识。

三、整体优化教学模式

（一）"结构—定向"模式

"结构—定向"教学是北京师范大学冯忠良教授根据国内外有关教育心理学研究成果及他本人多年的教育心理学研究而提出的一种教学模式。这种教学模式可以大幅度提高教学工作的效率。概括地说，"结构—定向"教学的含义就是，教学要着眼于学生能力与品德心理结构的形成，而要加速心理结构的形成，必须依据心理结构形成的规律，即学习的规律，有计划、有目的地进行定向培养。

（二）"大语文教育"的整体改革

"大语文教育"改革是由河北省邢台市张孝纯老师主持进行的一项中学语文整体改革实验。"大语文教育"冲破已有语文教学的封闭模式，使之与社会生活的洪流接通，它以语文课堂教学为轴心，向学生生活的各个领域辐射伸展，把语文学习同学生的社会生活紧密地结合起来；把传授语文知识与指导学生做人有机结合起来；把语文教学的听、说、读、写四个方面的训练有机地结合起来，形成了一种全面的、立体的、能动的网络式的语文教学整体结构。这一设想和实验有着一定的理论意义及现实意义，极富推广价值。

第三章　中学教学工具和教学方法

第一节　教学工具

成功的教师了解教学工具和活动——它们提供了什么有益的特性以及如何将它们整合到教学过程中。具有这些知识可以形成更好的计划、教学以及最终的课程评价。

一、多媒体

大多数教师都能够使用多媒体来改善他们的教学过程。大多数中学拥有媒体中心，而另一些学校是通过学校的图书馆来提供媒体的。你有时会听到多媒体这样的术语用来指辅助教学的媒体。简单地定义，多媒体就是通过任何教学材料的合并来呈现教学，例如，书面的词汇、言语词汇、幻灯片、模型、手册、音乐、图画、图像、录像、计算机以及任何动手的材料。

媒体最普遍的用法是支持课堂中的"活"教学——例如，教科书、放映机、电影、录像和计算机。这些教学媒体的使用可以帮助学生理解，可以激发学生，可以鼓励学生参与，还可以保持学生对一节课的兴趣。媒体的效果依靠教师如何组织和使用它们。

二、印刷材料

印刷材料是中学课堂中最常用的一种学习工具。实际上，中学教师很容易获得大量的适合大多数课程领域的阅读材料。这些材料包括小册子、说明书、业务手册、软皮书、报纸和杂志。大多数都免费提供或者收取很少的费用。但是，教科书仍然是教学中使用的最主要的印刷信息资源。

传统上，教科书已经成为大多数课堂教学的基础。它们是通用的、可靠的，它们允许任意获得它所包含的信息。它们可以单独使用或和其他课本一起使用，还可以作为扩充和补充资料的来源。此外，它们容易获得、灵活、轻便，并且不仅包括言语材料和解释，还使概念清晰可见。

"课程、单元和可计划的资源中最普遍的就是教科书"。这样的陈述强调了教科书最主要的优点：它们帮助教师做出计划。教科书得到赞扬是因为它对做出计划具有一定的帮助，在做出计划的过程中，它为课堂教学提供了统一的因素，并且为组织和构建课程提供了一种方法。它们提供了通常学科内容和阅读材料的一种选择方式——以一种符合逻辑的顺序——它们还可以被用来决定和确定重点内容。特别是教师版的教科书对做出计划也具有很大的帮助，因为它们提供了教师学习策略、活动和问题的一种选择方式，还有大量的信息、阅读材料和研究。许多还提供了与其他教学材料和工具相关的信息。

在一个更具体的教学水平上，因为教科书可以自我调整步调，所以它们可以被改编用以独立学习、指导教师的工作，以及个性化教学。教科书可以使没有阅读障碍的学生迅速而有效地获得信息，它们作为通常可获得信息的讨论的基础，并且它们帮助学习者掌握原因和结果之间的关系。此外，"教科书可以成为构建有趣、高度有序的学习活动（讨论、探究、研究活动）的完美基础，这些学习活动能够引发批判性思维和其他更高级的思维过程"。

必须指出教科书的大多数缺点都是由于不恰当使用造成的。事实上，"有时候教科书被用来指挥课程而不是用来支持课程了"。还有一些教师在课堂教学和课程制定的时候让教科书承担了太过重要的角色。教科书可能会产生"课本教学"，在这个过程中主要的教学和学习活动成了特征性的布置阅读和背诵，有时候还会加上一些书面问答的死板的程序。教师常常使用"一周一个单元"的方法，这就会不恰当地强调进度有多快，完成了多少页，而不是要培养什么内容、技能、行为、态度。对于阅读者本身，教科书可以引导他们强调"阅读是为了记忆"，这就会限制学生的批判性思维和创造力。因此，教科书就可能阻碍学习者独立思考和得出结论。

内容方面，教科书也只提供了最低限度内容的粗略的处理，不会鼓励学习者进行进一步的学习。一些包含了过时的材料，还有性别、种族和其他歧视在里面。教科书的缺陷还来自一个事实，那就是它们的作者不熟悉教学目标和教师所面对的学生。

如果使用恰当，高质量的教科书可以帮助学生学习。最低限度，你应该检查一下你的课本是否是以能够达到课程目的和目标的方式来组织的。到这里我们已经完成了对印刷材料的匆匆一瞥。基本概念和印刷材料实施指导可以提供一些进一步的有帮助的建议。

三、常规教学工具

大多数中学学生的学习经验都是与言语和视觉经验相关的——也就是说，他们的老师非常依赖词语、符号和声音的使用。在众多媒体中，中学最常用的是黑板、公告板、投影仪，以及其他常见的展示材料。这些常规媒体几乎可以在任何一所中学里见到，可是我们中的大多数人却没有将其当作媒体来考虑。

（一）黑板

黑板几乎在全国的每个教室里都能看到，并且它可能是除了教科书以外在所有媒体中应用最广泛的了。一些人指出黑板作为教学用具在视觉辅助媒体中是教师能够获得的"最有用和多功能"的用具了。

黑板的优点数不胜数并且各不相同。其中最重要的优点可能就是它永远在那里并随时可以使用，它可以高度灵活地使用，并且写在它上面的内容可以很容易地擦除、替换和修改。教师可以利用黑板呈现预先计划好的学科内容，还可以将言语材料和视觉材料联系在一起，例如，关键词、提纲、列表、指令、例子、图表和草图。黑板可以加强口头的解释和呈现以及解释清楚困难的概念。写在上面的内容可以很容易地被遮住直到该涉及它们的时候。教师可以使用黑板来构建课程元素，从简单到复杂观念，以及一步一步地、一点一点地发展性地解释。

此外，无计划的材料和信息作为课程展开可以在黑板上和预期的一样大、粗体，以及带颜色。教师还可以在黑板上面留下长期通知和通告以及学生作业的示例。此外，不用考虑"停机时间"，因为黑板很少需要保养，也不需要电或者操作说明，材料的费用也非常低廉。黑板也为学生提供了好处，在课上学生可以绘图证明他们的能力并且更积极地参与。学生可以在黑板上做练习，教师可以在他们作业、学习的内容的准确性上给出及时反馈。黑板真的可以是一种双向交流的媒体；它成为整个班级的财产，而且教师越能够认识到黑板的多种可能性，他们就会从使用它的过程中得到更多。

黑板是一个简单的媒体，但常常被误用。它的灵活性对于使用者也可能成为缺点。实际上，"黑板是非永久和短暂的。黑板擦一擦……毁掉了旧的内容。没有人能够保留下黑板上的内容，除非黑板不再用于其他用途"。一些教师写得和擦得都太快了，学生根本没有时间记笔记。通常，教师在黑板上呈现的内容无法阅读，因为太乱、字太小或者黑板没擦干净，或者教师没计划好一节课上如何使用它。事实上，在一节课上学生很少因为无法阅读呈现在黑板上的材料而抱怨或者失去兴趣。这些问题并不是无法克服的，一旦克服了，我们就能够最大限度地使用黑板作为一种教学工具的潜力。

关于黑板使用的合理实践是预先计划好如何使用它。通常，你要和学生保持目光接触，而不是和黑板。对学生说话，而不要对黑板说。当你在黑板上写字的时候要停止说话，以便你可以专心于你写的东西上；然后转身讲话。如果可能的话，在上课之前就把材料写在黑板上。不要混乱，留出足够的空间以确保你写的和画的材料与黑板的表面之间有一个适当的比例。为了避免分散注意力，要在使用黑板上的内容之前将其覆盖住，在用过之后要将其擦除。要简要地写出要点，并且字要足够大以便学生可以看到——并且要避免缩写。确保坐在最远处的学生能够很容易地看到和辨别写在黑板上的字。

对于黑板使用者来说很容易获得经验和程序。例如，在高射投影仪的帮助下，你就可以把图透射在黑板上：简单地投射出一个映像，然后再对其进行描绘。教师还可以购买或者制作在黑板上绘图或者给出信息的辅助工具，如圆规、量角器、直尺、多用粉笔固定器。这样的用具还有用多种硬质材料（木头、纤维板、塑料、铁、硬纸板）制成的、具有多种形状和大小的模板。

（二）公告板

另一种常见的教学用具是公告板。公告板也是一种价格最便宜、应用最广泛的教学用具。如果使用得当，公告板是一种优秀的教学工具。

因为公告板趋向于具有多种功能，所以它具有一定的优越性。实际上，公告板可以激发学生的兴趣，可以通知、激励学生，甚至可以作为装饰。它可以用来解释、补充，以及复习前面学过的内容，还可以强化学过的技能。公告板教会了学生如何以视觉的途径交流，它们提供了一种用于个人和小组的活动和数据报告的媒体。它们轻便，既可以由教师制作，又可以由学生制作，并且它还可以使班级成为一个令人兴奋的具有吸引力的地方，在它们的促进和鼓舞下，学习的单元和学科变得生动活泼。此外，公告板可以增加学习者的热情，并可以利于仅有一份材料的学习。

公告板的绝大多数缺陷都是由于教师无法设计和有效使用造成的。如果你想成功地将其作为有效的教学工具，你必须记住它们需要按照特定的特征和经验来创建和使用。当你设计一个公告板的时候，你一定要确定这个公告板是要用于正式的目的还是非正式的目的。非正式的使用通常包括准备材料的呈现和显示，如通知、图画、新闻剪报，还有会议和讨论的信息，这种情况不需要大量地计划。正式的使用是指当设计公告板时必须详细、认真地计划，而且还包括更复杂的制作技术的使用、标题、说明，以及帮助满足特定教学目标的信息。正式公告板应该着重于一个主题或者观念，并且当它不再吸引学生的注意力的时候，就应该将其取下。

所有的公告板都应该保持更新，并且图要比文字多，公告板还显示了设计和规划工具的明智用法，如空白、线条、形状、图形、颜色和文本。公告板应该显示平衡和悦目，它们要能够抓住并保持学生的注意，并且应该以有组织和吸引力的方式来呈现信息。

（三）投影仪

投影仪，通常就是指幻灯机，它是一种常见的、广泛使用的、有多种用途的教学用具。一些人认为这种正镜像已经被更有效、更轻便的高射投影系统发展中的进步所促进，也被制作它们的简单技术的实用性所促进，还被它们生动的有效性所促进。幻灯机是一个非常简单和有效的教学工具，并且教师可以简单快速地制作幻灯片。一个教师能否成功地使用幻灯机要依赖于制作的幻灯片的内容和物理特征的质量，以及教师对投影仪的操作熟练程度。

显而易见的是，在众多资源当中，高射投影仪在很多方面都是一种有益的教学工具。一方面，它允许教师处于教室的前面，并且一直与学生面对面。这种特性提供了对班级的高度控制。当投影仪打开的时候，学生的注意力就会集中在屏幕的内容上面。当投影仪关闭的时候，学生的注意力再次集中在教师身上。此外，由于幻灯机不需要一个黑暗的环境，教师可以在班级的灯开着的情况下呈现明亮、彩色的图像。灯可以开着的这个事实使得教师可以看到正在发生的事情——控制因素之一。小型、轻便、易保养和易操作的高射投影仪的可用性以及在地区和教师水平上的无数制作幻灯片的材料和技术有助于幻灯机作为一种教学工具的发展。更进一步地，它可以提前准备并且可以作为一种有效的黑板的替代物。如果教师不愿意自己制作而选择购买幻灯片的话，他会发现这些幻灯片无论是在哪个学科，还是哪个先进技术和理解的水平，它的价格都是可以接受的。如果创造性地使用幻灯片，它可以成为一种用以向较大团体呈现言语概念和视觉概念的令人兴奋的教学媒体——例如，像覆盖层这种特别的、优越的技术就使教师能够描述出累加的总结以及按照发展的顺序呈现出信息。

与幻灯片有关的许多缺陷都源于制作技术的缺乏或者教师无法正确使用它。一些类型的幻灯片需要特殊的设备、材料和技术来制作，反之，另一些又太容易制作，以至于一些教师制作出质量很差的幻灯片，因为他们错误地使用了这个方法。实际上，一个原始的打印或者印刷的页面对于制作幻灯片没有多大好处。此外，教师常常在幻灯片上挤满了字，这使它看上去很混乱。

其他因素也会限制幻灯片的最佳使用状态：它们一般不用于独立或者个

性化的学习；一些教师呈现信息的速度太快以至于学生没有足够的时间来记笔记；教师和投影仪的某些部分常常会遮挡观看者的视线。

因此，可以看出如果教师学习和使用正确的技术来制作和使用幻灯片的话，那么作为教学用具的幻灯片在使用时就很少会出现缺陷。缺陷并不一定能够阻碍对幻灯片的使用以达到它的最大潜力。

（四）实物和模型

课堂教学材料为了具有教育价值不一定是商业化制造的、外来的或者昂贵的。有些时候实物和模型是那些只有很少预算的偏远、隔离的乡村学区所能获得的唯一材料。

实物是中学教室中使用的最能吸引学生、容易获得和能够引起学生兴趣的教育材料。例如，电子器件、动物、植物和人工制品都能够激发学生的想象和对概念的获得。实物特别适合那些生活经验有限的学生或者那些对所学学科缺少经验或者没有直接经验的学生。

模型是一个具体或者抽象概念或者实物的一个三维的表现。它可以比它表现的物体大、小或者一样。几乎任何东西的模型——从人体到联合国到核反应——都可以制作、组装或者购买以备班级使用。事实上，模型的制作和/或组装可以成为具有吸引力的课堂项目，这有助于使学生的认知和动作技能更加敏锐。模型可以提供真实生活无法提供的学习经验。

当现实主义对于学习十分重要的时候，实物和模型就变得非常有用。它们提供了学生需要用以内化所学概念的直接经验。

（五）模拟和游戏

模拟是真实生活的提炼或简化，包括目标、过程或者情境，而不需要费用和/或风险。车辆驾驶和飞机驾驶的模拟是最常见的例子。它们使学生感受到了在现实生活中不能体验的经历。模拟的游戏包括带有目标、规则和奖励的情境。模拟是在其成功应用于军事、贸易、医学和公共管理等领域之后，才被引入教育中来的。事实上，现在的很多模拟都已经对学校采取商业化的态度，并且与技术相接触更广泛。但是，由于模拟可以根据特定的班级目的、学生、学科或者年级进行调整，所以教师设计的模拟是班级里最常用的。

教育游戏是描述了规则和奖励的活动。它们不仅仅是为了娱乐而设计的，而是可以使认知和社会形成知识。例如，国际象棋可以帮助发展思维技能，并能挑战智力；它包括了逻辑和移动的秩序。另外，垄断游戏可以用来增进做计划和组织的技能。

（六）照片、图画和图表

照片、图画和图表通常是很便宜的教学材料。很多照片、图画和图表的获得根本都不需要或者仅仅需要一点点费用，并且适合于绝大多数学科领域。例如，它们可以用以加深解释的技能，像根据曲线图做出经济预期；显示动作，如一幅显示如何操作摩托车技术的图画；启发创造性写作，如根据图画写一个短故事或者小诗；培养解码能力，如解释一幅政治漫画中的意图。

照片、图画和图表很容易在杂志、报纸和目录册中获得，或者它们可以通过购买获得，再或者由教师和学生亲手制作。它们应该适合你的目的和有意的教学，并且要足够大以便在班上或者小组使用。

四、技术

课堂技术（录像、影碟、录像机、网络和计算机）的发展和加强可能意味着被动形式的媒体将越来越少使用了。技术的新形式使教师能够扩展课堂，学生在这里学习并且极大地扩展了学生的学习经历。技术可以将外面的世界带入课堂，并且在课堂上提供了超越表达的教学。技术为教学提供了积极参与的方法；学生可以被带到很远的地方、带进人体，或者超越太阳系。

录像和计算机已经迅速成为可行的教学技术，它们既可以改善正规课堂教学，又可以改善非正规课堂教学。录像可以将动作、颜色和声音合并，以戏剧化表现概念并提供学生对过去、现在和未来相关的真实体验。同样地，计算机在课堂中可以作为多种用途的辅助，从指导教师到教师和学生的工具。

（一）幻灯影片和 16mm 电影

现在的课堂音像设备比起过去更加轻便、节能并且容易操作。幻灯影片和 16mm 电影已经从实质上被录像和电视所代替，它们要比过去的放映机器更便宜，以及提供了更大的教学灵活性。

幻灯影片和 16mm 电影对于一些教学目的仍然十分有用，并且可以在学校的供应室里找到。成功使用旧的放映机器有赖于放映材料的适当性和质量，以及机器是否被正确地使用。如果你不能确定如何使用一件设备的话，就去请教媒体主管。

幻灯影片和 16mm 电影应当被广泛应用并且要记住特定的目的，那就是，你要确定媒体呈现的内容直接适合于你的意图。

（二）录像和电视

录像和电视十分相似，因为它们都描绘移动的画面，都有声音，而且这些声音中，有些是自然的，有的是人为制造的以适合预期的情境。此外，作为教学用具，它们都为教师提供了呈现、描述和澄清信息、观点和概念的机会；提供了教授一种技能的机会；提供了压缩或者扩展时间的可能；以及提供了影响情感的机会。它们会使观众有"置身其中"的感觉。

尽管录像和电视通常都被用作多感觉教学用具，它们通过视觉和声音通道来呈现信息，但是录像有时候可以没有声音。节目可以购买、租用或者在学校里制作和使用，或者从一个很远的商业化的电视台或者公共电视台里得到。

录像是即时的。它可以迅速地抓取信息，并且如果需要的话，可以立即得到反馈。录制的节目可以立即回放。无论来源如何——本地制作、商业机构，甚至电视广播节目——特定的节目、演示、技术、实验和材料都可以便捷、迅速地传递给特定的观众或者搁置、储存以备以后之用。这样的优点使许多学校可以提供它们原本提供不了的学科。当录制节目以备以后使用的时候要注意不要触犯了版权法。

录像的一个重要的优点就是它可以很容易地在本地学校的基础上制作。录像仅需要最少的设备，并且容易使用、更加便捷。录像带是卡带的形式并且不贵。而且，它可以反复使用、可以修改，并且很容易复制。

容易制作和灵活性也为学生带来好处——使他们积极地加入自己的学习当中。例如，学生可以录制野外实习，录制与职业和社会问题相关的节目，录制邀请的演讲者的发言，制作电影，或者他们自己的节目。

电视是一种即时的、广泛易得的、常用的教学用具，有些人甚至指出它是在社会中最普遍深入的媒体之一。节目可以从很远的电视台通过电视广播或者闭路电视的途径得到。但是电视广播节目是通过空中的无线信号，由天线或者微波系统接收的，闭路电视节目是通过各种长度的电线来传送和接收的。闭路电视系统的一个简单例子就是一个录像带的回放单元。

"教育"和"教学"电视有明确的区分。教育电视为了更广义的目的而设计，并且是普遍地传播信息、通知或教育，而教学电视只是针对特定课堂教学，并迎合特定教学目标。例如，一个禁毒的节目可以设计用以广泛使用以及在教育电视上对公众播出，或者可以设计用来迎合中学加强毒品意识节目的目标，以及仅仅针对中学电视台在教学电视上播出。电视广播和闭路电视节目都可以为教育和教学电视提供资源。

作为教学用具，录像和电视都具有潜能，并且都具有一些共同的优点。它们都被称为动态媒体，都可以用来吸引观众。

正如前面提到的，录像和电视都使教师能够使用学习的两个最直接的通道与学生交流：视觉和声音。录像和电视描述了动作；可以允许信息获取、重获和控制；为感觉和理解普遍的世界提供了一般的基础；并且可以影响情感。更明确的是，它们都是灵活的媒体：它们都使连续的演示和观察能够按重要程度的排序播放和重放，它们使我们能够对太危险、太困难的东西（由于时间、距离和大小的限制）进行观察。录像和电视都可以用来描述历史事件和历史人物，用来呈现问题，解决情境，提高批判性思维，并且成为进一步研究、调查和学习的出发点。最后，它们互相为教师提供了可选择的途径去扩展和补充教学。

录像和电视在某些方面存在缺陷。它们播放材料的速度对某些人来说太慢，而对另一些人来说可能又太快。它们也可能扭曲事实，呈现一些错误的信息，提供错误概念，并且可能会对预期信息产生曲解。它们可能包含了无关信息，强调了错误的要点，或者包含无法接受的材料。此外，学生作为电视的使用者进入学校；然而，事实是他们看得太多了——以快速的、统一的、普遍娱乐的形式——也就意味着教师无法长久地抓住学生的注意力。即使当学校自己制作录像节目的时候，录像的复杂程度也无法完全适合学习者习惯节目的程度。

最后，作为教师，你要考虑录像和电视在你的班级里将发挥强有力的作用。它们可以用于你头脑中的特殊目的。换言之，你的媒体所呈现出来的内容必须直接符合你的目标。到这里，你就必须预先观看要给学生看的所有节目，以确保内容符合你的目标。学生应该在观看节目的时候关注描绘内容和目标的相关知识。这样，学生就可以对期待的东西具有敏感性，一种可以提高这种可能性的技术是他们以有意义的方式去注意媒体的呈现。

（三）影碟和互动录像技术

录像技术还没有提到的两个优点就是影碟技术的实用性和形成互动录像系统的可能性，其中一些可以通过把视频元素与计算机元素相链接来形成。

尽管录像带和影碟都作为互动录像系统的存储媒体，但是影碟似乎具有更大的潜力。影碟是一个压缩的盘存储系统，无数的信息和材料可以储存在上面。影碟技术允许使用者的高度交互、随机进入以及迅速取回储存在盘上的无数信息和材料中的任意一条。

影碟技术的教学用途还在不断地开发，在某些方面这项技术比较昂贵，但是它确实提供了一些优越性。一个最明显的优点就是它可以存储超大量的信息和内容。例如，据报道一张盘可以存储多达 54 000 独立的静止画面或者长达 50 小时的数码立体音乐。换种方式说，一张盘可以存储 600 盘以上的圆盘录像带的内容。更进一步地，任何一帧画面可以在没有任何磨损的情况下迅速获得。影碟技术还有其他一些优点：它们可以以全覆盖、全动态的形式或者以影音的形式储存材料；它们可以用来播放几乎所有的教学材料；它们体积小，这样就容易储存并且在邮寄的时候花费最小的费用。

如前所述，视频系统元素可以与计算机系统元素相链接以形成一个互动录像系统。互动录像具有录像和计算机两者的优点：使用者可以个别地接入、排程序，并且可以调节图像和声音的速度。互动录像已经成为个性化和个人化教学的一种有力、实用的方法。互动录像使学习者能够更加积极地参与到他们的学习中去。

互动录像最简单的水平就仅仅是一个录像重放单元，由一个监视器和一个录像带或者影碟机组成。使用者通过操作工具进行"交互"，这样来控制影像的播放、暂停、快进、后退。影碟和影碟机在这样的一个单元中更优越的是它们强大的存储功能。将影碟机和计算机连在一起的互动录像系统越成熟，对使用者提供的交互性就越完善。因此，计算机可以作为一种手段，使用者通过它可以控制对录像的声音和视觉信息的使用和管理，这些信息为一个给定的课程提供了方向和活动。并且在计算机的指令下，无论是录像带还是影碟形式的录像设备都仅仅允许看和听相关的音像材料。

在更高水平上，互动录像、计算机和视频系统共同作用成为一个协同单元，而不是各自独立的。这样的一种关系合并了录像技术和计算机技术的优点，提供了具有无限潜力的优秀教学工具。实用影碟技术的互动录像系统也是如此。这样的系统将学生卷入他们自己的学习中，并且可以对学生的成果、积极性、动机、成就感和信心产生积极的影响。影碟中的录像可以以慢速、快速和一帧一帧（像幻灯片一样）的方式播放。

尽管它们有这么多好处，但是较高水平的互动录像系统，特别是那些使用影碟机的互动录像系统是非常昂贵的，而且目前在适合教学计划的价格内是一个空白。因此，它们被广泛使用在公共学校教学中还需要一段时间。

（四）远程学习

远程学习是迅速发展的世界范围的一种教学方式。教学经费和人员的限制使得乡村地区要求学校去寻找提供教育服务的更便宜的途径。当教师缺乏的时候，一些学区不得不采用远程教育来教授一些学科——例如，外语和科学课。远程学习最显著的特点是通过教学媒体的一种形式来进行教学。通常用来呈现教学材料的媒体可以是印刷材料（书、纸笔测验）、录音带、录像带、影碟、计算机课件；或者通过无线电和广播电视卫星传输的"实况"进行远程教育。

双向互动录像是美国教育远程学习改革的一种形式。实际上，一些学者建议先进的无线电通信，包括互动录像网络（IVN），是改善所有学龄学生中处于我们乡村学校的17%～33%的学生教育的关键。这些IVN系统不像我们认为的是被动的电视，互动系统中电视监视器里的人可以看到、听到观众的所说、所做，并且可以给予反应。它是在两点或者更多地点之间的双向的视频和音频的传输。

（五）互联网

什么是互联网？互联网就是一个被建立起来用以让全世界的计算机都能够互相对话的系统。如果你有一台计算机、一个调制解调器、一根电话线，你就可以使用"网络"了。互联网最初是作为军用通信系统建立的，它可以在核战争中幸免于难。后来，国家科学基金会投资将其作为一种研究支持系统。

没有人知道未来的互联网将会怎样，但是有一件事是肯定的：它将成为我们教育系统中非常重要的部分。的确，互联网是"加强国家教育系统的最有前途的资源"。更有可能的是，网络将成为未来通信的主要方式。它现在为学生和教师获得使用远程教育和资源的权利开放了门户并创造了机会。当前互联网允许学生和教师就在他们自己的教室和家里接入世界信息资源。在边远的乡村地区的学生现在也可以进入图书馆、博物馆，并且可以和课程专家进行交流。

（六）计算机

计算机在教师的全部媒体工具列表中是一个非常有效的工具。学生被吸引到技术方面并且使用计算机从本质上激发了学生的兴趣。随着微型计算机的出现，计算机已经成为现代社会中的平常物品和主要技术。他们在教育中的流行导致了对学习产生的无法改变的影响。事实上，由于提供文字处理和保存记录能力的程序，快速便捷的电子制表软件，以及高质量绘图程序，计算机作为一种教学用具已经建立起它们的效力。

计算机可以拓展学生接受的教学类型，可以改善当前的教学模式，并且可以使教师有更多的个人精力放在学生身上。此外，学生在课堂上通过与计算机的有意义交互可以得到积极的经验，特别是当学生在学习概念的同时也在应用那些概念——也就是说，伴随着"实践"经验。举个例子，当计算机训练练习整合到计算机程序中时，真正要求学生使用这个训练程序进行文字处理。

近年来，计算机已经不那么贵了，而且用途更加多样，并且如果教师知道它们的潜能并拥有合适的软件的话，计算机的能力是无限的。然而，将计算机作为教学工具的广泛兴趣还是近年来才出现的。

作为教学用具，计算机具有许多特有的优点。微机的出现和它逐渐增加的低成本实用性更增加了它的成功。微机占用空间小，相对轻便；它们为使用灵活、实用、有效的设备齐全的教学单元提供了机会；它们允许用于参考、操作和问题解决的大量数据和信息的快速存储和使用；并且它们提供了几种输出资源，包括在显示器上、通过打印出来、通过信号传输到远处。它们还可以用来控制其他的教学用具，如幻灯片、幻灯影片和录像节目。

通常情况下，计算机使学生积极地参与到学习过程中，因此它就可以作为引起动机的工具。此外它不会疲倦、生气、分心、急躁或者健忘，而且它比一个教师的速度要快、错误要少。事实上，计算机已经变得非常先进，它可以解释英语并且模仿教师对学生做出回应。计算机还可以帮助学生提高自信心、培养成就感、克服计算机焦虑。此外，计算机可以满足不同背景学生的独特需要，这些学生包括优秀的、低于平均水平的、有学习障碍的、家庭收入低的和英语技能有缺陷的。计算机另一个主要的优点就是利用合适的软件，教师和学生就可以使用它们进行文字处理或者制作桌面出版物。相应地，它允许使用者制作、保存、取回、编辑和打印学期报告的文本和图、信件、小册子刊物、时事通信和书籍。

现在中学的大多数学科和年级都能获得高质量的软件。实际上，软件对于整个教学单元和课程都是可以利用的。由于这些软件可以基于学生回答的正确程度，分支指向适当的教学水平，所以它们可以接受学生给出多种回答。如果学生在学习特定的概念或者技能的时候遇到了困难，软件就会利用比喻、举例和建议将其分解，而不是简单地重复呈现学习材料。此外，通过图片和声音，教学变得更具吸引力，学生也更加主动。

选择、评价和购买课堂使用的软件应当直接看它是否能够保持学生的兴趣，还有更重要的是，它是否着重于预定的学习。更具体地，你应该关注：①这个软件对中学生的吸引力有多大，以及作为一个激发者其作用有多大；②软件是否能帮助中学生更好地掌握预期的技能和概念；③软件鼓励和培养预期思维水平的作用有多大。计算机和学校（或部门）计算机实验室的建立需要升级和维持。随着计算机实验室已经变得不那么昂贵并且具有更多的用途，它的能力是无限的。然而，也需要提供使用计算机作为教学用具的教师培训。

教师，特别是要记录预约和等级、编写和分析测验，或者编制难题时都可以找到应用程序。计算机在这些领域的能力范围是广阔的，教育者也在利用它们。计算机在课堂上的教学主要是两种形式：计算机管理教学（CMI）和计算机辅助教学（CAI），计算机辅助教学有时也被称为基于计算机的教学。大多数课堂教学使用的计算机都是以微机为基础的，而不以大型计算机为基础。

（七）计算机管理教学

正如它的名字一样，计算机管理教学的首要目的是管理记录。具体地，教师使用计算机来处理学生的记录、诊断和描述材料、监视进程，并进行测验。计算机管理教学并不提供教学，但是它包含教学程序；也就是说，这些程序包括了注重于已经确定的学生需求的活动。

有些计算机管理教学包还包括了教学目标、相应测验项目和教学支持。在这样的系统中，计算机常常用来检测学生对目标的掌握情况以及记录每个学生的进程；还用于诊断弱点，如果必要的话，还可以建议补救的工作，并且暗示什么时候学生可以进入下一个步骤；并且还用于提供补充练习。

具有计算机素养和有计算机的教师可以用这些计算机来管理教学，并且保留学生的详细记录。事实上，教师可以为他们教授的单元构建测验的项目，这些条目可以用程序输入计算机，当教师准备测验的时候，这些题目就可以随机地被选择出来。此外，具有计算机素养的教师会发现文字处理程序在制作阅读材料、课程提纲、分发印刷品以及试题方面非常有用；数据库信息系统在收集和记录信息方面十分有用；电子表格在记录等级和计算期末等级时非常有用。

（八）计算机辅助教学

与大型主机为基础的教学（可以同时服务于多个使用者）相比，计算机辅助教学通常一次只能为一名学生提供服务。计算机辅助教学的最大优点在于它是交互性的：信息、问题和其他一些刺激由计算机传递给学生，但是随后学生可以提供输入信息，它可以使接下来的计算机输出信息发生改变。

通过计算机辅助教学，信息和技能的获得可以通过使用计算机系统和计算机程序来完成。程序可以根据个人的需要以任何预期的能力程度、步调或者复杂程度来设计。这些程序有时是指"打包软件"。计算机辅助教学程序的四种主要类型是那些用来训练和练习的程序、用于辅导活动的程序、模拟程序，以及游戏程序。

训练和练习是计算机使用的最低水平，也是计算机辅助教学程序中最常见的类型。它们包括为学会和掌握概念和技能或者为了记忆材料而将学习者重复置于与信息、事实、问题以及关系中的练习。

辅导程序设计用来模仿人的教学：与训练和练习不同，它们首先呈现出新的信息，然后根据学习者的反应，可能会呈现一些补充信息。这样的呈现形式包含给出解释和描述、问题或者视觉上说明。辅导程序要比训练练习程序更加复杂。

模拟程序可以使学生进行角色扮演和模拟现实。利用这些程序，学习者在模仿或者与"真实生活"或"接近生活"的情境和过程中做出决定，以便从他们的反应中学习知识。当这些程序让学生对危险的情境或者过程做出决定的时候，特别有助于激发思考。

游戏程序使学生参加到一个活动中，在这个活动里为了达到一个特定的目的，他们必须遵守一定的规则。学习者参加到帮助培养技能，通常是认知和动作技能的活动中。为了提供适当的挑战，目标的成功率应该保持在50%左右。无论这样的程序采取什么模式——训练和练习、辅导、模拟或者游戏——它们都使学习者非常积极地参与到他们自己的学习中，它们允许教师以平等的身份和作为辅助者来控制学习过程，而不仅仅作为信息的传递者。

尽管很多人认为计算机是确定、有效的教学工具，但是另一些人因为一些表面的典型缺陷而批判计算机。一方面，尽管近年来计算机的价格确实有所降低，但是计算机还是很昂贵的。很多人认为花费在硬件、软件和保养上的钱还不如花在更多的教师身上，提高他们的薪水，或者花在其他的教学材料上。有些人认为教师在计算机化教学中的角色太不确定，或者认为计算机会取代教师。另一些人害怕计算机会压抑创造性、限制想象力、在损害广泛概括的情况下注重细节的事实、不接受社会化、无人性化教学、缺乏评价和注意学习者人性需要的人性化能力。

计算机的使用还由于已经发现的教学缺陷和问题而受到批判，如教师倾向于过度使用训练和练习程序而忽视了更高的应用水平。另一些反对意见是许多程序与教学目的无关，并且他们仅教授范围非常小的目标并且不接受学生的语言和书写反应。更简单地，软件程序的不合法复制、一些程序质量太差，以及程序之间的不兼容都限制了它们的有效性。此外，一些教师抵制使用计算机仅仅是因为他们觉得计算机太复杂，或者他们不喜欢在学习的过程中机械地控制计算机。对一些人来说，限制因素是他们害怕计算机被看作是治疗所有世界性教学问题的具有魔力的万能药。

但是你必须记住，计算机是"哑巴"机器，除非当人告诉它们做什么它们才去做。只有软件装入计算机它们才能做事情，否则什么也做不了。即使装入了软件，还要看软件的质量，只有这样它们才能开始作为有用的教学工具来工作。

课堂上作为教学用途的技术不会自动增加学生的知识。为完成这个目标，我们必须重新思考学校是如何使用技术的，以及教师和管理者必须接受使用最新技术的培训。更重要的是，他们必须知道如何使用技术来创造适合学生的学习经验。当我们更容易地获得了使用权，教师接受了最新的对于网络使用的培训，技术的资源通过互联网得到了扩展的时候，教学就会得到改进，我们就会看到学生在更高的水平上获得成功并且变得更加积极、自信和主动。

五、对中学教学实践的建议

青少年的早期阶段是发展变化的。具有想象力的中学教师了解这一点，他们应该构建范围更广阔的学习活动——阅读、书写、听力、制作和动手做。相类似地，教学工具也应该包括一个较宽的媒体范围——书、教师制作的材料、互动录像、互联网、电视、录音带和计算机。实际上，为了适应青少年有些时候过窄的注意范围，应当提供以活动为中心的、媒体辅助的学习经验的分类。电子媒体对 10 ～ 14 岁的学生非常重要——他们的世界被电视、CD、录音带和收音机所包围。

因为计算机和技术普遍成为我们日常生活中的一部分，所以将它们的优点利用到中学就非常重要。应当建立技术中心以支持一线教师和教学。应当建立以计算机为基础的模拟和模拟情境，以帮助青少年培养问题解决的技能。我们最应该注意的是技术的决定是否建立在合理的教育原理之上。

第二节　直接教学法

课堂讲授仍然盛行！我们可能批评它，对其斥责，并质疑其价值所在。然而，教师仍然在讲；学生也仍然在听。但他们真的听懂了吗？

成功的教师总是选择多种策略（方法和程序）来完成他们的教学目标。所选的策略应该是以最优的方式服务于内容的传递和目的、目标的实现。如果教学策略是任意选择的，那么其重点也就放在了教学策略本身，而不是放在内容、目的或目标上。

于是，策略就应该被视为一种功利主义：它们为实现教育意图服务。例如，如果一堂社会研究课的意图是让学生分享不同观点，那么很明显讨论法和一些适用的程序就应该辅助实现这个目标。演讲法，或是简单地呈现一段录像，都不适合于这堂课的教学意图。

面对如此多的策略，如何判断哪个是最好的？经验常常是做出这个选择的最好基础；然而，在你选择策略的时候还不得不考虑其他的一些因素：

学生的需求是什么？学生的年龄有多大？学生的智力水平如何？学生的身体和心理特点是什么？学生的注意广度是多少？课堂目标是什么？教学内容是什么？

诸如此类的因素都是你在选择教学策略时需要考虑的因素，重要的是，你应该选择最适合你的教学情境的策略。

有的策略对学生产生直接影响，而有的对其产生间接影响；也就是说，有的策略强调聚焦的、教师指导的教学，而有的帮助学生积极卷入他们自身的学习。因此，这就是两种主要的教学方式：直接的和间接的。教学的直接传递（"讲述"）是"传统的"或说教的模式，知识通过教师、书本或两者的结合进行传递。教学的间接途径（"引导"）帮助学生获得信息和经验并因此发展出自己的知识和技能。

教师应该分别投入多少时间到每种教学模式中呢？这是个复杂的问题。只能说花费的时间是依赖于学科、年级水平、学生、可支配的时间和材料，以及教师和学校的教育理论等因素而有所不同。然而，经验表明，"讲述"和"引导"技术的结合使用更有利于所学内容的保持。此外，变换使用策略对学生的学习动机有积极的影响。如果有很多可以实现你的教学目标的有效策略可供你选择，那你将非常幸运。在这种情况下，就有可能选择一种较好的方法和程序（策略）来激发动机，提高课堂控制，或是尽可能容易地实现课堂教学。实际上，你应该学会越来越熟练地把各种不同的策略整合到一个总的课程包中去。

一、讲解教学

讲解教学被认为是在短时间内传递大量信息的最有效的模式。讲解技术即课堂权威——教师、课本、录像或计算机——直接呈现信息，而与学生之间没有明显交互的方法。

（一）演讲法

演讲法可能是应用最为广泛的讲解教学法。实际上每个初中的教师都或多或少使用此种方法，有些人几乎只使用该法。尽管受到当前教育者的众多批评，但演讲法确实拥有许多特有的优势。

1. 演讲法的优势

当建立一个参考的单元框架或介绍一个单元时，演讲法是提供背景信息的一种很好的方式。实际上，它常常成为设置氛围和聚焦学生活动的有效工具。而且，一段很短的演讲就能够清楚地阐述一个单元、一个活动，或是一节课。最终，演讲法从时间上讲是高效的；也就是说，计划中的时间都很好地用在了组织教学内容，而不是设计教学程序上。因此，演讲法为教师提供了充裕的机会去收集相关材料，组织成有意义的框架，并在一个相对较短的时间内呈现给学生。整个教学阶段教师需要计划的仅仅是一个演讲。

2. 演讲法的劣势

同样，演讲法也有几个比较严重的缺陷。首先，它倾向于被动学习，学生卷入学习的水平较低。教师希望甚至是鼓励学生安静地坐着、认真听讲，然后做笔记。因此，对于帮助学生发展思维、解决问题和提高创造性等技能来说，它并不是一种好方法。

其次，演讲法常常显得乏味，难以激发学生的兴趣。基于这个原因——少数不同寻常的案例除外——学生只能记住教师讲的极少部分内容。实际上，因为演讲法倾向于集中在最低水平的认知活动上，所以对内容的理解和迁移就常常很有限。

最后，演讲法常常导致许多纪律问题的产生。大多数演讲很难激发学生兴趣，他们的注意力很快便不能集中，然后转移到其他各种无关活动中。因此，不但这部分学生不能认真听讲，这堂课本身也被打断或干扰。经验丰富的教师应该明白，青少年很容易对所学内容感到枯燥，并且他们对枯燥的忍耐力很低。

3. 演讲法的变体

我们主要讲述 3 种变体：电话授课法、课本演讲法、预录演讲法。

（1）电话授课法

通常情况下，演讲者和学生是在同一间教室里。然而，在一些农村地区，由于学生数量不足，不必为一门课程雇用一名教师的时候，通过技术，就可以实现几个地区联合起来雇用一名所需的教师，并通过电话、电缆或电波的方式把演讲内容从录播课堂传递到其他各个地方。这种电话授课法使许多并未身临课堂的学生也能够听到教师讲课。这些远程学生也可以通过电话连接的方式与演讲者进行交流并提问。一些专门的自然科学、数学以及语言课程都以这种方式在全国范围内开展。

（2）课本演讲法

根据课本进行演讲可能是初中里最为常用的教学方式。这种演讲的内容通常是直接根据教材要求进行结构化，从第一章一直讲到最后一章，不偏离教材。

课本教学如果严格按照课本结构，教师所需的准备工作很少。实际上，对于在某领域没有充分的学术准备，而又不打算在该领域内容上花太多时间的教师来说，课本演讲法是一种理想的技术。

课本教学同样存在演讲法的所有问题，但它还有两个自身的缺陷。第一，课程内容常显僵化：通常，演讲中不会加入多少新内容，课程内容完全由外部权威决定，而他们又并不完全了解学生、学校以及社区的需要。第二，演讲可能非常枯燥，因为教师通常讲的是已经要求学生课前预习过的内容。如果不能加入新的授课内容，学生要么就自己读课文，要么就只需要听老师讲——他们很少会两者兼顾的。

（3）预录演讲法

对课堂演讲进行录音或录像非常方便。地方学区和出版商常常准备这样的录音或录像。然而，预录演讲与现场演讲相比，也有几个缺点。首先，最重要的是，师生之间没有直接的联系；不能根据反馈和问题进行细微的时间调整。其次，这种情况下学生的注意力是个大问题；与人在现场相比，这种情况很容易使学生注意力不集中。最后，当有关教学内容和教学技术的新信息出现时，原来的录音和录像就会很快被淘汰。

（二）演讲准备

对于好的演讲来说，准备是必不可少的。演讲者必须善于表达并让人信服。演讲必须通过设计来吸引并保持学生的注意力，激发他们的动机，从而完成课堂目标。让我们来看看有助于这些目标实现的一些技术。

最成功的演讲相对来说时间较短。即便是年纪稍大、更显聪明的高中学生可能也不愿聆听一个超过 20 分钟的演讲。因此，教师要对自己的演讲进行限时并适时地将其转移到其他活动中去（最好是那些可以让学生积极参与的活动）。

在计划的时候，教师要特别注意自己演讲的开始部分。明确演讲的目标，并在一开始的时候就让学生了解这些目标。研究表明，当学生清楚学习目标时，有意学习就会增多。而且，教师的演讲应该唤起学生的兴趣，激发他们的动机，并建立起本堂课的一个框架。

在准备演讲的时候，教师必须想清楚在自己演讲的时候学生应该做些什么。要学生记笔记吗？要学生随时思考布置给他们的任务吗？如果答案是肯定的，那么教学和指导方针就必须进行相应的计划。使用黑板写出教学要求常常是建立这些指导方针最好的方式。

一次演讲必然有总结（参见第五章）。此时演讲主题应该与课程和／或已经讲过的内容相关。可以通过回顾复习本次演讲的要点来完成这一目标。

总的来说，一次好的演讲必须经过精心准备才能既清晰又有说服力。试试下面这个不错的计划规则：

告诉学生自己准备给他们讲些什么。

开始讲。

回顾自己所讲的东西。

恰当使用该规则，那么一个具有较好的介绍和计划以及充分总结的演讲就会是合理的、组织良好的演讲。

（三）进行演讲

一次有效的演讲必须自始至终都能够保持学生的兴趣与注意力。一些诸如节奏、视听辅助、刺激变化和语言等因素都能对学生的兴趣和注意力产生巨大的影响。

1. 节奏

演讲节奏应当适中（不能太快也不能太慢）。如果节奏太快，学生就会因为不能跟上和不理解教师的演讲而感到受挫；如果节奏太慢，他们也会因为感到厌烦而注意力不集中。利用反馈检验来确定学生是否理解教师讲的内容并根据教师所获得的反馈来调节其节奏。

2. 教学—媒体学习工具

视觉辅助应该伴随所有的演讲。黑板、模型、图片、幻灯片以及图表的使用都能够促进演讲。教师应该使用任何有助于传递信息的媒体；它们应该有助于激发并保持学生的兴趣。实际上，教师应该尽可能地使自己的演讲通过多感觉通道被学生接受。多感觉通道的输入通常更有利于学习。

教师应当教学生学会记笔记。例如，一个好的演讲者会通过黑板或投影仪列出所讲内容的要点。这种概要提供给了学生发展他们记笔记技能所需的结构和时间。一旦学生能够熟练地记笔记，提供概要的做法也就可以随之取消了。

3. 刺激变化

在演讲前，你就应该准备一个介绍，用它来抓住学生的注意力，并通过能够保持学生注意力的活动来促进你的演讲。刺激—变化技术，如姿态、停顿以及教师的走动，都能有助于把学生的注意力直接保持在你的演讲内容上。当有学生走神时，在黑板上轻敲、一个手势、突然的停顿，或是走动都常常可以把学生的注意力重新拉回到你的身上。

激情是会感染的。如果你对你的演讲主题表现得兴趣浓厚并觉得它重要性十足，学生常常就会听得入迷，并努力地要找出到底是什么东西会如此有趣。但要注意的是：过多的激情会使学生把注意力都集中到你的身上，而不是演讲的主题上。

幽默和有说服力的问题同样也能吸引并保持学生的注意力。幽默有助于减少焦虑，而在停顿时抛出的有说服力的提问，常常给学生机会去思考所接受的信息。

最后，眼神接触也有助于保持注意力。眼神接触使学生感觉你的演讲是针对他们每一个人的。实际上，眼神接触能够给教师提供一个很好的反馈，即学生是否理解了你所讲的东西。看着你的学生；用眼神扫一眼全班并在整个课堂游走，去了解你的学生。

4. 声音和语言

枯燥的演讲和令人兴奋的演讲对信息传递的效果是完全不同的。教师的声音应保持低调，有表现力，并确保所有学生都能听见。教师的声音能够使词汇充满活力。音量、语速、音调，以及语调都能传递有价值的信息。

使用标准的语言进行演讲，用学生能够理解的词汇。也就是说，不要说学生难以理解的话。同样，不要在演讲中使用方言俚语。那些语言只会把学生搞得一头雾水。

5. 平衡演讲

对学生进行演讲是大多数教师都不可避免的，但是，这种方法应该少用并与其他适当的方法结合起来。例如，教师在一个 5 分钟的演讲之后，可以让学生完成工作表，进行小组讨论，或是要求学生进行调查研究。

实际上，一节课 50 分钟的时间可以被划分为许多短小的演讲，完成一个演讲之后，可以改变形态进行下一个演讲。这种变化可以保持学生的注意力并让他们对整节课都充满兴趣。最重要的是，要根据学生的注意广度调节自己的演讲时间和风格。用其他的一些方法和活动来结束演讲。设计一个提问顺序，让学生解决一个问题，或是让学生进行短暂的休息。

二、交互式讲解教学

交互式讲解教学是一种由权威呈现信息，然后通过问题测查学生是否掌握该信息的教学方法。该方法必然包括两个阶段：第一，信息通过教师或是通过学生对书面材料的学习来传播。第二，教师通过提问来评估学生对所学材料的理解情况。

这种教学技术在监控学生理解的阶段要求教师知识渊博并善于提问。因为提问对成功的交互式讲解教学来讲非常必要，下面我们将详细地分析该重要技能。

（一）提问的艺术

恰到好处的提问是一门复杂的艺术，而我们常常不善于此道，尽管我们在一生中可能已经提出过成千上万个问题。好的提问者必须善于表述问题：问题的水平应当适中，类型恰当，更重要的是，必须表述准确。而且，提问的艺术还要求掌握对学生的回答（即便学生不会回答）进行追问的技能。

（二）问题的水平

问题可以分为"封闭"和"开放"两种。封闭式问题常常只是要求进行事实或是特定正确答案的回忆，而开放式问题则很少能用一两个简单的词来回答。而且，开放式问题并非只有一个正确答案，它鼓励学生超越记忆的框架进行作答。开放式问题促进学生在回答问题时的思维加工过程。无论哪种问题对学习过程都有所帮助。然而，在很多时候学生的学习本可以同时通过这两种问题而得到极大促进时，教师却过分依赖于封闭式问题。

教师必须调节所提问题的水平，使之与提问的目的相适应。然后，提出问题来考查学生是否掌握了相应的知识，以及促进学生的思维加工过程。因为思维可以发生在几个复杂的水平上，所以作为一名教师要能够对问题进行分类，并提出不同水平的问题。

至今已经建立了许多有效的描述问题水平的分类系统。大部分此类系统仅仅是在这样一个程度上有效，即在课堂教学环境的预期水平上提供一个描述问题的框架。结果，一些教师可能就仅仅使用一种二级分类系统，但其他很多教师可能希望使用更详细的分类系统。

我们将着重关注两个对教师最有帮助的系统。第一个广泛使用的系统把问题划分为集中与发散两种；第二个系统根据学生回答问题时的心理运算来进行分类。教师在课堂中可以选择许多分类系统，这只是其中两种。然而，当教师准备问题时，应当根据课堂系统对它们进行评估。如此，教师就可以极大地提高自己的提问质量。

（三）集中式问题与发散式问题

划分问题最容易、最简单的方式就是判断它们是集中的还是发散的。集中式问题只允许少量正确答案，而发散式问题允许拥有许多正确答案。

（四）心理运算问题

吉尔福德在他的智力结构模型中把心理运算主要分为 5 类：认知、记忆、集中思维、发散思维以及评价性思维。基于这个模型和布鲁姆的 6 个认知水平的分类，对问题进行分类的心理运算系统逐步建立起来。心理运算系统基本上是把吉尔福德模型的认知和记忆分类整合到单一的事实型类别的一个四种类别的系统。另外，它把布鲁姆分类中的四种类别合为两类。组成心理运算模型的问题类别是事实型、经验型、创造型和评价型。

知识的再认与再现。也就是说，它测查的是学生通过不断重复的形式保存到记忆中的信息的再认和再现。事实型问题是最封闭、水平最低的问题。

经验型问题要求学生整合或分析记忆中或所给出的信息，并提供一个单一的、正确的、可预测的答案。实际上，这种问题可能需要大量的思考，但一旦想出来以后，常常就是一个单一的、正确的回答。经验型问题也是封闭式问题。

创造型问题没有一个单一、正确的答案，甚至不能预测答案将会是什么。创造型问题是开放式的并且要求学生使用他们的想象与创造性思维。这种问题要求学生产生独特的想法。尽管创造型问题开放性的本质促使学生超越仅仅是对所记忆信息进行回忆的做法，但要想回答这些问题，学生仍然需要一些基本的相关信息。

最后，评价型问题要求学生对某种事物做出评价或是某种判断。评价型问题是创造型问题的特例，因为它同样也是开放式的。然而，它比创造型问题更难回答，因为回答它们必须使用一些内部与外部的标准；也就是说，做出判断之前还必须建立一些判断标准。评价型问题的回答常常是可预测的或受限于可选择的数量。例如，类似于"这两篇短篇小说哪篇更好"这样的问题就限制了回答的数目是两个，而"当今世界最好的汽车是哪种"这一问题就允许产生更多的答案。

这些问题要求学生在内部标准的基础上做出判断。然而，当教师要正式评价学生的回答并直接对其打分的时候，教师必须建立评价性的标准。另一个办法是直接依赖学生的内在标准，教师不能评价、确认或是反驳这些标准。

教师可以在问题后附加一个要求学生陈述所作的评价或判断的理由的经验型或创造型的问题，或者确信自己以一种包括了外在标准的方式提出了评价型的问题，从而为自己的评价型问题建立一个评价标准。

划分问题类别的心理运算系统的使用应该可以为教师提供促进提问技术所需的框架结构。教师应该从该系统的所有 4 个水平进行提问，而不是像许多教师所做的那样只是在事实型问题的水平上。对这个目标，教师应该计划并提出更多的创造型问题和评价型问题。这些问题将给学生提供思考和推理的机会。

（五）问题类型

作为一名优秀的教师，你必须问适当类型的问题。也就是说，你必须使你的问题适合于某个特定的目标。例如，你可能想问一些问题来确定学生现在的学习水平，提高学生的卷入水平和交互性，进一步澄清问题或是提高学生的意识。完成这些目标需要提出不同类型的问题。

1. 聚焦型问题

聚焦型问题（focusing questions）可能是事务型、经验型、创造型或者评价型的，它用来引导学生注意的方向。聚焦型问题可以确认学生学到了什么，在一节课的开始阶段或是中间某个时候激发并唤起学生的兴趣，提高学生的卷入水平并检验其对本课内容的理解以及在这节课结束时检验学生对学习材料的理解。

学生有没有读布置的章节？如果他们没读，那就没法进行后面的讨论了！学生读懂了布置的材料吗？学生能应用这些信息吗？聚焦型问题能对这些疑问提供有价值的信息。在一堂课开始的时候或是中间某个时刻，提出事实型问题检验学生的基础知识。提出经验型问题让学生找出与布置过的任务或刚讨论过的主题相关的某个问题的解决办法。提出创造型和评价型问题激发学生的思考以及对该主题的兴趣。

2. 提示型问题

学生回答不上来问题的时候你应该怎么办？大多数教师自己回答这个问题或是再找其他学生来回答。这种方法可以使问题得到回答，但最开始被提问的那个学生仍然不会获益。而且，这使得那名学生有失败感，他很可能以后都不会太愿意再积极回答问题。解决这个问题的一个更好的办法是进行提示性的提问。

提示型问题给学生提供回答问题或是纠正先前错误的线索。因此，提示型问题通常是对原有提问的一种改述——加入线索的一种改述。

3. 追问型问题

我们刚才一直在讨论聚焦型问题和提示型问题。前者可以用来确定学习和理解的水平，以及使学生更投入，而后者则在学生回答不上来问题的时候使用。另外一种教师必须干预的情境出现在学生的回答不正确或者是正确但不充分不深刻的时候。这种情况下，你应该让学生纠正自己的错误或是让他们额外补充一些所需要的信息。这一点可以通过追问型问题来实现。

追问型问题旨在纠正、提高或扩展学生的原始答案。它们迫使学生更彻底地思考最初的回答。追问型问题可以用来纠正最初的答案、澄清问题、形成批判意识或重新聚焦于一个回答。

你可能会为了弄清答案来提出追问型问题。有时学生会给出没有经过深思熟虑的答案或是只回答了问题的一半。在这些回答后面就应该提出追问型问题，迫使学生进行更彻底的思考，并促使他／她形成自己的回答。

（六）提问技术

与提问有关的一些特定的技术既有助于增加学生回答问题的数量，同时也能提高其质量。现在让我们来看 4 种这样的技术。

1. 转向

转向是一种扩大参与答题学生数量的有效技术。你可以让学生回答同一问题，根据不同学生对该问题的不同回答，你就可以把他们引入一种讨论的状态。因为该技术要求对同一问题要有几个不同的正确答案，因此该问题必须是开放型的、创造型的或是评价型的。

应该注意的是，如果你想正确地使用转向技术，你就不应该对学生的回答做出反应。你只要把这个问题再抛给另一个学生就可以了。因此，可以预见的是，该技术将会导致更大规模的学生参与，并且最终促进学习，提高学生的兴趣。

转向技术对那些不主动回答问题的学生同样有效。你应该尽可能地让那些学生参与其中，因为就像前面提到的一样，参与可以促进学习并激发兴趣。

然而，很重要的一点是，你不应该强迫那些不主动的学生回答问题；你要做的应该是给他们机会参与这次讨论。另外，你应该给这些学生充分的思考问题的时间。学生思考问题的答案所需要的时间被称为等待时。

2. 等待时

学生需要时间来仔细考虑你所给出的问题。但是研究表明，教师在学生回答问题的时候一般只等待大约 1 秒钟的时间。研究还表明，当教师把等待时从 3 秒提高到 5 秒时，就会出现下面一些结果：

第一，学生回答问题的时间增加。

第二，回答不出问题的情况减少。

第三，学生提出更多的问题。

第四，主动回答问题的情况增多。

第五，学生的自信心提高。

等待时主要有两种：第一种是提供给第一个回答问题的学生的时间。第二种是教师等待所有学生回答同一个问题或是学生相互间回答问题的时间。第二种可能有好几分钟。如果你希望学生在课堂上更加投入，你必须学会增加你的等待时，这样学生才有更多的机会去仔细地思考他们的回答。

3. 暂停时

当你呈现复杂材料的时候，你在讲解的时候要学会暂停，给学生一定的时间去思考。这种暂停被称作暂停时。这个时候不问任何问题，没有学生发言。使用暂停时技术就是在你呈现一些较难的材料或是较复杂的要求时停顿片刻，让学生有时间去思考这些信息或是完成你的指令。在这期间，你应该用目光扫视全班，看看学生有没有跟上你的节奏，有没有理解你讲的东西或布置的任务。如果情况良好，那么你就继续。如果学生看起来是一副困惑的样子，那么你就应该把刚才的东西再讲一遍。

4. 强化

一旦你提出了问题并得到了令你满意的回答，你就必须对这个回答做出反馈。你是应该点点头仅仅同意这个回答但没有任何评论并开始继续下面的内容呢，还是应该表扬一下学生的优秀表现？你的强化——也就是你积极反馈的模式——将对课堂中交互的导向产生强有力的影响。

奖励和表扬常常能够鼓励学生的参与性。一些诸如"正确""很好""很不错的想法"以及"太棒了"等口头语都可以用来对学生的正确回答进行奖励。

通常情况下强化是个不错的主意，但过于频繁的使用会抵消等待时的作用。如果在一次回答序列中强化给得过早，那么其他学生可能会选择不再回答这个问题，因为他们害怕自己的答案比不上前面那个。毕竟你说过前面的那个回答"很好"。在提问与回答这个顺序中，你不应该把强化给得太早，而应该让尽可能多的学生回答这个问题，然后再对他们所有人的回答进行强化。在随后的评论中你可以时不时地提到那个最好的回答。

（七）提问的技巧

提问是一门艺术。但这是一门必须通过实践来掌握的艺术。下面我们来看几个很有用的提问技巧。

问题应该清楚明了，并且应该在指定由谁来回答这个问题之前进行提问。提出一个问题，等待学生对它进行思考，然后再让一个学生来回答。但这个规则也常常会有例外。比如你想提醒一个走神的学生认真听讲，明智的做法就是先指定由这个学生来回答问题，然后再提问，就可以确保该生认真听讲。同样，对于反应较慢或是害羞的学生，你也应该先指定他们，让他们能够做好准备。

提问要公平地照顾到全班。不要只让那几个聪明的学生回答所有的问题。但提问的时候也不要使用一些机械的方法，因为学生很快就会熟悉这个规则——比如按字母顺序或是一排一排地回答——并且他们只会在快要轮到自己答题的时候才会集中注意力。

一次不要问几个问题。一次问太多的问题常使学生感到混淆。问题同时产生使得学生没有时间去思考，而且学生也拿不准应该先回答哪个问题。

问的问题不要太多。在你开始一连串提问之前，你应该让学生具备所需的知识基础。当问题需要思考和推理的时候这个原则尤其重要。

所提问题要包括不同能力水平。有的问题应该很简单，而有的问题应该比较复杂。同样，用提问来帮助学生修正原先不正确的答案。用提示型和追问型的问题来帮助学生更全面地思考他们的回答。这种方法将更好地促进学生参与，发展思维技能，并且强化他们的良好表现。

最后，认真倾听学生的回答。一名学生回答之后至少等待 3 秒。它可以使学生有时间做出进一步的回答，并且给其他学生一定的时间对这个学生的回答做出反馈。

有效使用交互式讲解的关键是提出好的问题。因此，你必须提高你的思考、计划，以及在课堂上提问的能力。我们现在来看看交互式讲解的 3 种教学方法：演讲复述法、教材复述法和苏格拉底问答法。

（八）演讲复述法

演讲复述是一种教师陈述或讲解信息并且紧接着进行周期性的问答活动的教学方法。因此，此时问题的目的就是归纳刚才演讲的内容，并帮助学生巩固和组织讲过的知识。

演讲复述法常常在时间、灵活性和学习上都是高效的，能够在课堂上促进学生的积极参与。它的基本结构是"教师讲—教师问—学生答—教师讲"，而提问是该方法的关键成分。而且，该方法对于很广泛的主题具有很高的适应性，它常常伴随着演讲法出现，而研究一本教材时也常用到它。实际上，它就是一种复述形式。

演讲复述法的一种混合形式，即问题已经被贯穿到演讲之中，已经被证明是课堂上教师最常用的一种方法。当演讲很好，问题又使用巧妙时，它就是一种很有用而且很高效的教学方法。也就是说，问题能够，也应该被设计成可以提供关于学生理解的反馈，使演讲产生变化，并且保持学生的注意力。而且，学生提出的问题也有助于阐释所学内容，显示出学生对教师的演讲到底理解得怎样。

（九）教材复述法

教材复述法相对比较简单：由你来布置教材中的哪些内容是需要学生学习和掌握的，然后你再针对这些内容提问学生。教材复述是一种简单教授基本知识的有效技术，因为学生会比较用心地去学习这些布置的任务以便能够应付教师对自己的提问。然而，这种方法并不表示学生真正理解并能够应用这些教师布置的学习内容。

另外，教材复述法也具备其他的一些的优势，比如可以给出学生对所学内容理解准确性的反馈，以及可以在其他同学重复该内容的过程中进行再一次学习的机会。实际上，这些目标可以通过事先就准备好高水平的问题来实现，并将重点放在可以培养学生思维与推理技能的问题序列上。

（十）苏格拉底问答法

苏格拉底问答法得名于苏格拉底。它是一种使用"问题—交互"顺序的技术，该序列的设计是为了从学生自身引发出信息而不是把信息灌输给学生。这种方法是纯粹的口头式和交互式的。大部分教师使用苏格拉底问答法建立内容信息。

总体来说，苏格拉底问答法是通过提问的教学形式，引导学生产生一个逻辑悖论。苏格拉底问答法必须遵循下面这个一般模式：

第一，首先提出一个大部分学生都能回答的开放式问题。

第二，再用另一个问题缩小问题的回答范围，并把学生的注意力集中到提问策略的主题上来。

第三，问题里面要穿插对授课内容的复习与回顾，以便学生随时注意其中的要点。

第四，一个结束问题使学生达到我们所期望的目标。

最初由苏格拉底发展起来的这种技术必须适应课堂的现实情况。苏格拉底发明的这个方法需要师生间一对一的关系，通过教师提出一系列的问题，逐渐把学生带入一个必须仔细察觉的思维点。在课堂中，教师一般无法把问题系列集中到某一个学生身上，但是可以从一个学生慢慢转移到另一个学生乃至全班。尽管这种技术通常很有效，但苏格拉底问答式提问真正的本质却常常很难把握。还好，苏格拉底问答法仍然相当有效，并且在小组活动以及指导活动中效果最好。

三、演示法

演示是由教师或一名指定的学生站在前面进行演示，并讲解正在发生的或已经发生的现象，或让学生讨论发生了什么现象的方法。那么，演示就用材料并呈现材料进行教学的过程，但直接操作材料的人是教师或进行演示的个体。然而，让一个学生来进行演示常常还是很有好处的。尽管范围很有限，但它确实能够激发兴趣并让学生积极参与。

在很多学科里面，演示都非常有效。比如，教师可以演示写商业书信的步骤，解一道数学题的步骤，或者调节显微镜的方法。本质上，该技术通常情况下呈现事物的运作方式或技能的发展过程，但也并非绝对。演示可以由教师来完成，也可以是学生、视频或录像，甚至是一系列的图片。无论选择什么技术，演示都应该辅以口头讲解，演示完之后还要进行讨论。通常情况下，都是一边演示一边讲解。但也有一种演示是让学生安静地观察。这种方法被称为探究演示。

探究演示法与苏格拉底问答法类似，学生都是安静地观察演示过程。观察完以后，教师会进行提问，或者让学生讨论观察到的现象。学生被要求进行逻辑思考，做出推论，并得出结论。

教师在讲解某个学科中的概念或内容时，至少有 5 个主要的理由让他们选择使用演示法：与其他方法相比，当学生操作设备或材料有危险的时候，演示法就显得相当有效；在必要的时候这种方法很节约时间；它们能够演示设备的恰当使用；它们能详细介绍某个程序的步骤；它们能够表达一些语言无法表达的东西。

一次好的演示总是从介绍开始（认知定向）的，它指明了学生将会学到什么，和 / 或应该注意观察什么，或者定义了一些你在演示中可能要用到的术语。在进行探究演示之前建立稳固的认知定向是非常必要的。你的介绍将使学生把注意力集中到即将进行的演示上，但不要把将会发生的一些细节事先告诉学生。

介绍之后，演示就应该进行得尽可能简单并且突出重点。如果演示的是某种设备或某个程序，你就应该一步一步地进行操作，并在需要进行解释的地方停下来，解释清楚。有时候，当学生听讲解可能会干扰他们的观察时，你可能需要把讲解控制到最低程度，或是进行探究演示。实际上，在这种情况下，你可能需要安安静静地首先把演示做完，然后重复一遍进行讲解。

演示完以后，你应该重复一遍来检查学生的理解情况。一个比较好的做法是让学生和你一起进行操作，检查他们使用设备或是按演示程序进行演示的能力。实际上，你可能希望使用苏格拉底问答法来检查演示的效果。

为你的演示成功进行事先的计划。在你进行课堂演示之前先练习一下，确保一切正常，花费时间合适。在所有学生都能看到的地方进行演示；让学生围绕通常进行演示的地方成半圆入座。考虑保持学生注意力的相关技术。大多数情况下，精彩的演示将会保持学生的注意力和兴趣。但如果需要，问题常常也是使学生重新集中注意力的有效方法。

四、对中学教学实践的建议

有效的初等中学教学与小学和高中水平的教学不同。有效的小学教学实践更可能是直接式的，而高中的任务则是帮助学生学会进行自我指导的学习，并对自己的学习负责。因此，初等中学水平教学的一个重要的目标就是在小学教学和高中教学之间架起一道桥梁。

初等中学的教学策略应该提供机会，教授学生进行自觉学习的必要技能以及支持这种学习的学习态度。中学教师永远不应该迷信一种教学策略而排斥其他策略。没有一种方法可以对所有的中学生适用。教学方法取决于年级水平、所教的学生和教学目标。

第三节　间接教学法

许多理论家认为学习是一个积极的过程。实际上，他们认为作为一名教师，你的作用就是成为一个促进者、一个引导者。他们把你的作用看作是提供参与式体验的人，而这些共同体验就是我们所预期的学习。本节中，我们将学习一些教学的间接方法。讨论、发现、探究、模拟、个别化指导、独立学习以及掌握学习都是间接的参与式教学。

教育的两个主要功能就是学生批判性思考能力的发展和独立探究能力的发展。这对于直接教学策略来说是相当困难的。幸运的是，作为教师，你还可以选择很多参与式的方法。这些间接方法的特点是教师命令较少，但它们费时更多。

一、讨论法

一个重要的，但并未得到充分使用的间接教学方法就是课堂讨论。在课堂上常常使用的讨论也不过是定期的提问—回答系列。在真正的讨论中，学生应该比教师说得更多。然而，讨论并不是不断地说"废话"，而是指向特定目标的、认真的、结构化的对各自观点的交换。

两种课堂目标是有益于讨论法的。首先，许多学科都设置没有唯一答案的问题。例如，战争的原因？如何应对医疗保健费用的不断增长？海明威的作品是如何被当时的政治因素所影响的？对这类问题的解释是开放性的。通过对历史、政治、经济、文化、科学等主题的讨论，学生建立起对这些问题的理解，而不是简单地接受或者复述一些事实性的信息。因此，讨论有争议的问题常常增加对该问题的了解，并且加深对该问题各方面的理解。

有助于讨论法的第二类目标就是设置阐述情感领域问题的情境。实际上，讨论法通常在改变态度、价值观和行为上远比演讲法有效。例如，一次关于药物使用的讨论，就比演讲更可能让学生改变态度。同样地，一些诸如选举、艾滋病、贫穷、音乐和艺术等主题的讨论有助于培养学生一些积极的态度，如公民责任、同情、公共卫生举措以及对艺术的奉献。

公开交流和有益的氛围是成功讨论的关键。课堂应该成为一个开放式的讨论会，在这里，学生能够自由地表达自己的观点，并对各种事实型材料进行评论。然而，明确的角色和程序也是成功的讨论所必需的。

首先，教师的角色更多地从一个学习的指导者转换为一个学习的促进者或是引导者。但是，在引导讨论的过程中需要一个积极的、目标明确的领导者。这个人可以是教师，最好是一个学生。领导者不应该控制整个讨论，而应该确保每个人都明确了这次讨论的目标和主题，以便整个讨论顺利进行。一旦开始，讨论就必须按计划进行下去。因此，领导者有时候必须对整个小组或某个组员进行提问。设计这些问题的目的是保证讨论顺利进行，避免某个成员控制整个讨论，保证每个成员都参与到讨论中来，确保不同的观点得以表达。另外，领导者应该准备好周期性地对讨论的要点进行总结。

其次，讨论需要一个记录员（或秘书），他要对要点进行记录，对结果进行归纳，并记录小组的结论。有时候，教师可能要担当记录员的角色并指定一个学生为小组领导者。记录甚至可以写在黑板上或是用投影仪呈现，这样可以使参加讨论的人看见并在讨论的时候参考这些记录。

再次，小组成员对讨论应该是有所准备的，他们应该仔细阅读为讨论提供的材料。他们应该准备好去倾听，给其他人表达不同观点的机会，并且要提出问题。

最后，在讨论中，作为教师，你应该承担领导者、记录员或是顾问的角色——准备好为学生提供需要的资源或建议。无论你是什么角色，你必须对讨论进行计划，并按照计划执行。下面我们来看看讨论法的计划阶段。

（一）计划

虽然在使用讨论法的时候通常不需要太多的事实型材料，但强调这种技术的课堂必须进行良好的组织。否则，大多数讨论就会变成没有意义的对话或出现混乱。基本上，在准备一次讨论活动的时候必须考虑4个方面。

首先，你必须仔细思考你的目标以及为实现这些目标学生应有的准备。你的目标最有可能的是内容知识的获得或者态度与价值观的探索。但是，不像其他方法那样内容或背景信息是课堂中的一个整体，讨论法需要学生在讨论前就对这些相关信息非常熟悉。也就是说，如果讨论要进行下去的话，学生必须有可以讨论的东西。因此，由你来指导学生在讨论前准备一些内容知识或背景信息就显得非常必要。这种准备可能需要学生阅读布置的章节，做一些研究，或者在态度和价值观问题的讨论中形成自己的立场。

其次，你必须决定是进行大组（全班）讨论还是小组讨论。小组讨论可能采取蜂群讨论组、头脑风暴组或任务组。小组的类型是与课堂目标紧密相关的。如果目标是达到更好的内容理解或培养分析、综合、评价的能力，大组活动会比较适合。但是，培养领导技能、社会技能、倾听技能或其他相关技能则可能需要进行小组讨论。全班讨论具有一些明确的优点——最主要的一点是始终让讨论聚焦在主题上。另外，全班讨论常常控制起来要更容易一些。但不像小组技术那样，全班讨论没有给学生练习积极倾听、修改想法、建立观点、交流以及依次发言等机会。因此，如果这样的技能是你的目标，小组讨论将帮助你完成这些目标。

最后，你必须考虑分配给该活动的时间。对于年纪较大的学生来说，可以准备大约45分钟的讨论时间，年龄较小的时间稍短。总的来说，分配给小组讨论的时间取决于小组的类型和它的功能。但小组讨论时间通常来说相对较短。实际上，一个较好的方式是非常明确地告诉学生将要完成的任务以及讨论的时间限制。

只有计划周密，讨论活动才会成功。这种计划需要你对全班讨论和小组讨论两种基本讨论形式的特点与功能有全面的理解。

（二）全班讨论

全班讨论在某些方面与课堂复述法相似。但在真正的全班讨论中，你扮演的是控制性较弱的角色。另外，你应该成为被动的调解者并创建一个有助于自由交流的轻松氛围。你或者任何其他成员都不应该控制整个讨论。你的主要任务就是使整个课堂讨论的交流更加充分。

进行全班讨论时，你首先应该确保你的主题适合进行全班讨论，并且全班学生具备充分的知识基础。其次，对讨论进行计划准备，安排一个程序（议程）、时限，以及讨论的基本规则。例如，你的程序可能包括一个教师介绍部分，紧接着进行 30 分钟的讨论，然后进行由教师指导的总结。除了 30 分钟讨论时限，你同样可能需要设置一个两分钟的个人发言时限。你还可能需要设置一些诸如此类的基本规则：第一，在发表自己的观点之前先总结上一个学生的发言；第二，不允许挖苦讽刺；第三，任何人都不准取笑别人的观点或评论；第四，只对当前主题进行讨论。

准备一个有趣的出发点来开始本次讨论。例如，你可能从一段短片、一次角色扮演、一个开放式的问题，或是设计的情景来开始下面的讨论。一旦讨论开始，领导者就要负责使它进行下去，在必要的时候进行总结，通过提问、转向技术、强化等方法调动全班学生。最后，讨论过的要点必须要推导出一个合乎逻辑的结论。

对于大多数课堂来说，教材是必不可少的，但它们的价值常常因为它们没有与不同的教学策略结合使用而被削弱。实际上，在大多数课堂中，教材只是与演讲法进行结合使用。然而，促进学生学习的一个有效途径，是通过全班讨论建立起教材内容。其中一个被称为听—读—讨论的策略就是从教师对教材内容简短的、概述性的演讲开始的，同样，学生也要阅读这些内容。这种简短的介绍型的演讲应该作为先前组织者并为接下来的课堂阅读材料搭建框架。然后进行有关材料内容的讨论。这种程序可以使学生把自己对材料的理解与教师的讲解进行对比。另外，它也使教师有机会得到学生对于讲授概念理解情况的反馈并对其进行评价。

（三）小组讨论

在教师指导的课上、任务、书本或录像中呈现信息以后都应该进行小组讨论。如果学生准备充分，他们就应该形成他们的小组并开始讨论。

成功的小组讨论学习需要非常细致的准备。不同的小组可能在这个教室的不同位置进行讨论。在这种情况下，你就不可能和每个小组待在一起。因此，你必须根据学生的任务和责任对他们提供明确的指导。你应该指定一个有责任感、组织能力强的学生作为每个小组的领导者。领导者的作用就是促进小组完成任务并确保每个组员都参与其中。一名指定的小组记录员应该记录下小组的观点和结论。完成小组活动以后，每个小组都应该向班上的其他同学报告自己的结果。

小组学习最佳的规模是多大？这个问题不容易回答。但有文献表明5～7人的小组最好。在大组中，学生非常容易隐藏自己，不参与交流，但小组缺乏在交流中所需观点的多样性。

小组讨论有几个优点，主要的是交流技能、领导能力、虚心接受、说服力，以及其他一些人际技巧的培养。另外，小组活动常常比全班讨论或个人学习更能产生一种个人对小组决策做出贡献的强烈感受。最后，参加小组讨论活动的学生有更多的机会进行积极的口头表达，甚至身体活动。

小组讨论同样也有它的局限。其中一个主要的问题就是学生更可能很快地脱离了任务本身，并且讨论活动常常会演变成争吵并且浪费时间。小组的另一个危险是小组构成。可能——并且非常可能——有的小组不能在一起进行合作，或者它们包含的是一些观点或兴趣非常相似（或非常不同）的学生。这种小组常常很难得出有用的结论。然而，细心的教师通过计划与监督就能够克服小组的这些局限。

小组通常是为实现特定的目标而组织起来的。在你的课堂上能够形成的小组类型和作用仅仅受限于你的创造性的设计能力。接下来就看看3个小组类型。

1. 头脑风暴

头脑风暴用于产生想法的小组活动。头脑风暴由领导者宣布开始，他介绍一个主题或问题，并要求每个小组发表看法、解决方案或评论。这个主题可以简单如"关于致富应该讨论些什么主题？"或者复杂如"如何才能取得好的成绩？"无论有多错误，所有的答案都应该暂时作为可选方案，在所有小组报告完自己的观点之前不允许进行任何评价。

头脑风暴有时候产生一种愉悦的探索心境。因此，你必须强调严肃与礼貌。同时，参与者需要认识到，所提建议的数量是极为重要的。

头脑风暴是一种促进后续活动的极为有效的初始过程，一些诸如另一次讨论、研究、问题解决或小组活动等可以紧随其后。例如，可以对头脑风暴产生的建议进行评价，那些值得进一步研究的观点可以紧接着转入下一步活动。

2.蜂群讨论组

蜂群讨论组是一种相对耗时较短的工作组。这种小组可以迅速建立，然后分享观点、看法或反馈。这种小组可以通过报数或其他小组形成的类似方式相对比较容易地组成。

蜂群讨论组通常包括4～7名成员，且其交流很少超过15分钟。他们可以组成小组，为某些具体观点或课程内容进行简短讨论。紧随其后的就是对有关结论或发现进行全班讨论。

3.任务组

任务组是用来解决某个问题或完成某个项目的小组。然而，不像其他类型的讨论那样，任务组中的学生都处于某种任务或活动中，每个组员都有明确的角色或任务。他们的规模通常取决于问题或项目，从4个到8个组员不等。

任务组常常是教师导向的。教师选择任务并分配给小组成员明确的责任。教师可能也会发现建立工作进度表和监控系统是非常有用的。另外，教师应该把在完成特定任务时所需要的资源都准备好。

任务组最适合于学生数量较少的小组，这种环境下组员能够自我指导。学生应该能够创建一种不受限制的、创造性的环境，在这种环境中，讨论可以自由并开放地进行。

（四）讨论的变量

讨论法中有几个变量可以促进学生进行一定程度上的自我指导学习。课堂中通常有四个这样的变量：专门小组、辩论、角色扮演与合作学习。

1.专门小组

专门小组，也被称为圆桌讨论组，是小组讨论的一种形式。一组学生——通常是5～8人——在课前事先准备的一次有关任务主题的非正式讨论。通常由1名学生担任组长，带领组员完成这次讨论。每个组员都要做非正式的公开陈述；然而，不用做正式演讲。讨论一旦开始，组员之间就相互平等地交换意见。

专门小组讨论的主题可以从正在进行的课堂活动中演化而来，或者由教师来预先准备。某个单元有争议部分的讨论通常相对来讲是比较简单的材料；然而，最好的专门小组讨论的主题应当是对学生而言非常重要并且非常有意义的。

在准备专门小组讨论时，大多数学生都需要教师的帮助。对大多数专门小组讨论主题而言，应该有大约一周左右的准备时间。其中一部分准备时间应该是在课堂上，这样你就能够监控他们的进展情况。

在接下来的专门小组程序中，你应当认真地对学生做一些简短的提醒。最开始的讨论应该是有时限的，比如15分钟。在此之后，更正式的讨论部分应该以课堂讨论的形式公开进行，或是继续讨论这个主题，或是让学生以"提问—回答"的形式进行讨论。这个开放式的讨论会结束以后，由组长对讨论过的要点进行归纳总结。

2. 辩论

辩论是两个小组之间的竞争性讨论；也就是说，由两个或三个小组中的其中两个小组陈述同一个主题的对立面。一个小组充当某个问题的正方，而另一个小组充当反方。

你应该先教给他们辩论的程序，辩论通常包括这样一些步骤：

第一，裁判介绍辩论主题和辩论双方。

第二，每个辩手都要做简短、正式的陈述。计时员对陈述计时，当时间快到的时候对辩手发出警告，时间结束时终止辩手的发言。分配的时间是固定的，并且是在辩论前就决定好的。

第三，每个组的辩手对对方陈述的观点进行反驳。同样，这个时间也是固定的，且在辩论前就安排好的。

第四，陈述和反驳的一般顺序是：

正方一辩发言—反方一辩发言—正方二辩发言—反方二辩发言—正方一辩反驳—反方一辩反驳—正方二辩反驳—反方二辩反驳。

第五，正式辩论以后，由裁判主持公开的全班讨论。

一旦学生学会正式辩论以后，应该给将成为辩手的学生一定的准备时间来研究辩论主题。只有经过充分的研究，学生才能对辩论主题做出有价值的陈述。

传统辩论的一个稍微不那么正式的方法——在课堂中更有用的一种方法——就是英式辩论。这种辩论向更多的参与者开放。全班被分为两个队，一个队作为正方，另一个队作为反方。每个队选出两个辩手。辩论步骤如下：

第一，正方与反方的一辩各自发言，时间为5分钟。

第二，正方与反方的二辩各自发言，时间为3分钟。

第三，两个队开始发表各自的评论、问题或回答。正反双方轮流发言。

第四，每个队选一名成员进行总结发言。

第五，辩论结束以后可以进行全班讨论。

辩论为学生提供了很好的机会对一个问题陈述支持性的或是反驳性的证

据，并鼓励研究，提高了对问题的认识。另外，这种活动促进了双向思维，并鼓励学生为真理而战。

3. 角色扮演

角色扮演是对历史或未来事件、重要的当代事件，或想象中的情境通过扮演其中角色来对其做出反应。角色扮演的学生通过模拟角色以及模仿促进某种行为的动作和动机，获得对这个人物的更好的理解，从而努力"变成"另一个人。

角色扮演是一种小组技术，它对参与者的人数几乎没有限制，而主要是看小组的目的。角色扮演通常包括三部分的内容：情境、角色扮演过程和随后的讨论。

角色扮演的情节应该是根据某个情境或事件而自然发生的，在这个过程中包括对相关的活动、目的和行为产生更深刻的理解。你应该根据这段情节前的情境给学生一个完全简洁但详细的准备过程。例如，学生可以扮演爱因斯坦的角色，再展现他的理论，或者他们可以再扮演独立宣言的写作，或者可以扮演环球剧院中的莎士比亚的角色。实际上，学生能够把科学发现的场景、短剧或故事场景、不同人物的生活事件、法庭改编剧、法律伦理情境、模拟镇民大会，或是联合国会议等场景都扮演得活灵活现。无论情节是什么，你都应该向你的学生详细描述这个情境，并给出明晰的指导。

任何角色扮演之后都应该进行一个报告会。全班应该根据参演者的价值和行为对扮演的情节以及活动的结果进行分析。

4. 合作学习

合作学习是最近才出现的一种很有发展前景的教学方法。合作学习有这样几个优点：第一，能比竞争型或个人形式的学习方法获得更高的学术成就；第二，在学生之间更好地发展人际关系；第三，用于任务上的时间增加；第四，培养对学科学习更积极的态度；第五，形成对课堂体验的积极态度。现在已经有了几种合作学习的方法，但它们大部分都有共同的特点。

合作学习一般要求学生组成异质小组完成一组任务。一个组里面的学生有水平较高的，有中等的，也有较差的。三种水平学生的人数比例应该与全班比例一致。对学生的奖励常常是根据这个小组的成绩和任务完成情况而定的。

合作学习小组的规模根据任务的改变而改变。但一般是4个人一组，每个人都有自己的明确任务。一般来说，合作学习小组有高度的自主性。小组成员有自由决定怎样完成自己的任务。

合作学习适合于许多情境。它对于回顾测验、完成实验、技能练习而言，都是一门有效的技术。但切记你要对合作学习进行奖励。所有学生的成绩都与小组得分息息相关，并且较优秀的学生还被寄予提升全组成绩的厚望。

二、启发式教学法

教学经过组织可以成为积极的、自我指导的、探究的、反思的形式。这种教学模式被称作启发式教学法。在这一部分，我们将阐述启发式教学法的几种模式：发现、探究、萨奇曼探究，以及模拟和游戏教学法。

在讨论发现法和探究学习的时候常常会出现混淆。有的教育者随意地交替使用这两个术语，而另外一些人则认为它们分别属于各自的一个子类别。从本书的目的出发，我们将把发现和探究这两种方法作为彼此独立但相互关联的技术进行讨论。由于启发式教学法使学生积极参与问题解决，所以我们先从问题解决过程开始，研究启发式教学模式。

（一）问题解决

无论任何时候，当事情变得不明确时，问题就产生了。杜威在1884～1948年发表的文献表明，他提倡学校课程应该建立在问题的基础上。当代一些课程和大量教材都深受杜威问题解决教学法的影响，注重学生的直接体验。也就是说，教师提供给学生直接体验的机会，在这种体验过程中要求学生解决问题。因此，问题解决的一个好的工作定义就是通过监督下的直接体验，有目的地消除不确定性。

因为让学生随时准备解决每天的问题是学校的一个重要功能，所以倡导问题解决教学法的课程专家认为，学校应该把学生培养成有效的问题解决者。此外，学校提供的体验应该清晰地阐释培养成功的问题解决者所需的内容和过程。

（二）发现学习

发现学习是学生在问题解决过程中学习知识或培养技能的一种方式。发现学习的一个较好的工作定义是使用科学研究方法通过监督下的问题解决进行有目的的学习。因此，发现学习中的学习必须是有计划的、受监督的，并遵循科学研究方法。正如前面所提到的，发现学习常常很容易与探究学习相混淆。

实际上，发现学习与探究法都是问题解决的特定形式。但发现学习遵循已经建立起来的研究模式，而探究学习没有这种固定的模式；发现学习遵循一般的科学研究方法，而探究学习没有这种固定方法。

1. 发现学习策略

发现学习能在多大程度上取得成功，主要取决于教师有效地准备、执行问题解决过程的能力。教师的责任就是创建一个让学生感到冲突或不确定的问题情境，然后指导、帮助他们发现原有知识与新知识之间的关系。重要的是，教师要对整个科学研究方法的计划、组织、执行过程进行指导。

遇到适合研究的问题就不要轻易放过。如果不把握住这些问题，学生常常就会感到困惑，或是选择一些并不适合本课程的问题，或是选择一些所需的材料和设备无法满足的问题，或是一些太大，暂时无法进行研究的问题。

一旦学生对某个问题有了一个总体上的理解，教师就必须帮助他们用清晰、准确的术语对问题进行表述。教师应该准备好要提出一些建议或是问题，帮助学生理清思路，明确到底要去发现什么现象或规律。这些建议或问题应该迫使学生对问题情境进行思考和分析，从而明晰该问题。

对问题进行明确的表述是找到解决问题方法的一个关键步骤。如果忽略该步骤，学生常常就会感到困惑，不知从何处下手来解决这个问题。

提出解决方案。一旦学生清晰地定义了该问题，紧接着就应该提出假设和解决方案。完成这个任务需要对数据进行收集并分析。教师的任务就是提供所需的材料，或是建议学生到能够找到与该问题相关的一些数据或信息的地方去获得材料。

当学生提出可能的解决方案时，教师应该鼓励他们进行猜测并运用直觉思维。同样，教师也应该鼓励有根据的怀疑以及延迟判断。理想的状态就是教师要给学生一个安全的环境，在这个环境中，他们可以畅所欲言。

收集数据。解决方案提出以后必须要经过检验；也就是说，前面产生的每一个假设都必须接受检验来判断其是否有效。因此，必须收集更多的数据。有时候，收集数据的工作需要在实验中完成。而有时候，需要通过调查来收集数据。学生常常在数据收集工具和技术上需要指导和帮助。实验必须产生有效的结果，调查必须提供可用的数据，而两者的实现依赖于完备的计划和有效的工具。

数据分析与解释。数据收集上来以后，必须要对其进行分析和解释。此时需要建立一个判断标准，假设的正确与否就据此标准进行判断。在学生进行判断和检验其有效性时，你可能需要对其进行一定的指导。学生常常会以为他们已经证实了一个假设，但事实并非如此。

在对数据进行解释以后，就可以得出结论了。因此，数据必须经过仔细的检验与评估才能用来支持所得出的结论。尽管教师不应该替学生得出结论，但教师应该帮助他们完成这一过程，指出可能用到的模式、相互间的关系并适时向学生提问。在教师的帮助下，学生就可以学会对他们所研究的问题得出结论。

检验结论。得出结论以后，还必须对其进行检验和修改。因此，发现学习中问题解决部分的最后一步就是生成数据，证实或修改现有结论。

2. 发现学习的优势

发现学习比被动学习更加积极，它更有可能使学生产生较高的内在动机。在教师偏重口头讲解的教学方法中，动机仅仅是来自教师对学生课堂表现、正确回答问题、成绩上得到高分等行为的表扬。而在发现学习中，动机来自活动本身以及学生直接体验的兴奋。这种活动和兴奋更有利于知识的学习和保持。当学生积极卷入学习过程中的时候，他们会学习到更多的知识并保持更长的时间。

发现学习同样有助于积极社会技能的培养。很明显，发现学习需要学生进行合作。他们必须培养自己事前计划、按部就班以及协同合作的技能，才能成功地完成共同的既定目标。

3. 发现学习的局限

发现学习最大的局限可能就在于这种学习模式对教师和学生的要求本身。由于发现学习是一个合作而非竞争的过程，因此，它需要学生或教师自己对发现过程进行调解，力求发现事物的本质。由于缺乏竞争，也就很少有反馈能够表明学生到底表现如何，学习究竟发生与否。缺乏这种反馈常常会使教师和学生感到困惑。

发现学习对于学习大量材料来说也可能是无效的。这一局限是那些期望涵盖教材里所有材料内容的教师需要重点关注的。

（三）探究学习

像发现学习一样，探究学习基本上也是一种问题解决技术。但与发现学习不同的是，它的重点是放在探究问题的过程上，而不是强调得出一个正确的结论。实际上，尽管探究与问题解决密切相关，但它并不要求真正解决这个问题。因此，发现学习需要遵循一个固定的模式去解决这个问题，而探究学习就没有这样一个固定的模式。实际上，不同的学生可能使用不同的策略去获得与该问题相关的信息，甚至可能有人使用直觉的方法去解决问题。

和发现学习一样，探究学习也有 3 个水平：指导式探究、矫正式探究和开放式探究。因此，你可能需要确定问题，再决定如何对其进行研究（指导式探究），你可能要先确定问题，再让学生决定如何研究这个问题（矫正式探究），或是让学生确定问题并设计获得有关信息的方法（开放式探究）。

1. 探究学习策略

探究方法灵活但系统。它系统地遵循一个基本的三步问题解决程序。但它的灵活就在于处理问题的活动可以有所变化。下面来看看这个三步程序。

确定问题。探究学习与发现学习密切相关。因此，问题选择过程是相同的，要么是教师（如指导式或矫正式探究中），要么是学生决定（如开放式探究中）要处理的问题或主题。当然，这个决策取决于学生的经验。简单来说，教师必须确定学生已经做好准备，并有能力确定适合研究的问题。大多数情况下，教师必须监控问题确定过程并提供指导或是提供另外一些可选方案。

处理问题。探究课堂里的第二个任务就是按照某个方案去解决问题。再次申明，解决问题的程序没有成法与陈规。实际上，采用何种策略解决问题可以是教师决定（指导式探究），也可以是学生决定（矫正式和开放式探究）。

探究学习的重点应该放在寻找问题解决方法的过程上，而不是方法本身。无论合适也好，有缺陷也罢，都应该给学生机会去修改自己的问题解决策略。有的学生可能想通过查找文献与教材来解决问题，而另外一些学生可能想与该领域的专家进行交流，可能还有人想设计实验来解决问题。简单来说，教师应该给学生使用创造性的方法解决问题的自由。这种机会使学生明白在真实世界中如何去探究问题。

问题解决。成功的探究学习并不要求达成一个预设的结论。即使是有教师指导，探究学习对每个学生来说也应该是一个高度个人化的经验。学生应该有完全的自主权，这样他们才能把全部的才智、思想、技巧和判断都投入进来，达成他们自己的结论。

2. 萨奇曼探究学习

理查德·萨奇曼完成了一个以一所中学为导向的项目，该项目完全围绕探究的概念设计而成。这个被称作"探究发展计划"的项目以物理学科为重点，探索探究学习的程序。该程序在产生数据、组织数据、产生观点等方面都是不断变化的。

萨奇曼探究的基本特征就是"矛盾事件"的概念。这些矛盾事件是录制好的物理演示——最初通过无声的彩色短片呈现——其结果通常与人们预期的相矛盾。一个最普通的例子就是教师往集水瓶里注水直到瓶口边缘，然后放上一张 7.5～12.5 厘米的纸板盖住瓶口。将瓶翻转，同时用手按紧纸板。再拿开按住纸板的那只手。水会仍然保持在瓶子里——纸板会牢牢贴在瓶口——尽管没有任何东西支撑纸板。每个演示录像的主题都是：为什么会出现这样的结果。教师的任务就是创建这样一个探究活动能够发生的环境。

最初的萨奇曼探究法已经在两方面发生改变。第一，要演示的情节通常由教师直接演示，而不再是播放录像。第二，与早期相比，学生会从教师那里获得更多的指导。然而，探究学习的基本目标没有改变，即培养学生探索、加工数据的能力，以及通过分析具体问题发展有关概念。

萨奇曼探究法关注的是获得信息的过程，而不是最终的信息本身。与此方法相关的问题解决过程以3个阶段的形式出现：分析情境、收集信息、得出结论。

分析情境。一次萨奇曼探究活动是从让学生观看一个矛盾事件开始的。该事件可以由教师演示，也可以播放萨奇曼录像带。矛盾事件呈现以后，教师向全班征求关于对所发生现象的看法、猜测或假设。学生在尝试对该现象进行解释的时候可以向教师提尽可能多的问题。但必须遵守3个规则：

第一，学生只能向教师提回答"是"或"否"的问题。

第二，一个学生在某段时间内拥有绝对的发言权，他可以问尽可能多的问题，其他同学不能打断他的提问。

第三，教师不对超越"是"和"否"回答范围的问题作答。

这些规则将帮助学生有准备有计划地提出一系列问题，并最终产生合理的假设。

收集信息。一旦提出某个假设，全班同学就应该共同担负起收集数据对其进行证实或证伪的责任。因此，学生就需要阐明假设，然后收集支持性的或是反驳性的数据。这个阶段提出的问题都应该以一种可以对其答案进行检验的方式进行表述。"这个物体在不同种类的液体中都会下沉吗"以及"更重的一个物体在这种液体中会下沉吗"就是这类问题。同样，在这个过程中，学生会努力判断出现最终结果的必要条件是什么。

萨奇曼探究法要求有一个支持性的氛围。教师必须给学生机会去完成一些合理的检验或实验，从而考查所提出假设的有效性。尽管教师的确需要提供给学生一些帮助性的信息，但这种课堂鼓励学生在没有教师的帮助下，独立地或以小组形式完成任务。因此，在典型的萨奇曼探究活动中，学生独立工作、操作实验，反复检验矛盾事件，向教师提出问题，并对数据进行评价。

得出结论。在所获得数据的基础上，学生得出各自的结论，并对所观察到的现象进行解释。另外，他们会努力判断为什么确定的这些条件对最终结果的产生是必不可少的。

萨奇曼探究技术在教师的技能中可以是一种评价工具。通过观察课堂中的问题解决过程，师生就可以建立起在生活中的其他领域也同样可以效仿的模型。

3. 探究学习的优势

探究教学法有自己的几个独特优势。首先，它鼓励学生提出创造性的问题解决方法：没有严格的指导条款，创造性的解决方案不会受到批评。实际上，学生有时候会转移问题去解决一些与原有问题没什么关系的主题。因此，学生对问题的研究可以像他们的想象力一样原创且不受限制。他们可以用任何可能的方式去解决问题。

探究学习经常能够激发学生的动机，促使他们尽自己的最大努力去解决问题。学生不会因为知识量不够而受到批评，他们只需要尽自己所能去试着解决问题就可以了。

最后一点，学生在探究学习中不会感受到失败，因为他们的问题解决的程序可能都是非常个性化的。学生尽自己的最大能力提出解决方案，由于问题本身没有预设的答案，因此他们的方案也不会因为错误而受到批评。这样，学生的自信心就会得到大幅度提升。

4. 探究学习的局限

探究学习有可能会变得秩序混乱。很可能在一个30人的班级里面就有30种解决同一问题的不同方法。尽管一般来说学生很少出现问题，但有时候探究学习的确可能成为一个无序的活动过程，学生从中学不到什么东西。对材料的预期和找寻材料可能是一个主要问题。在一节探究课中，学生不可能获得所有想要的资源。实际上，有的学生可能想要做实验，而有的学生可能想要更多的参考书籍进行文献研究。无论学生需要什么，教师必须努力预期学生所有的需要，并收集这些材料。这个工作可不轻松。

和发现学习一样，探究学习的另一个问题就是时间：让学生自主地进行问题解决是很费时间的。然而，由于学生尽自己最大能力进行研究，有的学生就会完成得很快，而其他学生还在继续研究。

探究学习特有的一个问题就是评价。因为教师要打分，所以教师就应该有一些评分标准。在一定程度上，保留学生的活动记录可以解决这一问题。通过这些材料，教师就可以了解学生的进步情况。

（四）模拟与游戏

模拟与游戏活动是非常有效的教学工具。实际上，它们在课堂中为学生提供了多种学习机会。这种活动能够激发学生的学习兴趣，缓解学生的学习压力，尤其是对一些较难的课程来说。另外，学生常常会从中找到真正的乐趣。

模拟是设置一个人为情境或模仿现实事件的活动，活动中去除了一些真实环境中的不安全因素。模拟可以看作是在管理和控制条件下存在或可能存在的各种模式。

模拟的两种基本类型可以应用到课堂中：人物模拟和人机模拟。人物模拟通常以角色扮演和社会剧的形式进行，而人机模拟通常以模拟游戏的形式进行。

模拟和游戏之间的区别是什么呢？对这个问题还没有十分明确的答案。通常来说，游戏是为了获胜，而模拟不需要分输赢。实际上，在某些模拟中，很难说谁输谁赢。如果不考虑这个区分，那么模拟和游戏非常类似，它们都需要扮演某些角色，参与者所进行的活动都有特定的任务。另外，模拟的目的是鼓励学生用自己的话表达出对该主题的一些看法。因此，某个活动到底是游戏还是模拟其实只是一个称谓问题。

就像前面提到的，角色扮演要求扮演某些角色，例如，再现过去的历史情境。角色扮演通常包括一个结构、一个要解决的问题，有时候要分输赢。重要的是，观点应该尽可能的个性化，并且通过再现人物的活动，获得对这个人物以及相关动机的更好的理解。一个角色扮演模拟活动可能是一定数量的学生一对一地进行交流，或是小组里的几个学生进行交流。

社会剧也是角色扮演的一种形式。所不同的是，它关注的是小组如何解决一个问题；也就是说，它常常会讨论各种问题解决方案。例如，这种问题可能是一次镇民大会前的论题、一个家庭问题，或者一个联合国问题。

模拟或者教育游戏要求学生扮演决策角色，根据规则对某些特定目标进行竞争。因此，教育游戏应该反映社会；它们应该给学生提供扮演真实生活中各种角色的机会。但游戏的竞争本质应该被适当地保留。最著名的一个教育游戏就是"垄断游戏"，它是房地产商常玩的一种棋盘游戏。

计算机模拟与游戏的使用正逐步增加。现在每个人对计算机游戏都已经相当熟悉了；大家常常在家用电脑上玩，课堂中也常有这种游戏。它们有无数种形式，适合中学课堂的主要包括手眼协调和问题解决能力（如国际象棋或"龙与地下城"角色扮演游戏）。实际上，当能否玩游戏取决于学生的任务完成情况时，电脑游戏就可以成为一种很好的动机激发工具。

模拟和游戏的使用具有许多优点：

第一，它们使学生积极地投入自己的学习之中。

第二，它们为学生提供了迅速的反馈。

第三，它们有助于学生练习交流技能。

第四，它们极大程度上激发了学生的兴趣和热情。

第五，它们帮助教师在同一时间更广泛地了解学生的能力。

第六，它们促进并强化了分析性和批判性思维。

第七，它们能够以模拟真实情境的方式进行实验。

任何教学策略的基础都是它的动机激发能力。模拟和游戏作为动机激发工具非常有效。学生不但能够获得乐趣，而且还能从中学习。

使用模拟和游戏同样具有一些局限：

第一，它们要求教师和学生进行大量的想象。

第二，它们往往只呈现最关键的元素，例如，驾驶教育模拟就没有包括交通、噪声以及还有其他人在场等情况。

第三，购买模拟和游戏等商业产品的成本可能较高。

第四，师生之间的关系常常会发展成一种非正式的关系，可能导致许多管理上的问题。

经过精心的准备，这些局限都是可以克服的。我们往往忽略了模拟和游戏带来的教学上的诸多机会。

好的模拟和游戏是教师根据自己学生的具体情况设计、开发、改进的各种活动。更好的甚至是学生自己创建出的模拟和游戏。

（五）教师角色

使用启发式教学法时，教师应该是一个促进者。要完成学习目标，教师就必须不断地监控学生的学习。

教师需要特别关注学生的问题解决过程，必须在学生对问题进行系统研究的时候不断地给予帮助。教师必须确定自己或学生对问题的定义准确，然后还必须确保问题解决方法集中并且适当地应用到了问题的各个方面。实际上，学生必须创建问题，阐释相关主题，确定获得信息的方法，形成结论并有所发现。其实，一个明智的做法是让学生定期提交他们的阶段性研究报告。

在使用模拟和游戏法时，教师必须熟悉自己应有的角色、规则以及将会产生的冲突。在游戏教学中，教师自己应该先玩一遍这个游戏。另外，给学生准备一些指导材料是一个不错的办法。

启发式教学法要求教师与学生之间保持一个亲密的工作关系。因此教师必须对一些随时可能出现的情感或交流上的障碍保持警惕。学生绝不能被完全放纵，完全按照自己的想法去研究问题。

（六）课堂环境

我们已经了解了各种启发式教学法的基本原则以及教师的角色，下面我们就来看一看能够促进该方法应用的课堂环境的类型。首先，启发式教学法要求学生有一定的自由去探索问题并达成解决方案。这种自由需要时间——相应地，学生学习内容材料的时间就会减少。事实上，问题解决活动很可能持续好几天甚至好几周。有时候，学生可以一边完成正在进行的问题解决活动，一边继续进行偏向于教师指导的常规课程。

积极、自主的探究学习要求学生直接卷入探究知识的活动中。为了达到这个目标，课堂里就必须有学生检验他们的观点和假设所必需的学习材料及设备。实际上，如前所述，有的时候课堂甚至会显得有些混乱，因为各种各样的活动很可能都是同时进行的。

启发式教学法需要开放性。学生犯错的时候必须给予及时的提醒，整个过程中都必须鼓励学生有自己的特色，按自己的方法去做。但绝不能容忍过分放纵或应付了事。当课堂里充满合作、信任、自控、信念等因素的时候，启发式教学法就会成为最有效的方法。这需要教师计划充分，并且注重培养学生系统的学习技能。

三、个别化策略

学生并不是以同一种方式进行学习或掌握技能的。因此，最大程度地激发学生的潜能需要一些个别化的教学策略；当学生拥有不同的背景、不同的能力时，这一点尤为重要。在这一部分，我们将阐述三种基本的个别化技术：个别化指导、独立学习以及掌握学习。另外，我们将简单地了解一下训练和练习。

（一）个别化指导

个别化指导是根据学生的兴趣、需要和能力为其量身定做学习计划。因此，教师可以在以下几个方面进行变化：第一，学习进度；第二，教学目标；第三，学习方法；第四，学习材料。学生并不是以同样的进度进行学习。有的学生需要更多的时间来理解学习内容。因此，一种个别化指导方法就是让学生按他们自己的进度学习同样的任务，或许这也是最简单的一种方法。进行这样的教学需要把教学材料分解成一系列短小的、相互关联的活动或课程。学得快的学生可以继续进行下面的内容，不用等待其他同学。而学起来稍微吃力的学生可以学得稍慢一些，反复理解这些内容，实在不懂的时候就寻求帮助。

个别化指导的另外一种技术就是改变你的目标。如果你根据教学目标对学生进行前测，你会发现有的学生已经掌握了这些知识。因此，你应该根据不同学生或学习小组的需要和能力对教学活动进行修改，而不是坚持让所有的学生都学习同样的内容。一些普通学生可能需要完成所有的教学目标，而一些好学生可能只需要完成其中一部分。很明显，你应该为你的教学设置许多不同的目标和相关的活动，以满足这种个别化指导的需要。

第三种个别化技术就是改变用来完成既定目标的方法。即使学生是在完成统一目标，他们也可以使用不同的方法。有的学生可能依赖于课本，而另外一些学生可能通过与指导教师的合作来完成目标。一些学习有困难的特殊生可能需要专门的教师。自我教学包、学习中心，以及计算机辅助教学是其他一些能够提供个别化指导的方法。

最后还有一种可以进行个别化指导的技术就是改变学习材料。前面提到过，课本可以用来进行个别化指导。但是，可能有的学生阅读能力比其他学生差。实际上，他们可能有比较严重的阅读障碍，课本对他们来说用处不大。如果有这样的阅读问题，就应该准备几种不同水平的课本，采用影片、磁带、录像带、投影仪、模具等模式。

论文与研究设计同样是个别化指导的有效方式。它们允许学生从事自己喜爱领域的研究。例如，论文的主题可以非常广泛，如太空计划、青少年自杀或国债等，而研究设计可以是设计空中汽车、建造教室模型或创作、编排剧目。研究设计通常比论文更难一些；但从事研究的学生常常在发现与创建学习材料方面获得较好的实践。

尽管教室通常被看作是容纳并教育学生的地方，但教师可以通过学习小组或掌握学习的方式实现一定程度上的个别化。小组组织结构——有时候指合作学习和团队学习（参见本章的合作学习部分）——可以鼓励学生学习并互助，而掌握学习可以通过个人学习或小组学习的形式来实现（参见本章的掌握学习部分）。同伴教授的知识，学生可以学得更多、记得更牢。因此，可以将不同能力水平的学生组成一个小组。同样，学生助教可以分配到各组和学生一起工作，组织学术讨论，或者演示仪器、指导讨论。

（二）独立学习

学生自己能做的事，教师就没有理由去帮他们做。高年级学生常常可以进行独立学习。独立学习可以定义为在没有或只有很少指导的情况下，由个体独立进行学习活动。重要的是，独立学习就是自我指导学习。

教师常常需要在个别学生或小组上花费一些时间。独立学习可以提供这个时间。一种办法就是对学生正在从事的他们根据自己兴趣选择的创造性任务所用时间进行规划。例如，学生可以根据个人兴趣选择一个研究主题。其他可能的活动包括阅读、回顾感兴趣的书籍、充当其他同学的指导或者根据课堂模式进行学习。较快完成了自己的课堂任务的学生可以选择这些活动。教师不应该因为这些学生完成任务较快，就给他们布置更多的同样的任务，这相当于是一种间接的惩罚。教师可能还要对独立学习的这段较长时间进行规划。在收集具体问题的相关事实时，大多数学生喜欢独立工作。这些主题并不一定都要是传统的、以内容为中心的主题。有时候，事实性知识与学生兴趣、价值观的结合就能够激发他们的态度与意识。

（三）掌握学习

支持各种个别化策略价值的证据并不统一。例如，在特定条件下，有研究表明掌握学习法的确促进学生的学业成绩。然而，还没有研究证明它优于传统方法。

个别化策略倾向于太过"放纵"学生。只有那些动机最强、最善于自我指导的学生才能在额外的时间里专注于自己的学习。因此，对大多数学生来说，大量时间被浪费了。同样，大多数学生缺乏对学习材料进行分析与反思的能力。他们需要教师提供直接教学及指导。而且，教师的时间被耗费在准备材料和纠正个别学生错误上面。

如果计划充分、监控得力，个别化在提供所需的辅导和提高上是很有效的。例如，学生可以根据自己的能力以自己的进度进行学习，但要和其他同学一起接受教师的直接教学。总的来说，这种更加积极地卷入自己的学习的形式能够使学生拥有更大的兴趣、动机和独立、自律的感觉。

促进个别化的努力应该继续。学生只能从这种技术中获益。因此，教师应当不时地进行个别化指导。对不同的技术进行研究，并考虑如何才能把它们整合到自己的课堂中去。但一定要记住，学生需要一位教师：他们需要教师的专业知识和指导。

（四）训练和练习

顾名思义，训练和练习提供（或应该提供）系统的、可重复的目标技能领域的"操练"，其目的是在学习的准确性和速度上实现自动化。训练关注的是稳定的自动回忆，而练习关注的是提高。因此，可以通过写不同的速记符号进行训练，而通过几何证明进行练习。

个别化问题解决过程是训练和练习的关键。它们是立足于最初全班学习的进一步发展之上的。这样看来，训练和练习应该是课程的基础部分，而并非只是填补时间的活动。同样，它们也应该给学生应用知识解决问题或是提炼技能的机会。设计合理时，这种练习或训练将把学生的进展情况很好地反馈给教师。因此，教师应该认真地对训练和练习进行准备，并让学生了解它们的重要性。

学生不应该频繁地中断训练和练习去寻求帮助。被要求进行独立学习的学生应该明白，在没有帮助或是帮助很有限的时候他们应该如何应对。首先，确信布置的训练和练习是适合学生水平的，不会太难。其次，明确提出希望学生怎么做。最后，确保学生都会认真去做；进行训练或练习的时候，应该检查所有的课堂任务。

第四章　以人为本的学校教育理念

第一节　培养健全人格，育人为本

党的教育方针指出要"坚持育人为本、德育为先，实施素质教育，提高教育现代化求平，培养德智体美全面发展的社会主义建设者和接班人，办好人民满意的教育"。国家《基础教育课程改革纲要（试行）》中也指出："新课程的培养目标体现时代要求……逐步形成正确的世界观、人生观、价值观；具有社会责任感，努力为人民服务；具有初步的创新精神、实践能力、科学和人文素养以及环境意识……具有健壮的体魄和良好的心理素质，养成健康的审美情趣和生活方式，成为有理想、有道德、有文化、有纪律的一代新人。"

作为教育者，我们应该明白教育是培养人的事业，而现代教育的根本目标是培养和发展学生的健全人格—— 一个具有健康的体质、创造性的智慧、丰富的情感、坚强的意志力和高尚道德情操的人。教会学生做一个人格健全的人，这既是教育的出发点，也是教育的过程，更是教育的归宿，离开了培养人这一点，教育也就不复存在。人的发展实质上是构成健全人格内部诸要素充分而和谐发展的整合过程。健全的人格包括体质、智力、情意及道德四个方面。它涵盖了人自身生长的所有本质要素。

从心理学来看，人格作为一个人内在特质的总和，包括知、情、意、行几个方面。其中，知，是指一个人的科学文化知识；情，是指一个人的情感、情操；意，是指一个人的意志品格；行，是指一个人符合社会道德规范的行为。这就是说，一个人不但要有丰富的科学文化知识，而且应该有高度的思想觉悟、高尚的道德情操、高雅的审美情趣和坚韧的意志品格。而这一切，就构成了一个人的健全人格。它是各方面都处于优化状态下的理想化的人格，是各种良好人格特征在个体身上的集中体现。综合各种学术观点，从一个比较完整的角度来看，以下几方面的特征对衡量人格健全有突出意义。

第一，客观的自我认识和积极的自我态度。这包含三层意思，首先是有自我认识且这种认识是全面的、丰富的；其次是不歪曲自己的特性，即既不夸大也不缩小自己的长处和短处；第三是能够经常意识到自己在做什么，感受到什么，并知道行为、体验缘何而起。积极的自我态度与自我认识有联系但不完全由后者决定。它指的是一种"尽管认识到自己有长有短、有好有坏，但仍然从总体上认可自己、接纳自己，对自己抱有希望"的态度。

第二，客观的社会知觉和建立适宜的人际关系的能力。人格健全者能准确地从别人的言语、行为中体察别人的思想、愿望和感受，了解别人对自己的看法和态度。而且，他对别人的了解是建立在事实根据上的，而不是主观臆测。此外，他对人的态度特征和人际交往技能应有助于建立适宜的人际关系。

第三，生活的热情和有效解决问题的能力。心理健康的人应该热爱生活，有投身于事业和家庭的热情。要具有与自己年龄相适应的生活能力。

第四，个性结构具有协调性。人格健全者应该有统一的人生观和世界观，个性倾向的各部分（需要、动机、理想、信念和世界观）之间应该能保持一种动态的协调、平衡，而且他的认识、情感和行为之间也应该有协调性。

我们提出培养人的健全人格，我们要认识到健全人格的培养不是学校教育的独属阶段，而是伴随着一个人终生的过程。从现实的角度来说，我们应当加强科技教育与人文教育的统一、个性培养与责任感培养的统一，以培养出具有良好的身心素质、高尚道德情操和完美的人格的人。

人格的形成是先天的遗传因素和后天的环境、教育因素相互作用的结果。在人格形成过程中，教育作为影响人格发展的重要因素之一，对于学生在自我价值观、自我控制、自信心、时间管理倾向及创造性人格特点等方面的形成与发展有非常重要的作用。作为初中阶段的教育者，我们应该怎样做才能让自己和学生都具有健全的人格呢？

一、提高培养学生健全人格的认识，具有主动培养学生健全人格的意识

作为教育工作者，当我们明确了教育的终极目的后，就要按照具有健全人格的人应该具有的基本要素，在工作中利用一切可能的机会去主动培养学生的健全人格，没有思想上的高度认识，没有真心的投入，仅仅靠行政命令，靠机械的方法去培养学生健全的人格，从方法上本身就是错误的，也是不可能取得成功的。

二、加强自身修养，不断提高自身素质，教育者本身要具有健全的人格

教师每天都和学生在一起，他的一言一行都会在无形中对学生产生潜移默化的影响，教师要加强人格修养，以人格魅力感染学生。教育力量只能从活的人格源泉中产生出来，只有人格才能影响人格的形成和发展。教育者的人格是教育事业中的一切，教师的一举一动、一言一行都足以影响学生的情绪。一个具有健全的人格魅力的教师，总能使学生乐意接近，并视为楷模，从而形成强大的"向师性"。当然，我们要看到教师的魅力不仅仅来自得体的穿着、脱俗的谈吐、娴雅的举止和美好的姿态，更是内在气质的自然流荡，其魅力来自其思想的"真"、品德的"善"、情感的"美"和学识的"博"，表现在教育教学过程当中的点点滴滴：面对学生时内心真情的流露、日常生活中的善良和慈爱、对犯错误学生的信任和宽容、对教育事业的忠诚、工作时从不满足的执着精神。

三、掌握培养学生健全人格的基本方法

在培养学生健全人格的过程中我们也要掌握一些基本的方法。

第一，要建立一种民主平等的师生关系。平等的、充满人性的师生关系对于学生健全人格的发展是至关重要的。健康和谐的师生关系意味着"教师职能不仅仅是传授知识，而是创造、建构民主、平等的师生交往和生生交往，使学生在人与人的关系中，特别是师生关系之中体验到平等、自由、尊严、信任、友善、理解、宽容、亲情与友爱，同时受到激励、鞭策、鼓舞、感化、召唤、指导和建议，形成积极丰富的人生态度和情感体验"。这种开放的、充满人情体验的师生关系的最大作用是能够对学生主体人格充分尊重和发展，在最大程度上扩大个体人格发展的自由度，而这正是个体创新意识萌芽、养成以及创造性潜能释放所需要的温床和动力，也为他们情感意志、道德思想的养成奠定了良好的基础。教师不同的教育管理方式也会对青少年的人格产生不同的影响。具有民主型教育管理方式的教师有较强的民主意识，尊重学生的人格、才能和个别差异，鼓励学生发表自己的意见。在这种方式下，学生容易形成自信、自尊、诚实、情绪稳定等良好的人格特征。具有权威型教育管理方式的教师过分强调自己的权威，不鼓励学生发表自己的意见，缺乏和学生的交流，对学生斥责和训斥较多。在这种方式下，学生容易形成暴躁、易怒、攻击他人等不良的人格特征。而具有放任型教育管理方式的教师对学生放任自流、漠不关心，既不鼓励学生，也不反对学生，不参加学生的活动。

这种教育管理方式极易使学生形成冷漠、孤僻、不合群、缺乏感情等人格特征。相比而言，在上述三类教育管理方式中，民主型的教育管理方式效果最好。国内外的研究都证明，民主型的教育管理方式对青少年的人格健康发展有良好的影响。如果小的时候没有很好的人格教育，不被当成一个值得尊重的人看待，那么长大以后，他们又如何能够成为一个真正自立、自强、自尊、自重的具有健康人格的人呢？

第二，要注意关注学生生理和心理的变化，并提供可能的帮助和支持。根据学生不同的个性特点因势利导。人格从现实到理想的发展是一个连续的、渐进的过程。因此，要培养塑造学生的健全人格，就要从学生现有的人格特点出发。由于中学生的人格特点已初步形成，在教育中必须注意根据学生不同的个性特点采用不同的教育方法。例如，对于性格脆弱的同学，既要注意对他们的缺点进行批评，使他们在脆弱中锻炼得坚强起来，又要注意在适当的时候给予一定的引导和鼓励，使他们不致在挫折中消沉下去；对于性格内向的同学，要有意给他们安排一些在集体活动中抛头露面的机会，并及时给予鼓励和帮助，使他们受到锻炼；对于心态浮躁的同学，可以有意识地给他们布置一些细致的工作，使他们在工作过程中养成耐心细致的习惯，去掉浮躁的缺点……这样，就能在培养学生健全的人格方面奠定初步的基础。在这方面，尤其要重视对有人格障碍学生的心理辅导和心理训练。对这类学生，应重视采取诱导的方式，循循善诱，培养其调节和控制自己情绪活动、行为活动的能力，达到知行合一，使其非常态的变异人格转化为常态的健康人格。在此基础上，再培养其高尚的品格、优秀的性格，从而培养他们健全的人格。

第三，要关注家庭和一些生活事件对不同学生人格培养的影响。家庭应为青少年提供良好的社会支持。从家庭来说，除了提供经济上的支持外，更应对青少年在学习、生活、个人情感问题方面给予更多的关心，适当降低对他们的期望值，以减轻他们担心无法回报父母而产生的心理压力。单亲家庭的大量出现，导致学生情绪不稳定，容易使其心理失去平衡，长此以往可能导致生理、心理疾病，教师在这方面要多与家长沟通、协调。生活事件是指孩子在生活中遇到的各种各样的事件、变故或问题，有的人心理承受能力强，能承受打击或经得起挫折；有的人心理承受能力弱，经不住挫折考验，面对挫折消极悲观、忧郁，自然影响了正常的学习生活，重者则产生心理障碍，影响身心健康。教师要通过历史案例、身边故事等教育学生正视挫折，增强抗挫折能力，要学生明白：人生在世不能事事一帆风顺、样样顺心。面对生活中的诸多不称心，抱怨、忧虑是毫无用处的，不妨面对现实，坦然接受它们，培养学生良好的心理素质。

当然还有目标激励、英雄人物激励等方法。

四、提供培养学生健全人格的多种载体

要立足培养学生健全人格的基本载体，不断丰富和创新其他载体。

基本载体如班级日常管理和常规的教育教学工作等。一个良好的班集体，犹如一个巨大的陶冶学生个性、健全学生人格的熔炉。这正如马卡连柯所说："只有当一个人长时间地参加了有合理组织的、有纪律的、坚忍不拔的和有自豪感的那种集体生活的时候，良好性格才能培养起来。"因此，教师应该充分发挥班集体对学生心理素质的形成和发展的作用，通过营造安全、融洽的班级氛围，以集体带动个体，促进全体学生充分地认识自我。进取精神、奋斗精神、合作精神是一种健康的、积极向上的良好品质，也是一个健全人格的标志。要设立班级的奋斗目标，把它与国家、社会、学校的期望结合起来，引导学生结合自己的实际情况，确定自己有能力完成的近期目标、学期目标等，有的甚至有周目标、月目标，并且督促学生能天天坚持，引导学生学会自查和同学之间的互查，力求养成习惯，而意志就在习惯中磨炼出来了。要鼓励学生树立达到目标的自信心。通过教师的适当帮助，学生对自己确定的最近的目标能够顺利完成，往往就能增强自信心。要让学生自己认识到，只要自己下定决心去做，只要自己持之以恒、坚持不懈地去做就一定能成功。决心越大，信心越足，恒心越持久，就越能达到成功的彼岸。通过班级管理和班风班纪的建设，不断培养学生的顽强意志，激发学生的主人翁意识，逐步培养学生具备健全人格所要求的优良品质。在常规的教学过程中，每个为人师者都要利用好每堂课和每一次与学生接触的机会渗透对学生的健全人格的教育。应处理好人格教育和学科教学之间的关系，如语文学科的教学，理所当然地把培养学生的听说读写诸种语文能力作为自己的首要任务。但语言又是思想的外壳，是文化的载体，因此，语文在致力于提高学生语言能力的同时，又不可避免地肩负起了思想教育、审美教育、人格教育等多项任务。一味地强调语文的工具性，把语文学科作为培养学生如何使用语言这一工具的"纯技术训练"课，就会导致人文价值、人文底蕴的严重流失，有悖于素质教育的根本理念。而如果过分突出了语文的人文性，过分强调人格教育在语文教育中的地位，则也会削弱语文学科培养语文能力的功能。因此，语文学科应是工具性和人文性的高度统一。当然，我们要认识到人格教育不能采用灌输的形式，也不能游离于学科教学之外，要在学科教学的过程中潜移默化，要认识到培养学生的健全人格是一个长期的渐进的过程，不可能一蹴而就，因此在每一个学科中对学生进行人格教育要有一个长远的、一贯的计划。

丰富和创新其他载体是指我们应该联系实际，通过开展丰富多彩、寓教于乐的活动，如读报唱歌活动、知识竞赛、演讲比赛、文娱活动、影视活动、讨论、辩论、社会实践、科技制作等或者联系社区开展志愿者服务等。在活动中培养能力，在活动中塑造人格。校园为什么要坚持不懈地举行一年一届的科技创造节，举行圆通杯体育节，其实质和意义也正在于此。通过丰富多彩的活动，让学生在活动中经历风雨，增长见识，弥补课堂育人的不足，达到课外活动的育人作用。

当代教育正处在由教育转向现代教育、由应该教育转向素质教育、由知识教育转向行为教育的急剧变革时期，而现代教育是一种以人为中心的教育体系，一种以未来为取向、以学生的人格发展为中心的全新的教育理念与行动。教育正通过德育、美育和体育等途径来促使学生个体心理素质的和谐、全面发展，塑造真、善、美统一的人格和健全人格。这是时代赋予教育的神圣使命，也是教育服务于社会、服务于时代的魅力之所在！

第二节　明确教学理念，创建和谐校园

构建社会主义和谐社会，是我们长期的奋斗目标。具体延伸到学校，就是创建和谐校园，就是要把以人为本的管理理念，把学校、教师、学生的和谐发展作为学校的管理目标，使校园内部各种要素处于一种相互依存、相互协调、相互促进的状态。和谐校园的创建应体现在办学思路上，内化为教学理念，形成学校的特色。校园以"育人为本，培养健全人格"的理念对构成学校教育的各项要素进行了整合和目标指引，据此制定各项管理计划，落实每项管理行动，完成每个步骤，最后实现管理目标，从而提升办学水平。

一、校园文化建设体现人文美

以"和谐"为目标的学校校园文化建设，要表现出教学理念，充分体现出人文气息和人文关怀，让每一个人都能得到发展，感受到一种人文美的内涵。

校园文化的建设首先必须确立好的校训。围绕校园的教学理念，校园以"诚信、自强、勤奋、创新"为校训，在此基础上培养良好的学风、教风、校风，建立校园的正气和朝气，形成一种文明和谐、积极向上的风气，为每个人的发展创设良好的精神氛围。

校园文化的建设表现在规章制度上要体现出一切为了人的发展的理念。

这些制度既能规范师生行为，又不束缚师生手脚，既有一定的强制性，又能调动师生的积极性。能够将制度外化为自觉行为、内化为个人品质是和谐校园追求的理想境界。

校园文化的建设表现在物化的环境上，强调环境造就人，所以和谐校园必定十分重视创建良好的育人环境。

第一，创建高雅的校园情境。校园建筑应处处精雕细琢，显现优雅格调；校园布置应处处精心设计，充好体现教育性和艺术性完美结合。

第二，追求儒雅的文化气息。学校要挖掘文化底蕴，发扬时代精神，融合自然景物，打造校园人文景点。如校史室、名言栏、荣誉窗、阅报栏、学校网站等。同时学校要精心策划常规活动。

二、干部队伍建设倡导服务

构建和谐校园要实现教育管理与教学服务的和谐统一。学校管理的核心是对人的管理。校长是学校的管理者，其实也是服务者，科学化的管理是服务的前提，校园在常规管理的基础上，把干部队伍建设的重点放在服务意识的建立上。校长的教学理念和决策要通过学校的中层干部去实施，校长的这种服务意识应该通过中层干部队伍延伸到平时的管理中。在学校管理的过程中，要创造一种服务美的境界。要为每一个教师的智慧和才能的发挥创造机会和条件，给教师发展的空间，全力营造融洽、和谐的人际关系和民主平等、团结尊重的校园环境。在服务的过程中，树立学校管理干部的人性化的一面，体现出一种服务美的精神。

在目前的教育形势下，教师承受的压力相当大，学校应经常设身处地地替他们着想，多方关怀，减轻或转移他们的压力，让他们以较好的心理状态进行教育教学工作。在服务意识指导下的日常工作中，校园干部队伍相继开展了针对教师的"心理按摩"活动、每周五固定的教师健身健心活动，形成了"向学校献一计"、生病慰问、党员帮扶困难教工、发放教职工小组活动经费、工会每月一次活动等制度。

在服务意识的指导下，学校干部普遍注重了与教职工的沟通，在管理和教学工作之余经常找出机会主动与教职工沟通。尽管有考核，就有差距，就有等级，但教师们没有因为考核出现吵闹等事件。

在服务意识的指导下，学校干部普遍认识到要在自己分管的岗位上，为教职工搭建民主、平等、发展的平台，真正落实为教师专业发展服务的理念。教师在专业上的发展，为教师的长远发展奠定了基础。应该说，以服务为核心的管理意识的转变与和谐校园的建设是不谋而合的，在干部队伍的建设中闪现出了服务美的光芒。学校的教学理念得到了实施和延伸，为和谐校园的建设奠定了基调。

三、教师队伍建设展示人格美

当前，教师队伍的建设正在向专业化方向发展，学校在打造名教师的过程中，按照高质量的目标，通过各种措施，为教师自身素质的提高提供条件，作为和谐校园，学校也对教师在教学特色、优良师德方面提出了要求，旨在形成教师群体的人格魅力，展示一种人格美。教师的人格魅力对学生会产生潜移默化的影响，和谐校园中的教师要善于塑造自己的高尚人格，并以自己的高尚人格影响学生人格，让人性阳光照亮每一个学生。没有教师的人格美，何谈学生的健全人格培养。

和谐校园是一所学习化的校园，是教师成长发展的地方。学校采取各种奖励措施，提供经费鼓励教师不断地学习充电，鼓励教师积极参加各种培训，并以校本教研和课题研究为主要载体，加大对教师的全员培训，学校争取把全区的一些大型教研活动争取到校园举行，让教师得到全员培训。在学生心目中，具有人格美的校园教师群体正在形成。"敬业、爱生、育人"的教风已经形成。

四、学生发展追求健全美

学生是学校得以存在的基础，学生的全面发展、健全人格的形成是学校办学的最高目标，也是学生终身发展的需要。为了达到"育人为本，培养健全人格"的办学目标，学校提出了两个"高效"。

第一，和谐校园要有高效率的学科课程体系。开齐、上足、上好规定的各门学科，在丰富的教学内容中，学生的主体作用和教师的主导作用得到充分发挥。特别是接近学生的校本课程的编写和使用，使得学生学会关心我们的周围，关心我们的生活。在和谐校园中，学生可以选择教师，可以选择学习内容，可以选择学习方式，只会教好学生的学校不一定是和谐校园和理想校园，和谐的校园可使各个层次的学生都得到发展。

第二，和谐校园要有高效益的活动课程体系。学校要尽量满足学生的要求和愿望，构建丰富多彩的校园活动，提高学生的校园生活质量，促进学生素质全面提高，对学生全面发展负责。

五、各种关系保持协调美

主要是协调好：校内的硬件与软件，党政工团、教师与学生和校外的学校与社区、与家长、与兄弟单位等的关系。

和谐产生美，和谐是一切美好事物的最大特征。如果我们把人文美、服务美、人格美、健全美、协调美几个方面和谐统一，那么实现创建和谐校园的目标一定会得以实现。

第三节　践行科学发展观

科学发展观，第一要义是发展，它创造性地回答了"实现什么样的发展，怎样发展"的问题。科学发展观是学校发展的核心，是指导素质教育的指南。当前，我们更要紧密联系教育教学实际，把握新形势的要求，把学习贯彻科学发展观与教育客观规律结合起来，转化为促进学校发展的科学思路。

一、质量立校强校的思路不动摇

处理好提高教学质量与创建特色学校的关系尤为重要。如果处理不当，或者实际结果不能达到互相促进、相得益彰的目标，就会影响特色学校的发展和壮大，因此我们必须牢固树立质量第一的思想，学校各项工作均要围绕教学工作展开，扎扎实实抓好教学常规的建设与管理，逐步提升学校的教学质量，用发展的成绩让家长对学校创建特色学校的办学目标给予支持和配合。

有了成绩的进步，部分学生家长和少数教师担心科技教育活动影响学生学业的顾虑被打消，尤其是我们的学生到高中和大学的后续发展让家长们对于学校的素质教育有了更大的热情。他们积极支持子女参加学校的各项活动，有些甚至亲自参加，积极辅导学生。如果在抓特色建设的过程中，我们的教育质量下滑了，不要说特色学校的创建，可能连学校的生存都存在问题。

二、建设壮大骨干教师队伍

科技教育活动的开展离不开一支热心科技教育工作的骨干队伍。建设一支结构合理、专业素质优良、特色鲜明的教师队伍，是创建特色学校工作的根本保证，校园将进一步加强科技教育活动开展方面的师资队伍建设，对全体教师按照"一专多能"的思路提出要求，重点加强科教实践教研组建设，重视青年教师培养，鼓励并支持教师参加各级各类培训，特别是要组织教师积极参加英特尔未来教育的学习培训，不仅使教师掌握先进的教学教研手段，同时也可以促进学科课程与信息技术的整合，尤其是可以通过其中的项目管理，通过远程协作，更加方便地开展科技教育活动，把开展科技教育活动的思想和理念放到互联网平台，不再仅仅限于狭小的校园。完善科技活动的长效机制，通过制度，将教职工参与组织科技教育活动的表现情况与年度考核评优评先结合起来，激励全体教职工参与特色学校的创建并在其中做出成绩和贡献。通过加强学校现有科技活动辅导员的培训和引进科技活动兼职辅导员，不断优化科技活动辅导员队伍，努力打造一支专业素质优良的教师队伍，不断提高校园科技教育活动的水平。

三、科技教育融入课堂课外，潜移默化

科技教育活动的主渠道应该是课堂教学。因此，对于所有的学科而言，都要有意识地在课堂教学中渗透科技教育的内容，包括科学方法、科学态度、科学知识、科技进步等方面的教育与引导，让学生在潜移默化中培养科学精神，提高科学素养，培养创新能力。同时，学校把科技教育的开展内容作为校本课程，从规划到实施都提出了明确的要求，并积极组织贯彻落实。学校要求每个学科在课堂教学中，要根据教学内容的需要，从备课环节入手进行课堂渗透，在教学中把握好科技教育的切入点，将科技教育的内容有机地融入课堂教学中。各个班级大面积地采用一些具体的行动，如开展科技教育活动"每周—设想""每周—观察"，把学生的小发明、小制作等思想火花积累起来，潜移默化地培养学生的科技意识，培养其创新精神和关注生活的习惯。

除了课堂上的内容，我们将积极拓展特色建设的载体，开展丰富多彩的科技教育活动，不断丰富其内涵，形成传统。把学校每年一届的科技创造节与正在全市开展的"2+2"项目活动结合起来，把学生对网络游戏的爱恋转变为科技活动的平台，把学生开展活动的情况与学生综合素质的评价结合起来。

四、以科研为先导，让理论指导实践

通过制定学校未来三年发展规划，在特色学校创建的过程中，不断提升广大教师的专业知识和理论素养。要对过去开展科技教育活动的情况进行反思、总结，对科技教育活动开展的目标模式、途径与方法、措施与保障等进行更加科学的规范。要通过课题研究，把在特色学校形成过程中的经验由感性认识上升到理性认识，并形成一定的科研成果，促进特色学校创建工作在正确的道路上不断前行。

五、以校园文化建设为契机凝聚师生力量

校园文化是一所学校得以凝聚师生力量、构建和谐校园的重要精神支柱。

在加强基础设施建设的同时要积极采取措施，积极构建以科技教育活动特色为特征的校园文化环境。

一是建设好特色教学校本课程，使之常态化、个性化，避免科技教育活动开展的随意性，促进学校科技教育活动的可持续开展。校本课程要形成专门的课程体系，把过去优秀的科技教育讲座、科技活动方案、综合实践案例进行提炼。

二是大力营造科技教育活动的宣传氛围，通过宣传栏、科学家塑像、校园广播、校园网、国旗下讲话、各种会议、每堵墙壁、班级科普角等载体，宣传科技知识，强化全体师生的科技意识，营造人人学科学、爱科学、用科学的良好文化氛围，形成学校科技教育的文化环境。

第四节 开展科技教育活动

近年来，随着新课程标准的实施和素质教育的深入开展，在教育改革的浪潮中，科技教育已经成为人才培养的重要组成部分，并且，逐渐发展为一门新兴的学科。那么，什么是科技教育呢？笔者个人认为，科技教育应该是以学生获得现代化科学知识和方法为目标，通过科学课程的学习和科技实践活动的开展，培养学生科学观念、科学思想、科学态度、科学精神以及科技实践能力的教育。为此，笔者所在校园进一步落实区教委统筹城乡教育协调发展的战略思想，加快学校特色建设，面向全体学生，有序高效地开展科技教育活动，努力探索初中学校科技教育活动的理论并积极开展实践活动，积极创建科技教育活动特色学校，在活动开展的层面和竞赛获奖方面均取得了较好的成绩。

多年来，笔者所在学校为了培养学生的科学创新精神和实践能力，普及科学知识，增进探究意识，激发学生爱科学、学科学、用科学的积极性，特意结合新时期的教育需求，把科技教育、综合实践活动与学科教学工作结合起来，以发展为导向，开展了一系列科技教育活动，并取得了一定的成绩。

一、学校科技教育活动的目的和意义

首先，开展科技教育活动是实施素质教育的需要。素质教育以促进学生主动学习、自我教育、自我发展为理念，强调"人"的终身发展，尊重学生的自主性，注重促进学生的全面发展，要求培养学生的综合素质。科技教育能够丰富、延伸素质教育的内涵，全面提高学生素质，实现人的发展需求，为学生将来高质量、高水平地进入知识经济社会奠定基础。

其次，开展科技教育活动是实施基础教育课程改革的需要。基础教育课程改革对中小学的教育与发展提出了新的要求。传统的学校格局、整齐统一的教育模式正越来越受到冲击与挑战。"千校一貌，千生一面"的学校教育模式已经不能适应社会发展和学生的需求，"多样化、个性化、特色化"是当今学校的发展方向和必然选择。构建学校特色、改革教育模式、实现教育创新、培养全面发展而又有特长和个性的高素质人才，才能使我们的学校在激烈的办学竞争中脱颖而出。因此，建设特色学校是现代学校成长的必然选择。

最后，开展科技教育活动是培养高素质人才的需要。加强对学生的科学技术教育，可以提高全民族，尤其是青少年学生的科学素质，培养学生的科学态度、科学知识和技能、科学方法和能力、科学行为和习惯，从而增强国家的创新能力和竞争能力。这是一项基础性工程，更是一项系统性工程。

二、学校科技教育活动的操作策略

科技教育活动与其他教育活动相比，有其自身的特点和规律，在开展的过程中可以实施如下策略。

（一）德育渗透——实施科技教育活动的突破口

科技教育活动既是自然科学学科教学活动的过程，更是思想教育活动的过程，因为它强调创造性地解决问题，本身就具有很强的探索性，同时创造的成功又通常孕育在多次的失败中，这就要求学生具有良好的意志品质，包括积极的钻研精神、执着的创造精神以及锲而不舍、持之以恒的恒心与毅力。如果学生不具备这些基本的心理品质，活动就不能有效地开展。因此科技教育要在学科教学中注入新的科学思想和观念，强化科学思维的方法和观察、分析、解决问题的意志品质，要借助于德育的渗透，培养学生的科学意识、科学品质与能力。反过来讲，在德育活动中要渗透科技教育，以学生为主体开展活动，逐步培养学生对科学的兴趣和爱好，关注他们的情感，保护他们的自尊，尊重他们的人格，培养他们的创新精神。

（二）课堂教学——实施科技教育活动的主渠道

课堂教学是开展科技教育活动的前提和保证，因为科技教育活动的开展离不开课堂教学，科技教育活动体现在课堂教学中。一是内容上，自然科学的学科，如物理、化学、生物、地理等学科教学，本身就是通过传授科学知识，引导学生体验甚至参与科学实验，就是社会科学也离不开对学生科学素养的培养、科学方法的指导和科技情感的熏陶。二是课堂教学的手段上也要借助于多媒体、网络等硬件优势发挥作用，因此，课堂教学是开展科技教育活动的主渠道，在课堂教学中，我们要围绕科技教育活动的开展，实现科技与文化结合，自然科学与社会科学结合。

（三）文化氛围——实施科技教育活动的催化剂

学校要营造科技文化氛围，精心培植科技教育活动的土壤，为学生科技教育活动的开展提供良好的环境。科技文化是学校科技特色生长和发展不可或缺的土壤与摇篮。科技文化氛围的营造应该包括校园科技文化与社区活动基地两个方面。首先，学校要充分利用已有的科技教育资源和设备优势，精心设计和布置校园的科技文化环境，学校要设置科技橱窗、科技宣传画廊、科技活动室、科技作品陈列室、科技教育荣誉室等，介绍中外科学家的研究情况以及近年来科技革命所取得的成就，树立榜样。其次，建立社区活动基地，为学校科技教育活动的开展提供活动的场所，这是科技教育活动必不可少的重要组成部分。学校要积极拓宽思路，挖掘社区资源，建设个性化的富有实效的校内外科技活动基地，创造条件，让学生亲自参加观察和实验活动，从而获得知识和锻炼的机会。因此，只有营造富有个性特色的科技文化氛围，才能提升学生的科技素养，发展学生的科技特长，点燃学生发明创造的火花，才能真正实现"学校有特色，学生有特长"。

三、学校科技教育活动的发展与提升

学校科技教育活动要在新课程改革中不断发展进步，突出特色，提升品质，要在三个方面加以深化：一是教师的积极性；二是学生的参与度；三是活动的多样化。

教师的积极性科技教育活动的开展，很大程度上依赖于教师。教师参与活动的积极性，直接决定着科技教育活动的质量，只有培养一支具有一定科技知识基础的、热爱和精通科技教育的教师队伍，才能有效地开展科技教育活动。时代要求教师提高科技意调，增强对科技教育的重要性和迫切性的认识，重视对科技教育理论的学习及知识的不断更新。学校更要积极培养科技教育活动的教师，促进教师科技教育专业成长。成立科技教育活动教研组，建立教师科技教育活动评价考核机制，增加考核奖励力度，把教师指导学生开展科技教育活动的情况纳入教师奖励、晋级、评职的考核范围，最大限度地调动教师工作的积极性。

学生的参与度。科技教育活动的开展，学生是参与的主体，学生参与的人数越多，参与度越高，活动的收效就越大，因此，学校要尽可能地调动学生参与的积极性，引导学生在充分认识自我的基础上，发挥自己的特长和优势，努力获得亲身参与的快乐，鼓励学生发挥自己的特长，施展自己的才能。

活动的多样化。学校科技教育活动的开展，需要不断拓展思路，丰富活动的形式，比如，科技活动可以是模型制作、电子制作、科学实验、无线电制作、航模制作、机器人创作、电脑制作等，可以开展科技讲座、科技影视、科技录像、科技展览活动，同时，还可以组建不同主题的活动团队，给学生参与活动提供更多的选择机会，从而实现学生科技特长的发挥。

一花独放不是春，百花齐放春满园。总之，在过去的岁月中，校园坚持走科技教育活动特色之路，积极开展丰富多彩的科技教育活动，丰富学生的科技知识，培养学生的综合素质和能力，在科技教育活动特色学校的创建中取得了一定的成绩。校园将在今后的工作中进一步把握机遇，加强管理，深化教育和教学，开拓创新，在科技教育活动中不断培养学生的科学精神和实践能力，使学生得到生动、活泼、全面的发展。

第五章　以人为本的中学教育实践

第一节　了解并尊重学生

关注人是新课程的核心理念——"一切为了每一位学生的发展"。关注每一位学生，每一位学生都是生动活泼的人、自觉的人、有尊严的人；关注学生的情绪生活和情感体验；关注学生的道德生活和人格养成。教育本质的核心是人的本性的发展。教育是人的活动，是以人为对象的活动，是为了人的活动，是自我认识、自我塑造、自我改造、自我创造的活动。教育通过开发人的潜能，形成作为"人"所必备的各种要素。教育要贯彻以人为本的理念，就要突出对学生的人文关怀，让学生在一个文明、积极、健康的有益身心发展的氛围中健康成长。

一、以人为本的思想在教育中的体现

以人为本是科学发展观的本质和核心，它的实质是以人民群众为本。以人为本中的"人"，指的是广大人民群众，"本"指的是发展之本，即实现最广大人民的根本利益是一切发展之根本。教育本质的核心是人的本性的发展，教育活动本身是人的本性的表现。广大的受教育者在学校里是学生，将来走向社会都是一个个自主发展的个体，是社会生活的主人。教育就是要为将来作为社会性主体的个人在社会上展示其才华、把握住人生机遇、成就事业做准备。所以整个教育的过程就不能简单地理解为是传授知识、培养能力或素质教育的过程，而必须是全面发展学生的身心潜质，如道德修养、审美修养和身心健康等，以适应社会发展对人的综合要求。

二、以人为本思想在班级管理中具有重要指导意义

以人为本的教育理念是时代发展的产物。它的意义在于把人放在第一位，

主张以人作为教育教学的出发点，顺应人的禀赋，提升人的潜能，完整而全面地关照人的发展。在班级管理中，以个体为对象，充分考虑到个体自然性和社会性的差异，遵循自然，顺应人的自然本性，从人的本性出发，促进个体的个性发展。

以人为本的教育是以尊重学生的主体性和主动精神，注重发掘人的智慧潜能，注重形成人的健全个性为特征的教育。在班级管理中，以人为本的教育首先是一种保护，要像呵护荷叶上滚动的露珠一样保护好儿童的包括好奇心在内的各种天性，同时积极加以引导。夸美纽斯在《大教学论》中提出了自然适应性原则，认为一切教育都要遵循自然的领导，服从自然的安排。

三、以人为本的思想在班级管理中的运用

（一）了解学生，尊重学生

一个班级的学生在社会和家庭的影响下，脾气、秉性各不相同，性格也千差万别，反映到集体中，有的学生热情奔放，有的沉默寡言，有的遇事开朗，有的则顾虑重重。面对形形色色的学生，只有了解他们，才能走进每一个学生的内心世界，发现每个学生的自然属性，才能真正做到以人为本。

1.了解学生，认知学生

一个好的班主任，懂得用先进的教育理论，从学生自然属性出发，结合生活环境，深入细致地了解学生，知道他们的真正需要，从而利用各种有利条件，满足他们的合理愿望，使其在良性的环境中健康成长。为他们创造各种能够发挥、表现和确信他们力量和创造才能的机会，让他们经常地获得成功的情感体验，就一定能使所有的学生不但在智力上，而且在道德上、情感意志上得到发展。这样才能真正地在班级管理中融入以人为本的科学思想。

2.沟通交流，从学生本位出发，发现问题，解决问题

新课程强调的是教与学的交往、互动，师生双方相互交流，相互沟通，相互启发，相互促进。其实班主任在管理班级时又何尝不是这样，在这个过程中，教师与学生分享彼此的思考、经验和知识，交流彼此的感情、体验与观念，求得新的发现，从而教师成为学生发展的促进者，学生也成为教师工作上的促进者。

很多班主任为了了解班级情况，都是靠班上的班干部反馈信息，或者在班上安排一位"间谍"，或是学生告状，这样的方法实际脱离了以学生为本的思想，大大伤害了学生纯洁的心灵，造成班级管理的诸多矛盾，更危及学

生健康成长。从本性上讲，人都是渴望与别人亲近、被他人赏识的。教师应蹲下来了解学生的世界，关注他们的喜怒哀乐，参与他们的学习、生活，参与他们的游戏，甚至与他们闲话家常。最珍贵的信息恰恰是从班主任和学生的闲聊中、活动中得来的，因为在闲聊中教师和学生的关系融洽，学生是不设防的，在活动中，学生也不会伪装，只要班主任注重生活中的各种细节，就会了解最真实的情况，发现问题，处理问题。唐太宗曾说，魏征是他的一面镜子，学生就是教师的一面镜子。

3. 学生是发展中的人，正确处理学生的"不敬"

学生是处于发展过程中的人，也就意味着学生还是一个不成熟的人，是一个正在成长的人。当学生的"不敬"发生时，一部分教师常常会火冒三丈，暴跳如雷。但作为班主任必须顾及自己的冲动会带来的后果，要以理智战胜感情，冷静处理，发生这样的事情，往往教师自身在处理过程中也是存在一定的问题的。有这样的一个例子，学生本身很调皮，一些行为习惯也较恶劣，作为班主任开始在处理这样的事情时，采取与学生对立、孤立学生的方式，这样的处理方式造成师生矛盾迅速激化。结果，这位差生写了一封很长的信给教师，在信中一针见血，直指对教师的做法表示非常愤怒与不满。这位教师看信后感触很深，静下心来，对自己的做法仔细思考后，觉得确实存在很大的问题。班主任马上转变方式，抓住这次交流的契机，赞扬了这位学生的优点：真诚、坦率，敢于直言，不惧教师权威，有勇气和教师交流；然后给她分析为什么会出现师生之间的矛盾，心平气和地给她讲道理，给她分析她的不良行为将会带来的后果，并坦诚自己在处理这件事情上出现的问题，希望得到她的理解。通过这样的处理，这位学生成了班主任的朋友，经常和教师交流，行为习惯明显好转，对教师也很尊重，毕业了，过节假日还不忘问候教师。

（二）感化学生，激励学生

1. 情感激励

第一，创设情景。

苏联教育家苏霍姆林斯基说："儿时的内心冷酷冰霜，来日必成凡夫俗子。"教育是为了培养人的心灵的丰富性、多样性。教师要想在学生冷漠的心田中激起情感的涟漪甚至浪花，必须着力培养"多情善感"的学生。法国作家拉封丹有一则寓言：北风和南风比试，看谁能把行人身上的大衣脱掉。北风首先发威，行人为了抵御北风侵袭，把大衣裹得紧紧的，南风则徐徐吹拂，顿时，行人觉得春暖衣厚，始则解开纽扣，继而脱掉大衣。教师应通过创设一定的道德情境，让学生在想象性的情感体验中，经历动机的冲突、情感的激荡、认识的升华。因此，教师要善于唤起和诱发学生对道德现象的情感体验。要逐步培养学生善感的心灵，让学生真正地感动，以自觉的行动克服不良的行为。

第二，真诚对待。

"感人心者，莫先乎情"。班主任要以真诚的微笑、和蔼的态度来对待学生，了解学生学习生活中存在的问题，并尽可能地给予解决。班主任要善于利用情感的力量去感染、影响学生，使他们感受到温暖，从而激发其内在的力量，使其积极学习，健康成长。著名教育家苏霍姆林斯基说过：有时宽容引起的道德震动比惩罚更强烈。现在的学生大都是独生子女，自尊心强，他们要求独立自主，不喜欢别人的管教。班主任在批评学生时要讲艺术，批评对事不对人，注意保护学生的自尊心，每个人一生都会犯许多错误，尤其是成长时期的青少年。班主任批评的是学生的行为，不是学生自身，绝不要对学生讽刺挖苦，进行人身攻击，尤其是常犯错误的同学，更需要保护他们的自尊心，有时这样的学生更需要感动，更需要班主任的真诚。班主任要善于用各种风趣幽默的语言去批评学生，既使他容易接受，又达到了批评的效果。

第三，培养自信。

苏霍姆林斯基说，要像保护幼苗一样保护学生的上进心，所谓气可鼓而不可泄，也正是这个道理。新学期伊始，学生在心灵上都有一种积极向上的愿望，希望一切重新开始，希望自己在新的一学期经过努力，赢得班主任的好感和信任。他们都会萌发出一种"一切重新开始"的向上心理，作为班主任，就是要掌握学生这种心理，加强责任教育，举一些生活中的事例，如英雄事例、成功事例、失败事例，培养学生乐观向上的精神，如遇见事情时应首先想到积极因素，而非消极因素，很多人之所以不成功，主要原因就在于首先想到的是消极因素，乐观者在每次危难中都看到了机会，而悲观的人在每个机会中都看到了危难。所以，自信心与乐观精神的培养是学生成长的关键。

2. 目标激励

目标是人要达到的预期的行为结果，同时它又是一种激励因素，对人的行为具有直接的动力和控制作用。课堂中的"皮格马利翁效应"说明，教师对学生的高期望会使学生的成绩提高，同样，班主任以一定的目标来期望学生为之奋斗，也会使学生产生实现目标的热情和共同前进的愿望。为学生创造各种能够发挥、表现和确信他们力量和创造才能的机会，让他们经常地获得成功的情感体验，就一定能使所有的学生不但在智力上，而且在道德上、情感意志上得到发展。因此，班主任应充分利用目标的激励作用，充好发挥学生的主动性，让其参与目标的制定，把个人目标与班级发展目标结合起来，从而做到人人心中有目标，人人都为目标而奋斗。

第二节　营造新型课堂，培养学生健全人格

在社会与教育不断发展的今天，学生人格缺陷问题越来越引起大家的重视。除了家庭教育的不当外，传统的学校课堂教育过于以知识为重，忽略了对学生健全人格的培养也是导致学生人格缺陷的一个重要的因素。没有积极健康的人生态度，缺乏生存所需的意志品质，这样在人格上存在诸多缺陷的人就算是拥有大把的知识，他依然是很难被社会所接受的。培养学生健全人格，已经成为新时代教育的一项重要的功能与任务。

课堂，作为学校教育的主阵地，自然不应再仅仅是一个知识的殿堂，它更应该是一个培养学生健全人格的主要场所。丰富课堂的内涵，在课堂教育中融入对学生人格的培养，是每位教师都应该积极思考、积极探索的问题。只有这样，我们的课堂教育才能真正地重视学生的个性发展，培养他们健全的人格。

一、为人师表，感染学生

我国著名的教育学家叶圣陶先生曾说过："教育工作者的全部工作，就是为人师表。"在学校的课堂教育中，教师不仅仅是知识的传递者，在学生的眼里，他还是一个模范、一个榜样。教师的道德素养与行为对学生的人格发展的影响是很大的。教师在教育过程中渗透出来的人生观、价值取向以及日常行为习惯都会潜移默化地影响到他的学生。"言传身教"正阐释了教师在培养学生健全人格中所起的重要作用。学生规范的行为习惯、良好的意志品质的形成不是一朝一夕的事，而是通过他生活学习中的一件件事、一个个细节逐步积累起来的，而教师作为引导学生学习的最重要角色，其作用可想而知。课堂上，教师必须首先做到"身正"，才能为学生人格的健康发展起到榜样和模范作用，引导学生逐步养成好的行为习惯、优秀的意志品质。我们很难想象一个自己都不遵守时间的教师如何教自己的学生懂得遵守时间。

二、丰富课堂教学手段，在教学过程中促进学生人格健康发展

课堂是教师对学生传授知识的地方，课堂是知识的殿堂，很长一段时间以来，教师在课堂上非常注重对学生进行知识的传授，教师们在备课的时候往往是以"知识"为本，或者叫以"本"为本，着重考虑如何将知识传递给自己的学生，让他们学习后能解答相应的题目。显然，这与现代素质教育的观点是不相符的，也与现代社会对人才的需求是不相符的。

培养高素质的人才，已成为当今教育的主旋律，而健全的人格是一个人综合素质的核心组成部分。学校的课堂是育人的主要场所，我们有必要改变一下我们的课堂，更新我们的教学手段，摆脱以往以"本"为本的教学观念，在教学过程中促进学生人格健康发展。

（一）利用课堂对学生进行适当的挫折教育

记得曾在一篇文章上看见过这样一句话："过于幸福的童年往往可能导致不幸福的成年"——从小受到过好保护，长大后往往不适应现实社会激烈的竞争、经常出现的失败而带来的痛苦。"天将降大任于斯人也，必先苦其心志，劳其筋骨，饿其体肤，空乏其身……"其实就是一种挫折教育，在教学过程中对学生进行适当和正确的挫折教育有利于培养学生克服困难、不怕失败、勇敢接受挑战的优秀意志品质，这也是现在在优越生活环境与父母溺爱中成长起来的学生所需要的。课堂上，我们可以利用学生在学习过程中遇到的困难让他们经历挫折，甚至适当地创造一些挫折让学生体会，并且引导他们去勇敢面对遇到的挫折，而不是逃避和放弃。例如，课堂上，某学生由于对所学的知识掌握得好，而产生了骄傲和过于自信的情绪，教师可人为地为他设置一定的挫折，打击其骄傲的情绪，同时通过适当的引导，让他审视自己，反省自己，戒除骄躁情绪，从而取得更大的进步。

当然，需要注意的是，挫折教育必须适当，切忌过度设置挫折或是只给学生设置挫折却不对学生加以引导，这样可能会导致相反的效果，影响到学生的学习和个性发展。

（二）教学过程中设计有利于培养学生与人合作交往的教学方法

小组讨论、合作探索新知识等手段是现在很多教师都常用的教学方法，在教学过程中经常设计一些讨论、合作探求问题的活动一是可以缓解课堂的枯燥气氛，使课堂更加活跃；二是有利于学生间的彼此了解，有利于学生相互帮助、相互支持、相互鼓励，从而促成他们亲密融洽的人际关系的建立，进而培养合作能力和团队精神。

笔者曾经进行过多次对比教学，在同年级的两个班分别采取两种不同的手段进行教学，一班采取了以教师讲授为主，同时辅以学生单独的课堂练习，教学过程中课堂纪律良好，但不难看出部分学生注意力不够集中，从课堂练习的反馈来看，也证实了笔者的观察。而另外一班则把课堂设计为讨论探究式的学习，专门针对学习过程设计引导式的学案，教学过程中教师负责引导学生进行摸索式的学习，整个课堂气氛活跃，学生的学习积极性也比采用完全讲授加课堂练习的传统课堂好很多，从学案反馈的信息和课堂练习分析，学生的学习效果较另一班有很大的提高。

在合作学习的课堂中，教师不再是主角，而是一个学习的引导者，学生有了更多的发表自己想法的机会，自然思维也就更加积极，在讨论学习的过程中，他们既在教师的引导下获得了知识，也能够获得通过与他人沟通、合作解决难题的情感体验。

（三）活跃学生思维，培养学生的创新意识

传统的课堂教学过分注重知识的传授、问题的解答，压抑了学生创造性思维的发展。因此，在课堂教学活动的过程中，我们都应该注意提倡学生的求异思维，鼓励学生探究创新，尽量不要禁锢学生的思维，这样有益于培养学生的创新意识。例如，在解题时提倡学生"一题多解"，问题的答案可能是唯一的，但解决的方法却不一定是唯一的，这时候教师应该体现出更多耐性，鼓励学生尝试不同于教师的解题方法，即使学生所想的方法可能不如教师讲得好，但切不可数落学生，以免打击学生探索求新的积极性，而是应该加以引导。让学生从多个角度去了解或者运用所学的知识不是一件好事么？

此外，在教学过程中设计一些教学环节来让学生讲，让学生说自己的看法，然后教师总结归纳，或是在讨论中将学生带往学习的目的地，这也不失为活跃学生思维、培养学生创新意识的好办法。我们应当尽量避免传统教学中教师提问，然后学生回答，只要答出了教师想要的结果，那么问题就到此为止的这种教学情景，显然这样实际上是对学生思维的一种禁锢，更谈不上培养学生的创新意识。

三、营造民主、平等、和谐的新型课堂，让课堂成为学生的精神家园

当今的课程改革进行得如火如荼，教学方式也由过去的"填鸭式的灌输教学"逐渐变成了今天的对话式的教学，而谈话式的教学过程中民主平等的和谐氛围显得尤其重要。

教学过程中，教师需要不断地鼓励和引导学生，鼓励他们大胆地讲出自己的想法和观念，因为学生才是整个教学活动的主体，教师不应该再是一个高高在上的独白者，而应该成为与学生平等的师长、学生的朋友，融入学生中，引导他们共同营造出有着和谐氛围的课堂，这样才能够消除学生顾虑，增强学生信任感，激发学生的积极性，让学生在课堂上感受到自信和自尊。这同样也是一种基于课堂的情感教育。在课堂上千万不要吝啬鼓励与赞扬，和谐的课堂氛围与良好的师生关系是塑造学生健全人格的重要因素。

我们的学生是未来社会建设的生力军，为社会培养出高素质的接班人是我们每一位教师所肩负的历史责任。因此，不断提高自身对教育的认识，更新教育观念，不断创新，积极营造新型课堂，以适应教育的发展，是我们毕生所追求的目标。

第三节　把握学生个性心理进行教育

教育心理学家认为，个性心理特征就是指一个人在心理发展过程中表现出来的差别和特征。即是说人们在个性倾向性与心理特征上的差异。由于人们面对的生活和实践是千差万别的，因而在个性心理的发展中经过长期积淀形成了千差万别的个性心理。《基础教育课程改革纲要》要求："教师应尊重学生人格，关注个性差异，满足不同学生的学习需要，创设能引导学生主动参与的教育环境，激发学生的学习积极性，培养学生掌握和运用知识的态度和能力，使每个学生都能得到充分发展。"当今的素质教育就是"尊重个性、发展个性"的教育，使每一个学生真正体验到学习的快乐和意义。因此，深刻地认识个性心理特征的差异性，对广大教育工作者来说至关重要，在教育教学的实践过程中熟悉了解学生个性心理差异是教师进行教育教学的重要前提，把握学生的个性心理差异也是现代教师必备的基本功之一。

人们在个性心理特征上的差异主要从气质、性格、能力等诸方面表现出来。针对不同个性心理因材施教，就是要求教师详尽把握学生气质、性格、能力与个性心理的表现形成，并制定不同的教育教学计划，实施不同的教育教学手段。个性心理特征的潜在形成在于遗传基因，即先天素质，它是个性心理特征组成的物质基础，因而少数教师片面认为先天素质是决定学生素质的主要条件，所以在教育教学实际过程中出现了简单、粗暴地对待学生，不喜欢、不欣赏甚而厌弃学生的错误做法。尽管先天素质在个性心理特征的形成中起着物质前提的作用，但我们不能忽视后天环境、教育在个性心理中的影响，先天素质有缺陷的人在后天的环境和教育影响中也能得到很大促进与补偿。众所周知的美国著名作家海伦在婴幼儿时已双目失明，但幼小的海伦在其家庭教师的教育培养下克服了巨大缺陷给她个性心理带来的不利影响，终成为世界知名作家。所以，后天教育在个体成长中的作用同等重要。

家庭是社会生活的基本单位，家庭生活环境是个性心理形成的最初根源，家庭是社会的细胞和缩影，形形色色的社会关系通过家庭作用于学生幼小的心灵。例如，父母离异的儿童往往孤僻、自卑、不合群，原本独立、开朗、活泼的个性心理受到极大压抑。针对这种现象，教师的关爱疏导和教育显得尤为艰巨、关键和重要。

学校在学生个性心理的形成和发展中起着主导作用，学校教育是国家按需要有计划、有目的地对青少年实施教育，学校是学生学习知识、提高能力、塑造良好个性心理素质的主要场所，也是教育工作者的用武之地。例如，记忆力的好坏与先天素质有很大关系，先天记忆力较差的学生，如能受到教师良好的指导，善于运用各种优良记忆方法，也会大大提高记忆力，勤能补拙，如此教育，学生终会得益匪浅；反之，即使具备了良好的先天素质，如果后天的学习开发与激励不能持续，终会前功尽弃，五安石笔下的方仲永就是一个例证。

在相当长的时期里，我国采用了"齐步走"的教育模式，严重忽视了学生的个性差异，出现了优生"吃不饱"，后进生"吃不了"的奇怪现象，不能保证全体学生素质的提高。南宋大儒朱熹提出"夫子教人，各因其材"的名言。因此，教师必须着眼于重视学生的"个性心理特征"的个性化教育，因材施教应成为每位教师时刻牢记的教育原则，成为发展和改造学生个性心理的最好武器。

实施因材施教的保证是对学生有深刻而全面的了解，教师要十分注重观察研究学生，根据学生的个体差异，以学生的个性特点、能力特征、兴趣爱好、外围环境等各方面状况及其个性发展中的具体情况为中心，量身打造教育教学计划和教育授课方案，使学生学习潜能全面发展，使学生的不良行为得到改善纠正，让学生的学习兴趣和知识水平迅速提高，否则，教师一切的付出和努力皆会事倍功半、徒劳无益。人民教育家陶行知先生从自己丰富的教育经验出发，认为"学生有了兴趣，就肯用全副精神去做事，学与乐不可分"。

在以班级为核心的教学中，即使把握了学生的学习方式与认知方式，也不可能同时采用适合于所有学生的教学方法，因此，在实际教学中必须改进教学、改进评价。运用多样的教学方法为每个学生提供适合其学习方式与认知方式的学习机会，对于提高教学效率十分必要。只有当教师采用了最适合于学生特质的教学方法才能产生最大的教学效果。根据学生的个性差异、兴趣特征及英语基础与能力等因素把学生划分为两个以上层次教学，在三年教学过程中，教师根据英语教学内容和要求坚持分别采用适合于不同层次学生的教学方法并提出相应的教学要求，真正让学生"吃得饱""吃得了"，通过三年实践证明，不同层次学生的英语听、说、读、写及运用英语的交际能力皆得到了最大的提升，每个学生均有所获，教师的教学业务能力也得到很大提高，真正实现了教学相长。时常听见有父母或教师对自己的孩子或学生有"恨铁不成刚"的感叹和抱怨，仔细想想，其实铁就是铁，钢就是钢，铁是不能变成钢的，费尽周折好不容易把铁变成了钢，那也可能是废钢，但铁有铁的用处，钢有钢的价值，所以身为现代的父母或教师应根据自己孩子或学生的个性与特性实施相应培养和教育才是适当和最好的教育，尽力做到做好人尽其才，物尽其用，八仙过海，各显神通。

校园始终坚持以"育人为本、培养健全人格"为教学理念，在历年的科技创造节、体育节等大型系列活动中，在成功创建科技教育特色学校的实践活动中，全校学生广泛参与，大胆表现自我、充分展现自我、全面发展自我，从而促进了学生个性心理和德、智、体、美、劳及综合能力的全面和谐发展。近年来，学校教育教学质量显著提高，为培养和造就高素质的劳动者和科技创新人才奠定了坚实基础。

第四节　以人为本，和谐发展

培养学生，学校是一个相对宏观的大环境，班级则是具体实施教书育人的平台或车床。培养、塑造人才的重任，主要是在班级中实施的。近两年，以人为本，构建和谐，成为中国社会最有震撼力的号召，学校育人，也很快与之接轨。但在实际操作中，也出现一些偏差，把以人为本、追求和谐误解为放松管理，放弃基本规矩和要求。其实，以人为本是一种理念，而不是一种具体方法；强调以人为本，不是不要管理，而是要求在班级管理中，要把学生的全面发展放在首位——以人的成长和尊严、个性、兴趣为出发点和归宿点。因此，以人为本，追求和谐，对班级的管理和建设提出了更新更高的要求。这里，笔者从班级管理的角度论述。

一、怎样理解班级管理的和谐

教育是一种理念，也是一种艺术，更是一种境界。是一种什么样的境界呢？用叶圣陶先生的话说，"真正的教育"是"不用教"的教育，亦即"自我教育"——一种接近最高层次的境界。因此，我们应该做的，不是不管，而是变管为导，通过改变"管"和"导"的方式，唤起学生的自我发展、健康成长的主体意识，达到学生自己认识自己，自己教育自己，自己发展自己，不断前进、不断提升的目的。这样一来，班级管理就必须要摒弃"保姆式"和"警察式"的做法，以民主和科学为核心，营造健康和谐、蓬勃向上的班级氛围，使学生真正成为班级建设和自我发展的主人。

二、怎样实施班级和谐管理

（一）班规大家制定

有管理就有规矩，有规矩才有章可循。适合的班规，是班级和谐成长的前提。但班规不能由教师一人说了算。陶行知曾说："有的时候学生自己共同所立之法，比学校所立的更加易行，这种法律的力量也更加深入人心。……自己共同所立之法，从始到终，心目中都有它在，平日一举一动，都为大家自立的法律所影响。所以自己所立之法，大于他人所立之法；大家共同所立之法的力量，大于一人独断的法。"班规要适度适合，其内容主要是"应该怎样做"和"不应该怎样做"，因为学生少一些"不怎样"就会多一些"会怎样"。班规也不宜过多过严，有的是要求学生必须做到的，有的则是为了促使学生做得更好。大家定的班规，学生更容易接受和认同。

（二）问题大家解决

班级是在不断出现问题并不断解决问题的过程中变化进步的，学生个体的成长也要经历这个过程。有了问题怎么办？专制型的教师可能就会自己说了算。这样做，表面上解决了问题，其实很多时候学生是碍于教师的威严，被动服从而已。长此以往，不利于班级进步，更不利于学生发展。民主型的教师则会让学生参与问题解决的整个过程。在班主任工作中，笔者努力地向这个方向发展。当班里出现了"情况"，笔者总是先调查清楚事情的整个过程，再让有关同学说自己对事情的看法，鼓励他们尽量提出解决这个问题的建议。俗话说："三个臭皮匠，胜过一个诸葛亮"，学生们所提的建议，有许多是教师没有想到的，常常给笔者以新鲜而有效的启发。就算是学生们的意见与笔者一样，但经过集思广益的形式，由学生把笔者的意见说出来，影响会更大，效果会更好。比如，某同学做清洁偷懒了，某同学默写翻书了，某同学放学去游戏机室了，某同学跟某同学发生纠纷了，笔者一般都先交给纪律小组的同学多方了解情况，找准问题的症结，再提出教育帮助的办法，很多时候，还把当事人也囊括其中，让解决问题的过程成为帮助当事人、教育其他人的过程。

（三）过程大家参与

许多人说班级难于管理，其根源在于学生被动服从，缺乏主人翁意识。若换个角度，让所有学生都能体验到作为班级主人的责任，都能意识到自己是集体中不可缺少的一员，情形或许就大不一样了。从学生进校开始，笔者班级就实行值日班长制度，让每一个学生按学号顺序轮流做值日班长。值日班长负责班里一日各项工作的检查、监督，发现问题并尽力想办法解决，并及时向班主任反映。全班同学每周对值日班长的工作进行总结评比，评出优秀的值日班长和班干部。这一制度让集体的每个成员都参与到班级管理中来，一改过去只有少数人管理服务，多数人服从，对班中事情持"事不关己，高高挂起"态度的局面，让每个学生都体会到自己是集体的主人，都有责任和义务建设好这个集体，从而取得了较好的效果。例如，推荐学生参加学校的各类评比表彰，班级就一定要按条件进行民主推荐，然后集体评议确定推荐的对象。让推荐评议的过程成为教育学生、激励学生的过程。至于清洁卫生的打扫，班级不用每日一换的方法，而采用的是一个小组承包一周的制度，因为这样做能有效养成学生认真细致、持之以恒的好习惯。

三、实施以人为本、和谐发展的班级管理需要注意的几个问题

联合国教科文组织的一份报告指出："应该把培养人的自我生存能力，促进人的个性的全面和谐发展，作为当代教育的基本理念。"在班级管理建设的过程中，应当努力让学生获得知、情、意、行诸方面的协调发展，使每一位学生的潜能得以充分发挥，特长得以充分展现，健康个性得以全面和谐发展。这就需要处理好以下问题。

（一）承认差异，追求发展

一个好的集体，必须要有一些素质高的成员起主导作用，反过来，成员的整体素质高了，又能极大地促进集体的成长。于是，后进生的转化就成为建设和谐班集体的一个重要环节。一位教育专家说过，"要打开一把生锈的锁，最好的方法就是给它注进润滑油，这个润滑油就是在班级环境中，鼓励互助友爱，热情帮助后进生转化的良好氛围。转化后进生，首先要正视学生之间的差异。"魏书生说过："学校、班集体绝不是制造统一型号、统一规格的升学零件的机器，应是学生走向社会各个不同岗位的实习场所，对班里

的一些成绩和表现都比较差的学生，我经常告诉他们，若能做到每一天有一点点细微的进步，你本身就是最优秀的。如：认真完成好某一科的作业，专心上好一节课，坚持做好一次不被扣分的清洁，少叫一次同学的不雅的外号，争取一天不因违纪而进老师的办公室，等等。实践证明，这样的方法比规定某学生在一定的期限内成为优秀的学生的做法更现实、更有意义，也更能培养学生的毅力和动力，更能促进学生健康成长。"

（二）面向全体，因材施教

素质教育是面向全体的教育，以学生为本，当然包括后进生。美国人本主义心理学家马斯洛的"需要层次论"认为，人的生理需要、安全需要基本得到满足后，就会产生强烈的归属和自尊需要。后进生更渴望得到别人的信任、尊重和关心。教师要面向全体学生，首先就要对所有学生一视同仁。在选拔班干部问题上，笔者常常采用"毛遂自荐"的方法，给每一位学生充分展示、锻炼自己的机会，尤其是那些后进生，尽量提供机会让他们全面发挥自己的个性特长，挖掘自身的潜能，锻炼各方面的能力，并不断塑造自己、完善自我。在分配具体工作的时候，笔者喜欢采用分小组承包负责的办法，让尽可能多的学生受到锻炼，从而体会到因付出因收获得到肯定而产生的自信与自豪。当然，小组的组建要注意有好、中、差三类学生合理搭配。

（三）营造氛围，自我促进

加强班集体建设，营造和谐的教育环境，是促进每个学生进步的重要条件。因为培养集体观念的过程，也就是教育激励的过程。良好的班集体、良好的班风学风，犹如巨大的磁场，对每个成员起着同化激励的作用，它可以教育包括后进生在内的每个学生不得不约束自己的言行，以适应班集体的良好环境，从而促进其积极向上。当笔者班级每次获得流动红旗或者获得什么奖励时，笔者都告诉同学们：这荣誉不仅属于那些为此付出了努力的同学，更应该属于那些在班集体活动中努力克服自身弱点、不断磨砺坚强意志、重新塑造自我的后进的同学，这荣誉应该是对他们不断进步的最好肯定，他们没有违反纪录，是我们获得荣誉的坚强后盾。

时代在发展，现代社会需要的是全面发展、具有综合素质的多样化人才。教师是学生全面成长的导师，应树立对学生终生负责的意识。让我们厚爱每一位学生，努力成为学生知识上的点拨者、思想上的启迪者、人生路上的导航人。

第五节　培养学生的责任感

责任感，这个词在现在的教育理论中出现的概率并不高，甚至很少有人提及，但是我认为在树立学生健全人格的过程中责任感教育是最重要的一环，因为一个没有责任感的人，根本谈不上人格。

那么什么是责任感呢？我认为责任感就是主动承担责任的一种精神。那么责任又是什么呢？对责任的理解通常可以分为两个意义。一是指分内应做的事，如职责、尽责任、岗位责任等。二是指没有做好自己工作，而应承担的不利后果或强制性义务。我们现行的教育虽然有对学生责任感进行培养的课程和内容，但是很明显我们做得很失败。一些人在对学生进行教育时人为地、"善良地"剥夺了学生的责任感，甚至是学生感受责任和承担责任的权力，这种行为的直接结果就是学生人格出现重大缺陷，不良事件屡发。

当我们把目光放到课堂教学的时候，我们同样需要对学生进行责任感教育。为国家和民族提供优质的教育资源是政府的责任，为学生提供一堂优秀的课、培养学生健康成长是教师的责任，同样，尊重教师、遵守校规校纪、保持一个良好的习惯也是一个学生的责任，这种责任同样可以被认为是学生们应承担的社会责任。学生的这种责任是与学生的受教育权和社会存在共生的，是不可分割的，教师精心准备了一堂课，学生就有责任安心地听讲，配合教师完成教育任务；班上的同学努力营造出了一个良好的学习环境，自己就有责任保护同学们的劳动成果；国家为学生提供了学校，学生就有责任爱护学校的公共设施，保持学校的干净整洁；如果自己犯了错，学生就应该主动地为错误负责。这就是责任，学生应承担的责任、我们应教育给学生的责任。

当我们的学生拥有良好的责任意识后，我们的校园将更加的和谐，我们的法制教育、感恩教育、爱国主义教育将更加的有实质和内涵，学校的德育工作将轻松而简单，学生们的人格将不是健不健全的问题，而是有多少魅力的问题。

第六章　我国中学教学模式创新

第一节　"自学—指导"教学模式

"自学—指导"教学模式是近年来我国教改中成效较为显著、成果最为丰硕的一类新的教学模式。其特点是重视学生在学习中的主体地位，充分调动学生的积极性、主动性，注重学生在教师引导下的自学。

一、自学辅导教学模式

（一）教材编写原则

教材编写遵循以下九条学习心理原则：

①步子适当。对学习材料确定适当的难易程度，既要避免步子过小而妨碍思维能力的发展，又要避免步子过大超出学生的接受能力而丧失自信心和学习兴趣，并由小步子逐步过渡到大步子。

②及时反馈。学习后及时练习，并知道正确答案。

③铺垫原则。分组练习，前组为后组做铺垫，前者启发后者，后者复习前者，从旧知识推出新知识。

④直接揭露本质特性。在教概念或编练习题时，把常见的错误与特征同时呈现，以培养学生的判断能力。

⑤从展开到压缩。学习新的内容时要尽量展开，随着熟悉而逐渐过渡到压缩、省略。

⑥变式复习。避免机械性重复。

⑦按步思维。尽量把解题思维归纳成可操作的步骤，再过渡到由"死"到"活"。

⑧可逆性联想。

⑨步步有根据。让学生对每一步都要说明理由。

（二）教学过程

自学辅导的整个教学过程分为四个阶段：

第一阶段：主要任务是让学生掌握基本的阅读方法。具体地说，是要学生学会"粗、细、精"地阅读教材。所谓"粗读"，即浏览一遍课文，知其大意；所谓"细读"，即逐字逐句阅读教材，熟悉教材的内容或要领、公式、法则及例题的类型。所谓"精读"，即要能准确掌握概念、公式、法则，并在理解的基础上记忆。要求学生基本会阅读教材，能正确理解词义，并概括段意。这一阶段教学时间大约 1～2 周。

第二阶段：主要任务是使学生适应自学辅导的学习方法，逐渐形成自学习惯。教师在全面深入把握教材和了解各类学生特点的基础上，拟订阅读和思考提纲，指定教学进度和阅读材料。学生根据教材指定的内容和提纲，自己阅读教材、做练习、对答案。如遇不懂的地方可以返回再看，弄明白后接着往下看。若遇到旧知识不清楚，还可以把书翻到前面复习一下再学习新知识。自己解决不了可以问教师。也就是说教师的教学进度、内容要与学生的学习能力相吻合。这一阶段教学时间大约 2 个月左右。

第三阶段：主要任务是加强学生学习的独立性，继续培养学生的自学能力和逻辑思维能力。在初步形成自学习惯的基础上，要求学生能用自己的语言写出读书笔记或心得，逐步学会对概念、法则、定理或题型进行归类。在学完一单元后要求学生写出章节或单元总结，分析各部分内容之间的逻辑关系，鼓励学生发现问题、提出问题。这一阶段约持续半年到 1 年。

第四阶段：主要任务是形成良好的自学习惯，在自学过程中发挥学生的独立性。要求学生基本独立阅读、自学辅导教材，深入理解教材内容，了解各部分内容之间的逻辑关系，较为准确地归纳概括课文或单元的中心思想，能独立阅读教学参考书等书籍。这一阶段延续到初中学业结束。

（三）教学操作程序和评价

自学辅导教学模式的教学程序是：启→读→练→知→结。"启"即一堂课的头 5 分钟，由教师对学生进行启发，设置问题情境，激发探求知识的强烈愿望，由旧知导入新知。"读"即学生以粗、细、精等方式阅读、理解课文、概念、公式定理等内容。"练"即学生独自在练习本上做练习。"知"即学生当堂知道结果，校对答案，自我纠正错误。学生自学时，教师要巡视课堂，了解学生自学的情况，以便及时发现学生自学中存在的问题。读、练、知大概需要 30 分钟时间。"结"即教师面向全体学生进行小结，概括本节课学习的主要内容和重点、难点，指出容易忽视的地方，按提纲提出关键问题让学生回答、讨论，集体纠错，时间大约在 10 分钟左右。

自学辅导教学模式的评价指标是：学习成绩、自学能力的提高、自学能力的迁移和学科全面发展。

自学辅导教学模式强调学生以自学为主，但并非排斥、降低教师的主导作用，教师要在吃透教材和研究学生特点、学习规律的基础上，制定辅导策略，便于因材施教。学生自学时眼看、耳听、口读、脑想、手动，多种感官并用，加强了理解、记忆效果，注意力不易分散。自学辅导教学实验最初仅限于初中数学学科，由于它在培养学生思维能力、自学能力和调动学生学习积极性方面具有独特效果，因此已推广到初中语文学科的教学中。

自学辅导教学模式的突出特点在于能更多地调动学生学习的主动性，并且能较好地发挥教师的主导作用，从而明显地提高学生的学习成绩和培养学生独立思考、独立学习的能力与习惯。

二、六课型单元教学模式

（一）指导思想

大面积提高教学质量，减轻学生学习负担，促进学生全面发展，是当今教学改革的重点，也是难点。怎样才能找到一种行之高效的教学方法呢？黎世法认为，最优的教学方法必须符合学情，是最优的学习方式与最优课堂教学方式的总和。那么什么是中学生的学情呢？他们通过对 10 350 名中学生（其中优秀生 300 名，中等生 850 名，差生 9200 名）的学习情况进行了调查、分析和比较，从中归纳概括出中学生学习书本知识的八个紧密相连的环节：制订计划→课前自学→专心上课→及时复习→独立作业→解决疑难→系统小结→课外学习。并总结出运用八个学习环节学习书本知识的十条学习心理规律，即内因律：学习是内因起作用的主动过程；基础律：从自己的实际起点开始学习并逐步提高；理解律：掌握知识结论的推理过程；运用律：形成基本技能，将知识具体化；改错律：发现、分析错误并及时改正；结合律：脑和手、课内和课外、理论与实践相结合；精学律：重在掌握基本的事实、理论、技能和思维方法；智能律：概括知识，综合技能，培养自学能力；脑效率，遵循学习规律，提高学习效益；勤奋律：严格要求，克服困难。

中学生学习书本知识的八环节和十条规律，揭示了学习过程的内在本质联系，构成了学情理论。他根据学生学习的八个环节中的六个主体环节，提出了自学课、启发课等相应的六种课型，将学生基本的学习活动纳入教师指导下的课堂教学。

（二）课堂基本程式

"六课型单元教学模式"把教材分为若干教学单元，每个单元按照六种课型进行教学。

1. 自学课

自学课的教学步骤是：

第一，教师向学生布置自学提纲（口授、板书或油印）。

自学提纲应具有启发思考、开拓思路、紧扣教材等特点。提纲的详略，以学生自学能力、水平高低为转移。自学的内容可以是一个单元的教学内容或基本参考资料，也可以是与之有关联的旧知识。

第二，教师运用自学提纲进行自学指导谈话，学生抓住重点记笔记。

谈话的内容包括学习本单元（章节）的目的、意义，启发学生思路，激发他们的学习兴趣，帮助学生扫清自学中可能会遇到的障碍等。

第三，在自学前或自学过程中，组织学生进行现场观察、实验或社会调查，以增强感性认识。

第四，学生自学，教师巡视。

学生根据提纲自学教材，写好笔记，并做一些练习题，对于个人解决不了的问题可问教师或与同学研讨。教师通过巡视了解全班同学掌握教材的情况，解答学生经独立思考后仍不懂的问题，既可个别启发，亦可在下课前统一讲解。

自学课是"六课型单元教学法"的基础课型，对于培养学生的自学能力与习惯有着决定性意义，因此必须抓住重点，对此下大功夫。

2. 启发课

启发课的主要任务是解决全班多数同学在自学课中遇到的难以解决的共性问题，使学生在头脑中形成知识体系。

启发课的教学步骤是：

第一，教师指出自学中带有共性的问题，要求学生针对这些问题再自学一下课本或参考资料中的有关内容，以开拓学生的思路，提供必要的知识基础。

第二，师生运用科学的思维方法，分析、解决共性问题。在分析过程中，教师要引导学生发表个人见解，可以让在自学课中对本单元重点、难点理解较好的学生先发言，教师再做适当的补充。对重点问题要展开讨论。

第三，在分析完一个问题后，教师要提出几个问题，请学生回答，或出几道练习题让学生到黑板上做，检查学生的学习效果。

启发课是建立在自学课基础上的一种针对性很强的课型。教师应从学生学习实际出发，围绕并突出单元教学重点、难点，引导学生全面深入地理解教材内容，发展学生的智力，培养学生分析问题、解决问题的能力。

3. 复习课

第一，教师布置复习提纲。复习提纲比自学提纲要简明扼要，突出重点问题。同时还要结合学生的具体实际，进行复习指导谈话。

第二，学生独立复习。学生按教师布置的复习提纲，反复阅读教材，独立思考，抓住新教材的主要问题，对所学知识进行全面复习，使之系统化、概括化，真正做融会贯通地掌握知识。

第三，教师指导检查。在复习过程中，教师要指导，并注意因材施教。为了及时了解学生的复习情况，教师可请 1～3 名学生，在全班宣讲各自的复习笔记，然后师生共同进行评论，指出优缺点，以深化对本单元教材主要问题的理解。

4. 作业课

作业课的目的是使学生将所学知识灵活地运用于实际，从而形成技能技巧，提高分析问题和解决问题的能力。

作业课的教学步骤是：

第一，教师布置作业。布置作业要循序渐进，例题、习题、复习题，由浅入深，由易到难，作业题要具有少、精、活的特点，题量适中，选择一些有代表性的题目，力求举一反三，触类旁通。

第二，指导谈话。教师扼要说明作业与所学基础知识之间的关系，指出完成作业过程中应注意的问题。

第三，学生独立作业，教师巡回指导。学生要独立解答每一个问题和做每一个实验。教师要重点帮助学习能力差的学生解决作业中遇到的问题。对于能力较强的学生，可为他们增加一些难度较大的综合性练习题。

第四，注意技能的综合化。技能的综合化建立在对知识高度概括化的基础上，体现在把多种技能联合起来解决较复杂的问题和运用最简便的方法解决较复杂的问题的作业过程中。只有对与各种技能有关的知识之间的内在联系有深刻的理解，才有可能实现知识的概括化和与之相应的技能综合化。

5. 改错课

学生在做作业时，会出现种种错误，改错课的目的就是指导学生认真分析错误原因，改正错误。由于不同学科改错课的具体做法不同，下面以数学课为例说明改错课的教学步骤：

第一，教师根据作业情况，进行改错指导谈话，指明改错应注意的问题。

第二，同桌同学互相批改作业，可以小声议论。

第三，师生共同批改作业。作业互改完后，教师请学生上讲台，一边演示作业，一边讲解。下边的同学与之对照。上台讲解的同学每做完题目后，教师带领全班同学讲评、讨论。

第四，学生将自己做错了的题目，在改错作业本上重做一遍。教师定期检查，掌握学生改错的情况。

第五，学生若发现自己错误较多，在知识、技能方面存在较大缺陷，就应在教师指导下，制订课外自学计划，利用课余时间弥补自己的缺陷。

第六，教师对每次上台讲解同学的作业要评分，作为考核学生成绩的依据之一。

6. 小结课

小结课可以一个单元进行一次，也可以几个单元进行一次，其教学步骤是：

第一，教师布置小结提纲，并进行指导谈话。小结提纲比复习提纲更简单明了，突出重点和知识的内在联系，还可附一些综合性的练习题。学生对教师的小结指导谈话内容，要做重点笔记。

第二，学生独立小结。学生根据小结提纲独立进行小结，要达到巩固、系统、深化、熟练的目的。巩固就是将基本的、主要的内容牢记不忘；系统就是将一个或几个单元的知识，纳入已有的知识体系中，找出其内在的知识联系；深化就是通过小结，加深对教材的理解和认识；熟练就是反复运用知识，力求达到熟能生巧。

第三，教师小结。先请 1～3 位同学宣讲自己的小结内容，教师讲评，并对其进行必要的补充。

第四，反馈。教师小结后再问问学生还有什么不懂的问题，可根据问题的难易程度，由教师讲解或全班展开讨论。

小结课后可以进行测验或考试，至于试卷批改，教师可以给出评分标准，由同学相互批改，最后由教师复核。

（三）"六课型单元教学模式"的特点

第一，以学情理论为基础，立足于"学决定教"，教与学相结合，对各种教学理论的合理部分和有效的教学经验兼容并蓄，为中学生的学习和中学各科教学提供了一定的理论依据和模式。

第二，充分发挥教师在教学过程中的主导作用，将学生的全部学习活动置于教师的指导和控制之下，为教师的因材施教提供了充分的条件，并提出了发展智能原则、因材施教原则、精讲精练原则、教学育人原则、有效劳动原则等教学指导原则。

第三，尤其突出学生作为学习主人的地位，提出了自学主体原则、运用资料原则、优势协调原则、脑手结合原则、全面发展原则等学生的学习原则。

第四，把培养学生的自学能力、发展学生的智力，放在教学活动的首要地位，在减轻中学生的学习负担、大面积提高中学教学质量方面取得了良好的效果。

第五，主要适用于掌握书本知识，编制好自学提纲、复习提纲、小结提纲是非常重要的环节，因而对教师处理教材，把握重点、难点，指导自学等方面的能力有较高的要求。

三、六步教学模式

"六步教学模式"是辽宁特级教师魏书生在教学实践中探索和创造的。他运用信息论原理提出了由定向、自学、讨论、答疑、自测、自结六个步骤构成的课堂教学模式。

（一）理论依据

"六步教学法"的理论依据是信息论，根据信息理论设计课堂教学结构，体现了现代认知心理学的思想。其程式是：建立信息量（第一步）—处理信息（第二、三、四步）—反馈信息（第五、六步）。

1. 定向

定向即明确教学要求，使学生明确本节课的学习重点、难点，如教《故乡》一课时，指出学习重点是：

第一，字词（略）；第二，文学常识：作者及时代背景介绍；第三，人物肖像及语言描写；第四，分析人物性格变化的原因。

2. 自学

学生根据学习重点、难点自学教材，独立思考，解决问题。学习内容的多少、深浅可根据学生实际情况而定，能力较差的学生可完成部分内容，能力强的学生适当增加难度，保证各类学生学有所得。

3. 讨论

对自学中不能解决的问题，可进行小组或全班讨论。

4. 答题

经讨论仍未解决的带有普遍性的问题或结论有分歧的问题，可由教师解答。

5. 自测

根据"定向"指出的重点、难点，学生进行自我测试，自己出题或相互出题，拟出一组 10 分钟的自测题，当场评分，使学生及时获得反馈信息。

6. 自结

下课前几分钟，让学生口头总结一下本节课的重点、难点以及收获。形式可以是大家七嘴八舌地说，也可以由各类学生中的代表单独总结，使各类学生接受的信息都能得到及时的反馈。

魏书生认为，"六步教学模式"的建立→处理→反馈的基本结构是不变的，但并不意味着在每堂课上都重复这六步程式，而要根据课文本身的特点和学生理解课文的难易程度形成若干变式，如容易理解的文章，可以以学生自学为主，讨论和答题则省略；而自测和自结也不是机械的，若自测的效果很好，自结可以从略。

（三）六步教学模式的特点

1. 教学目标明确具体

定向阶段的设立，使学生学习方向明确，心中有数。为此，魏书生把初中语文教材所涉及的语文知识，分成基础知识、文言文、文学常识和写作 4 个部分，共 19 项、118 个知识点，并用树式模式组成一个整体结构，称为"语文知识树"，从而便于学生从整体上把握语文知识结构，明确具体目标。

2. 突出发展功能

在自学阶段，学生可根据个人的实际水平对信息进行增减，使各类学生在原有的基础上都能得到发展，这对激发学生学习兴趣、强化学生学习动机、增强学生自信心有着十分重要的作用。

3. 建立多向反馈渠道

"六步教学模式"的突出特点在于信息反馈渠道呈现立体、多向化。传统教学模式虽然也注意检查评价，但只是教师与学生之间单向的信息反馈，而六步教学模式建立的信息反馈渠道却是立体的多向的，六个环节中除一、二两个环节外，其余四个环节都给学生之间、师生之间以充分的信息交流的机会，通过答题、自测、自结形成师生之间的相互反馈、学生的自我反馈和学生之间的相互反馈，从而使教学活动的每一位参与者都能及时获得反馈信息，迅速调整个人的步调和状态。

四、语文导读模式

这是由上海特级教师钱梦龙结合长期语文教学实践研究出来的一种中学阅读教学模式。

（一）指导思想

钱梦龙认为：学生的学习过程实际上是一个在教师的指导下认识规律的过程，"要学生完成这个认识过程，实现认识的质的飞跃，教师可以辅导，可以讲解，可以为学生的认识飞跃创造种种条件（外因），但学生认识过程的完成，教师不必代劳，也无法代劳"。因此，以学生为主体、以教师为主导、以训练为主线就成为这一模式的指导思想。

学生为主体就是确立学生在教学过程中作为学习主体、认识主体、发展主体的地位，把学习的主动权交给学生，让学生在教师指导下自求其解，把教师被动地灌输变为学生积极地求知探索。钱梦龙经过对比实验得出的结论是，学生经过自学、思考、讨论获得的知识，不仅理解深刻而且记忆牢固。

教师为主导就是强调教师在教学过程中的作用是"导"，而不是"牵"或"灌"。教师的主导作用体现在教师是知识的传授者和教学过程的组织者，是学生求知的启发者和学习的指导着。

训练为主线就是把学生主体和教师主导的关系辩证地统一在一个以训练为"主线"的教学结构之中；把语文知识的获得和能力的发展融于听、说、读、写的训练过程中，这是对教师以讲授知识为主的传统语文教学方法的否定。

（二）基本程式

1. 自读课

"自读"既是感知课文的一种形式，也是能力训练的一种方式，通常分为认读、辩体、审题、发问、质疑、评析六步。自读不像预习那样，总是放在课前进行，而是非常灵活，既可放在教前，也可放在教中（教师一边教，学生一边自读），还可放在教后（教师先示范、教方法，学生再自读），有时还能以自读代教读。

2. 教读课

教读是学生在教师的具体指导下进行阅读训练。教读必须和自读结合进行，结合的方式：一是教师在学生自读的基础上，就学生的疑难问题或课文的重点进行启发、引导；二是先教读，后自读，难度较大的课文多采用这种方式，但学生自读以后，还需进一步教读。教读课应把握三点：第一，帮助学生建立新旧知识的联系，启发其推旧知新；第二，教师善于发问，巧设情境；第三，教师应选准知识与智力的结合点。

3. 练习课

练习课又称作业课，学生在学习新知识之后要完成一定的口头或书面作业。作业的设计不仅要让学生巩固已知，而且让学生通过练习，能举一反三、触类旁通。作业的类型有：第一，以记忆为主的作业，如朗读、背诵等；第二，以消化知识为主的作业，如思考题、改写、读写等；第三，以应用知识为主的作业，如造句、作文等；第四，评价性作业，如鉴赏、书评等。

4. 复读课

复读是把若干篇已经教过的课文按一个中心组成一个复读单元，进行复习性阅读训练。复读的重点仍在"读"，通过读找到课文之间的内在联系，从而形成某些规律性认识。"温故"只是手段，"知新"才是目的。复读课常用的比较方法是异中求同，或同中存异，这对培养学生的阅读能力和思维能力有很大帮助。

从上述四种教学形式我们不难看出，训练贯穿于整个教学过程的始终，具体说是，"教前独立练"（自读），"教中重点练"（教读），"教后反复练"（作业和复读）。

总之，"三主"是语文导读模式的指导思想，"四式"是该模式的基本程式，而其教学效率的提高，则取决于教师正确的"导"和学生主动的"读"。

五、学导式教学模式

学导式教学模式是由黑龙江省教育工作者集体创造，经全国其他地区教育理论和实践工作者不断充实和完善而形成的具有一定理论体系、时代特征和民族特色的教学模式。它以学生自学为主体，以教师启发引导为主线，以优化学生学力（动力、智力、能力）结构为主标，以提高课堂教学效率、大面积提高教学质量为主旨。

（一）理论依据

1. 哲学依据

外因是事物变化的条件，内因是事物变化的根据，外因通过内因才能起作用。具体到教学活动，教师的教必须通过学生的学才能产生效果。

2. 思维科学依据

学导式教学能不断增强学生思维过程的顿悟、灵感，有利于学生在主动进行的自学探索过程中，尽快掌握科学的思维方法。

3. 系统科学依据

学生个体和群体各自构成相对独立的系统，同外界环境（主要是以教师为指导的教学环境）进行以知识信息为主要形式的能量交换，从而使学生个体和群体的智能结构不断完善和发展，进而达到以学促导、教学双方共同优化的目的。

4. 心理学依据

人的学习是一种有目的、有计划、积极主动的指向性活动，要取得良好的学习效果，须有较好的心理准备状态。学导式教学有助于学生形成良好的心理准备状态，使学生主动参与到获得知识的过程中来，为学生掌握知识和发展能力提供了良好的条件。

5. 教育学依据

学导式教学使全面发展的教育目的在教学工作中具体化，并落到实处。学导式教学不单单是传授知识的过程，而且还能获得德育、智育、体育、美育、劳动技术教育协同发展的综合效应，使学生的智能要素，即智力五要素（注意力、观察力、记忆力、想象力、思维力）和能力五要素（自学—探索能力、表达—表演能力、体力—操作能力、情感—审美能力、意志—调节能力）尽可能在原有的水平上不断提高。

（二）指导思想和教育目标

1. 指导思想

学导式教学法的指导思想包括：
第一，宏观—战略观点。

第二，整体—系统观点。

第三，动态—发展观点。

第四，全面—效益观点。

第五，智能—学导观点。

第六，管理—优化观点。

2. 教育目标

学导式教育法的教育目标在于形成优化的智能结构，它包括五个层次：

第一，知识结构。

第二，技能结构。

第三，智能结构。

第四，能力结构。

第五，品格结构。

（三）课堂教学程序

学导式教学的操作程序是：提示→自学→解疑→精讲→演练→小结。

1. 提示

上课开始，教师导入新课，提出本节课的教学要求，激发学生的学习兴趣。

2. 自学

自学包括课前预习和课上自学。课上自学分为看懂教材为主和思考问题为主两个阶段。在以看懂教材为主的阶段，需要设计自学提纲，复习有关旧知识，自学新教材，温故知新，抓住重点、难点，做学习笔记，教师对基础差的学生要做具体指导。在以思考为主的阶段，教师应布置思考题，并对知识结合点给予画龙点睛的点拨，使知识系统化、条理化、结构化；学生要动脑、动口、动手，能解决的问题尽量自己解决，解决不了的问题可以向教师提出来。

3. 解疑

学生解疑问难，相互讨论研究，可分头查阅工具书或参考资料，然后分小组或全班进行讨论。教师巡回指导，了解学生自学的情况和存在的问题。

4. 精讲

教师对于学生普遍存在的难点和教材的关键点要精讲，意在启发、点拨、归纳和总结。精讲须抓住关键问题，要运用典型实例讲清实质，要少而精，不要面面俱到。在讲解过程中，教师还可根据学生自学的实际情况，提出一些问题，让学生分析思考，并教给学生分析问题的思路与方法，从而使学生学会并获得分析问题、解决问题的方法和能力。

5. 演练

演练是在复习当堂所学内容后，进行作业和练习，这是综合开发学生智能的重要环节。演练时，对程度不同的学生应有不同的要求。作业分为必做和选做两种。学生最后仍没弄懂的问题，仍可继续理解教材、查阅资料，也可与同学、教师互相研究。作业做完后，可在同学之间相互批改，亦可师生共同改评。

6. 小结

小结即回顾本单元所学知识，使之系统化、条理化、概括化。学生根据自己对教材的理解，写出复习提纲，做出摘录、卡片。通过小结学生可发现自己的薄弱之处，并及时采取补救措施。

以上各环节是一个统一的有机整体。其中自学→精讲→演练是基本环节，提示→解疑→小结是辅助环节，它们相互制约和补充。在基本环节中，自学是基础，精讲是条件，演练是综合发展。当然，这六个环节也不是一成不变的，应根据教学任务、学科及教材性质、教师和学生的特点，选择不同的变式。

（四）学导式教学模式的特点

1. 学导结合，师生双方处于积极的活动状态之中

学导式教学法以自学为主，课堂上大部分时间是学生独立进行学习活动：预习、解题、演练、作业，学生成为教学活动的主体。学生主动自学、积极思考，教师则相机给予必要的点拨。教师的"教"为学生的"学"服务，教师的"教"集中在"导"上，教师从发展学生的自学—探索能力入手，因材施教，因势利导，既全面开发学生的智能，又提高学生学习的积极性和主动性。

2. 学导式教学对多种教法加以综合运用

学导式教学法以"自学→精讲→演练"为主线，形成一个完整的教学系统，其中每一环节又是由许多教学方法组合而成的。如自学阶段包含阅读法、讨论法、问题法；精讲阶段包含讲授法、范例法；演练阶段包括演示法、练习法、实验法。但学导式教学不是将这些方法简单重复或组合，而是根据它们使用的顺序与时机不同而赋予新的意义。比如讲授法已不是原来的教师系统地传授知识，泛泛讲解，而是在学生自学的基础上，针对学生普遍存在的疑难问题，有重点地讲解、启发。

3.学导式教学法易于掌握，适用面广，既适用于小学、中学、大学，也适用于理科或人文学科等不同性质的学科

总之，学导式教学法的实质，是在充分发挥学生主动性的基础上，加上教师的正确引导，使教学双方各尽其能，各得其所。

第二节 "引导—探究"教学模式

一、"引导—探究"教学模式的操作程序

"引导—探究"教学模式是由华东师范大学教科所的研究人员进行实验总结提出的。它是以解决问题为中心，注重学生独立钻研，着眼于思维和创造性培养的教学模式。

"引导—探究"教学模式不仅使学生获得知识，而且会使学生领略到科学家的发明与创造过程，从而培养学生对科学的兴趣与热爱，激发学生学习、探索的求知欲，使学生在思考问题的过程中获得提出问题、分析问题、收集资料和使用资料的能力及创造性思维能力。

"引导—探究"教学模式的操作程序为：

（一）提出问题

学生头脑中有了疑问，才能唤起思维和探究的愿望，产生运用已知去解决疑问的行动，从而推动从已知到未知的转化。所以，学生提出问题是"引导—探究"的第一步。但学生提出的问题并非都是值得探索的，需要教师对其进行筛选。假设和需要查阅参考资料的问题最适于做探究问题。对提出问题有困难的学生，教师要联系教材与他们的实际，提出启发性问题，激发他们去思考，使之从无疑到有疑，从有疑到解疑。

（二）分析问题

当学生在理解需要探究的问题后，教师引导他们进入分析问题的探究过程。在这一阶段，学生搜集资料，查阅资料，验证假设。

（三）创造性解决问题

学生在搜集资料之后，要充分运用创造性想象，进行发散性思维活动，提出多种解决问题的方案、途径。教师要引导学生由传统教学注重"唯一正确答案"向"创造性、改革性的有效答案"转变。

二、问题研讨教学模式

这是一种以解决问题为中心的适用于文科教学的模式。教师和学生围绕教材内容提出问题，通过查阅资料、研究讨论、实验探索等方式提出解决问题的办法，最后由教师或指定学生做问题总结。在这个过程中，学生不仅掌握了教材规定的知识，而且也得到思维和科研方法的训练。它改变了传统的文科教学教师讲、学生听，"上课记笔记，下课对笔记，考前背笔记，考完全忘记"的被动局面，有助于调动学生学习的积极性。

（一）理论基础

问题研讨教学模式借鉴、吸取了国外 3 种教学模式的合理成分，它们是杜威的实用主义教学模式、苏联著名教学专家达尼洛夫的问题教学模式以及美国社会心理学家塞伦的群体调查模式。

（二）结构程序

问题研讨教学模式有问题导入式和问题调研式两种变式。

1. 问题导入式

结构程序为：问题→提示→研讨→总结。教师把本节课教学内容转换成有思考价值的若干问题，并重点指出解决这些问题的思路及所需资料。学生在独立钻研的基础上相互讨论，形成解决问题的思路与方案，最后由教师或指定学生进行小结。整个课堂教学就围绕着三五个小问题（视难易程度而定）的提出和解决而进行。

2. 问题研讨式

结构程序为：提出问题→建立假设→调研的计划与组织→个人与集体的调研→讨论总结。学生提出问题的范围可以超出教材。在提问的同时，其他同学即可做出解答或相互争论，教师可把学生提出的解释作为假设而归类，并让学生自愿结成调研小组，定出调研计划，进行个人或集体调研，定期讨论并做出总结。遗留问题或有研究价值的问题可继续调研，以便形成较高水平的科研成果。

（三）操作要领

第一，教师要有较高的学科学专业水平，在某方面要有独到的见解，能提出有研究价值的问题，有能力充当学生的学术指导或顾问。

第二，学生要有一定的知识基础、自学能力和科研能力。

第三，要有浓厚的教学民主气氛。

三、"尝试—回授"教学模式

"尝试—回授"教学模式是上海青浦区特级教师顾泠沅在长达 10 多年的教学调查、筛选经验、实验研究的基础上提出的，它的全称是"尝试指导及信息回授法"，它以培养学生获得和运用知识的能力为目标，将教材组织成一定的尝试层次，通过教师指导学生尝试来进行学习以活跃思维，同时又注意回授学习的结果，及时调节教学步骤，以强化所获得知识的技能。

（一）学习原则

顾泠沅实验小组在实验"尝试—回授"模式的探索中，通过吸取近现代国内外有关学习理论的研究成果，批判继承我国传统学习理论，归纳总结出四条有效学习的基本原理，即情意原理、序进原理、活动原理和反馈原理。这些原理揭示了教学过程中新知与旧知的关系、认知过程与情意过程的关系、教师主导作用与学生主体地位的关系、传授知识与发展能力的关系、接受性学习与活动式学习的关系、反馈与控制的关系等。

（二）教学程序和教学原则

该模式的一般程序为：诱导—尝试—归纳—变式—回授—调节。

1. 诱导

诱导即启发诱导，创设问题情境。教师根据教材的重点、难点，选择尝试点，编成问题，形成认识"冲突"，激发求知欲。

2. 尝试

尝试即探究知识，旨在调动学生学习的主动性。教师指导学生开展模仿性或探究性尝试活动。学习者通过复习、阅读、观察、实验和联想、类比、归纳推演等思维活动，获得知识，发展认识能力。

3. 归纳

学生根据尝试所得，归纳出有关知识和技能的一般结论，并通过教师必要的讲解将其纳入整个知识系统中。

4. 变式

变式即变式练习的尝试。当学生初步掌握概念原理后，组织学生进行变式训练，培养学生举一反三、灵活转换、触类旁通的能力。

5. 回授

回授即回授尝试效果，组织质疑讲解。教师随时收集与评定学生尝试学习的效果，注意有针对性地组织质疑和讲解。

6. 调节

调节即单元教学效果的回授调节。为了及时了解一个单元或一章的教学效果，需要根据教学目标分类细目，进行教学效果的回授调节，做到"当日了解，单元掌握，及时补授"，从而大大增强教学系统的控制性能。

"尝试—回授"模式的实施原则是：从学生实际情况出发，根据教材特点，有所侧重地灵活运用。其中"尝试"学习是中心环节，"诱导"为"尝试"创造条件，"归纳"把"尝试"所得的知识系统化，"回授"和"调节"则旨在提高"尝试"的效果。

实验证明："尝试指导"有利于提高思维能力和阅读能力，有利于后续学习；"效果回授"能够查漏补缺，提高学习成效，两者结合，真正做到"实而不死，活而不虚"。"尝试—回授"教学模式有利于激发学生的积极主动精神，在不增加学生负担的前提下，出色地完成教学任务，培养的阅读能力、思维能力，提高学习成绩，对非重点学校和农村基础差的学校亦收到较好效果。当然，实施时还需将课内、课外结合起来，加强个别辅导，因材施教。

第三节　整体优化教学模式

一、"结构—定向"模式

"结构—定向"教学是北京师范大学冯忠良教授根据国内外有关教育心理学研究成果及他本人多年的教育心理学研究而提出的一种教学模式。这种教学模式可以大幅度提高教学工作的效率。概括地说，"结构—定向"教学的含义就是，教学要着眼于学生能力与心理结构的形成，而加速心理结构的形成，必须依据心理结构形成的规律，即学习的规律，有计划、有目的地进行定向培养。

（一）理论基础

1. 吸收借鉴国外有关研究成果

第一，赞科夫改革小学教学体制的实验的主导思想与方式，对"结构—定向"教学有启发、借鉴作用。

第二，加里培林学派的控制式教学思想，为"结构—定向"教学思想提供了某些理论支柱。定向培养是从控制教学观点中演变出来的，是在该学派强调要自觉运用学生心理规律的基础上提出的。

第三，布鲁纳结构教学理论对于"教学的目的在于使学生形成一定的心理结构"是有启发的。

第四，加涅的积累学习理论有助于对心理结构本质的理解。

2. 能力的类化经验说

能力的类化经验说是指，作为个体心理特性之一的能力，是一种类化了的经验，其形成发展是通过获得经验的类化而实现的。确认能力的实质是类化的经验，并不排斥遗传的生物学特性对能力形成、发展的影响。但这种影响仅仅是能力形成、发展的一种条件，并非是能力本身。此外，能力的形成、发展除受个体生物学特性条件影响外，还受个体所处的社会历史条件与主观条件的影响。而且，任何条件对于能力形成、发展的作用，必须通过主体活动才能实施。因此，能力的形成、发展在原则上可以自觉地进行定向培养。

3. 学生学习的接受—构造说

接受—构造说认为，学生学习过程的根本任务是接受前人的经验（社会经验），即把前人的经验纳入个人的经验系统，并能运用这种经验去解决所面临的各种问题。接受前人经验必须通过主体的构造活动才能实现。经验接受过程中的构造水平，不仅受传授方式的影响，而且受主体已有发展水平的制约。实际表明，在同样的传授条件下，学习者的学习动机、知识、技能等因素不同，学习成效会有明显的差异。

学生学习的本性是接受学习，其学习的成效是可以预期的，学习的方向及目标是很明确的。由此在掌握其规律的基础上，在教学上就可以定向培养。

（二）教学目标及其确定

"结构—定向"教学目标即教学中所要构造的心理结构。教学目标的确立是定向培养的起点与终点，是结构—定向教学的核心。实施"结构—定向"教学必须首先明确教学目标。确定教学目标的要领是：

第一，确立教学目标必须系统化。心理结构是一个整体，且在持续学习的活动中分层建立，具有不同水平。为此，教学目标的确定必须系统化。要区分长远目标与短近目标、总目标与分目标，确定目标之间的联系、关系及等级，从而采取有效措施，使各种心理结构不断构造。

第二，确立教学目标必须明确化。教学目标要体现各种学习的特点，不要一般化；所提要求应明确具体，能加以客观检验。

（三）教学组织原则

"结构—定向"教学活动的成功首先取决于教学中人际关系的正确处理，即教学双方在遵循学习规律基础上高度协调一致。为了实现这一目的，需要遵循以下原则：

1. 双边主动性原则

师生双方都要发挥主动性。教的主动性体现为遵循学生的学习规律并在此基础上了解学生的发展状况，合理安排教学过程，选择恰当的教学方法，以调动学生的积极性并指导学生构造心理结构。学的主动性体现为接受正确指导，对传输的信息通过各种活动进行各种加工，克服困难，以构造教学所需的心理结构。

2. 程序优化性原则

教学进程的安排要充分体现学习规律，以获得最佳效益。教学程序的设计不仅要符合一般学习规律的要求，而且要体现各种不同学习的特殊规律。知识、技能与行为规范的学习，既有共同性，又有区别。所以，对于不同学习的教学程序设计，不宜一般化，要体现其特有的规律性，才能取得最佳效益。

3. 方式方法多样性原则

教学的组织形式、课的类型及教学方法不应局限于某一方面，而应依据学习的需要与各种方式方法固有的特点，灵活运用，相机配合，使教学获得最佳成效。教学组织形式应以课堂教学为主，以课外活动、个别辅导、家庭作业为辅。课堂教学类型依据学习进程分别采取新授课、作业练习课、复习检查课、评价课或综合课等。教学方法根据学习的需要分别采取听讲、对话、讨论、阅读、演示、实验、训练、作业、参观、访问等方法。各种方式方法均有其独特性和不足之处，故根据学习的进展和需要，选择合适的方式方法，才会收到如期成效。

（四）教学程序

要促进学生心理结构的形成，提高教学的自觉性，教学程序的设计至关重要，必须遵循教学程序的统一性原则、多样性原则、连贯性原则和主动性原则。同时，在教学程序的执行中，要充分发挥教师的能动作用，通过反馈信息随时掌握实际情况的变化，判断准确，措施得当，及时修订、调整原定程序。

"结构—定向"教学模式不仅在直接控制的实验中取得了明显的效果，

而且在推广应用的检验性实验中也广泛得到了证实，取得了显著的效果。

二、"大语文教育"的整体改革

"大语文教育"是由河北省邢台市张孝纯老师主持进行的一项中学语文整体改革实验。大语文教育冲破已有语文教学的封闭模式，使之与社会生活的洪流接通，它以语文课堂教学为轴心，向学生生活的各个领域辐射伸展，把语文学习同学生的社会生活紧密地结合起来；把传授语文知识与指导学生做人有机结合起来；把语文教学的听、说、读、写四个方面的训练有机地结合起来，形成了一种全面的、立体的、能动的网络式的语文教学整体结构。这一设想和实验有着一定的理论意义及现实意义，极富推广价值。

（一）"大语文教育"的基本内涵

1. 联系社会生活

张孝纯先生认为，"语文"源于生活，人们常常通过"语文"来认识社会生活。人的语文能力以社会生活实践和由此而产生的思想感情为基础，人一旦脱离社会生活，头脑就会空虚，思想感情就会缺乏甚至枯竭，他的语文能力也就丧失了生长的沃土，又谈何发展呢。所以，必须充分利用阅读、观察等途径，使语文课同社会生活联系起来。

他主张通过优化学生生活的各方面因素，让学生在最佳的学习环境中学习、运用语文知识，提高语文能力和自身各方面的素质。

2. 着眼整体教育

语文教学不能仅局限于微观的语文知识与能力的培养，而应该着眼于宏观的全面育人的整体目标。也就是说应该把微观目标纳入宏观目标的控制之下，从而获得最佳的整体效能。整体教育包含着这样几层含义：第一，德育、智育、体育的和谐与统一；第二，知识、智力、能力的统一；第三，师生关系的和谐统一。

3. 坚持完整结构

语文教学本身是一个系统，由若干部分组成，各个部分如果能合理地、协调一致地活动，便可产生大于各部分效能简单相加的最佳整体效益。所以，坚持完整结构对于提高语文教育的质量和效率十分重要。完整的语文教学结构由语文课堂教学、第二语文教学渠道、语文学习环境三部分组成。坚持完整的语文教学结构，要把握三个方面：第一，提高语文课堂教学的效率；第二，开辟第二语文教学渠道；第三，强化语文环境的积极影响，张孝纯称之为"一体两翼"。提高语文课堂教学效率是主体，包括范文教读、参读教学、习作教学、语文考查考试等项，其中以范文教读为核心。开辟第二语文教学渠道、强化语文环境的积极影响是两翼，开辟第二语文教学渠道包括以课外阅读为重心的丰富多彩的语文课外活动；强化语文环境的积极影响包括对学校、家庭和社会语文环境的利用。一体两翼，不可或缺；无体则失去主导，无翼则不能奋飞。

4. 重视训练效率

张孝纯认为，靠机械重复和大量增加练习题来换取好成绩的做法，是舍本逐末的，关键要提高训练的质量，应以较小的课内读写量和课外作业量，达到提高学生听、说、读、写、思水平的目标，力求事半功倍。要提高训练的效率，最重要的是坚持"大语文教育"的整体性训练，按照"一体两翼"的教学结构来设计语文训练，使各个部分相互配合，形成一个强有力的训练网络。语文训练的高效率是"大语文教育"的明显特征，如果没有训练的高效率，"大语文教育"的整体教学结构也就成了空架子，失去了存在的意义。

（二）"大语文教育"的教学模式

要把"大语文教育"的构想变为现实，就必须对课文课堂教学进行改革。为此，张孝纯针对语文教学的不同内容提出不同的教学程式。

1. 范文阅读教学

范文阅读教学的步骤是：预习见疑→质询研讨→巩固深化。"预习见疑"阶段，主要让学生感知教材，并向下一步理解教材过渡。"质询研讨"阶段，主要让学生理解教材，同时也注重巩固知识。质询研讨的问题分为浅解和深究两类，对于单元的教学重点要予以深究。"巩固深化"阶段，主要让学生巩固新知，并把知识运用于实际。以上只是范文教学的一般模式，并不是固定不变的，而是根据需要，有许多变式。如有时可能把某一阶段压缩或延展，有时可能把两个相邻阶段融合为一，还要根据教学实际灵活运用。

2. 参读教学

参读教学的模式有"近距离结合"与"远距离结合"两种。参读读物可分相关文章和参考书两类，相关文章又分为类比、对比、补充、导引、启发、印证等型。根据教学需要可采取"目读"或"耳读"的方式进行参读。并不是每篇范文都选参读文章，应尽量与重点单元或一般单元的重点课文相配合。

3. 习作教学

习作教学的模式是：积累→构思→起草→修改→评价。习作教学的重点是注意积累、表达真实、训练思路、讲求序列和坚持自改。这五个方面是一个整体，体现了"大语文教育"对习作教学的要求。

4. 语文课外活动

对语文课外活动指导的步骤是：组织→辅导→考查。

总之，张孝纯的"大语文教育"设想，符合时代发展需要和语文学科特点，突出了语文教学的整体结构和整体目标，具有较强的理论价值和实践指导意义。尽管他设计的教学模式尚需进一步修订、完善，但他所做的开拓性工作和成功的尝试，已被语文教育界所肯定。

第四节　目标教学模式

一、山东烟台单元达标教学模式

布鲁姆的掌握学习理论围绕目标展开教学活动，它以课堂群体授课为教学的基本形式，以单元教学为教学活动的基本组织结构。山东烟台福山区教委以布氏的掌握学习理论为依据，从 1986 年开始，在全区中小学进行了为期10 年的单元达标教改实验，初步概括总结出一个对中小学各科教学普遍适用的单元教学模式，取得了显著的实验效果，为全面提高学生素质、大面积提高教学质量提供了有益的经验。

（一）指导思想和总体设想

建立单元达标教学新体系，首先要有明确的指导思想，要更新教学观念。

1. 建立一个核心

"一个核心"是指教学目标，教学活动以教学目标为核心，要建立教学目标体系，使教学过程成为"展示目标→落实目标→检测目标→补救目标→实现目标"的科学流程。

2. 树立一个观念

"一个观念"即正确的学生观，相信 95% 以上的学生能够学好，都能成为国家的有用之材。

3. 坚持三个始终

"三个始终"即思想教育渗透始终，因材施教体现始终，反馈矫正贯穿始终。

4. 实行三个转变

"三个转变"即变只抓少数尖子为面向全体学生；变选拔适合教育的学生为选择适合学生的教育；变单纯讲究教法、教会为既讲究教法、教会又讲究学法、学会。

5. 形成六个结合

"六个结合"即教养与教育结合、学识与学能结合、主体与主导结合、教法与学法结合、苦学与乐学结合、课内与课外结合。

该项实验的总体设想是，在一般学校、一般条件、一般师资和一般学生的情况下，在保持原有投入、教学时间和不加重师生负担的前提下，借鉴国外先进的教学理论，运用系统论、信息论和控制论，结合本区实际，摸索一条符合教育规律、为广大师生所接受的大面积提高教学质量的新途径，并归纳总结出单元教学模式。

（二）单元教学程序

单元教学程序即研讨目标→诊断补偿→教授新课→综合复习→检测补救→总结评价

1. 研讨目标

区教研室统一制定各科教学目标。教师备课时需认真研究，并将其化解为切实可行的课时目标，以此为基础来设计教学活动。同时，也要求学生明确、掌握各层次教学目标，使之在预习、听课、复习等活动中能做到心中有数。

2. 诊断补偿

在学习新的单元知识前，教师要对学生的知识基础、学习兴趣、动机、意志等方面进行诊断测试，获取对学习达成度影响作用分别为 50%、25% 的认知前提和情感前提两方面的反馈信息，并根据存在的问题有针对性地进行补偿，为学生学习新知识铺平道路。

3. 教授新课

教授新课又称单元授课。把单元作为一个相对独立的整体，按整体→部分→整体的顺序围绕目标进行教学。根据教学实际选择不同课型和不同教学方法，最大限度地因材施教，使尽可能多的学生通过第一次学习就能达标。

4. 综合复习

单元教学结束后，要组织学生对本单元的教学内容进行归纳比较，对知识和技能进行训练，及时强化，达到系统掌握，实现目标"达成"。综合复习的重点在于深化和系统本单元，达到融会贯通，应避免机械地重复和再现。

5. 检测补救

在单元教学结束前对学生进行形成性测试，全面检测目标达成度，师生从中获得反馈信息，共同分析存在的缺陷与不足，以及时调整教学活动。对未达标的学生，可以采取独立矫正、小组研究、相互矫正、群体训练、变式讲授等方式矫正补救，然后再通过"平行性测试"检验学生通过"第二次学习"是否达到了单元教学目标。

6. 总结评价

一个单元的教学结束后，师生双方都要进行总结评价，总结教法、学法及教学目标和形成性测试题的成功与不足之处，以便更好地改进教学。

（三）评价指标

单元教学是否达标，指标有四：

1. 全体发展

就全体学生而言，确保 95% 以上的学生完成学习任务，实现"掌握"。

2. 全面发展

就每个学生而言，应达到德智体全面和谐发展，高质量地完成各项学习任务。

3. 全质发展

要培养二十一世纪的人才，就必须使他们既掌握知识，发展智力，又具有自学能力和创造能力。

4. 个性发展

注意尊重每个学生的特点、特长，使之有所发展。

烟台福山区单元达标教学实验取得了良好的效果，除了取得单元教学模式的理论成果外，还取得了极为显著的社会效益，推动了义务教育法的贯彻实施，有效地促进学生的个性发展，大面积、大幅度地提高了教学质量。

二、河北廊坊课堂教学模式

河北省廊坊市教研室在全市9个县(区、市)进行目标教学实验,起步虽晚,但范围广,进度快,目前已取得了阶段性成果。其中影响较大的是提出了目标教学的四条原理、十二条原则和课堂教学模式。

(一)目标教学原理、原则

1. 主体发展原理

要使全体学生得到全面发展,全面提高素质,要为每个学生达到最高的学习水平创造条件,必须以目标为向导,面向全体学生,使学生个性得到全面发展。为此,必须贯彻以下三条原则:

第一,面向全体学生原则。

相信只要提供足够的学习时间和适当的帮助,95%的学生都能学好知识。同时,要承认学生的个性差异,因材施教。

第二,达标整体性原则。

在目标教学中,目标的制定、实施和检测,必须从认知、能力、情感教育和思想教育诸方面进行整体性设计,考虑教学目标的整体性达成,使学生的素质得到全面整体发展。

第三,目标导向性原则。

在教学过程中,必须强化目标意识,围绕教学目标实施教学的各个环节,以教学目标为导向。

2. 结构优化原理

目标教学系统要求教学内部各要素的组织结构优化。教学系统只有在优化的环境中才能发挥最佳功效。贯彻下列三条原则,可以实现教学结构的优化:

第一,认知结构优化原则。

教师知识结构优化是学生认识结构优化的前提和基础。为此,教师要准确深入地掌握教学目标、教学内容,把握知识的系统结构,深入挖掘教材各部分之间的固有联系,使学生掌握知识的基本结构,实现"原理和态度的迁移"。

教师要经常引导学生对知识系统进行横、纵关系的整理,掌握必要的变式和进行综合能力的训练。

第二,时空结构优化原则。

在实施目标教学时,要讲求时效观,创设良好的教学环境,使学生在紧张、愉快的气氛中进行高效率的学习。

第三，教学过程的整—分—合原则。

每一章节、每一单元，甚至每一节课的开始都要先对知识进行整体介绍，使学生对所学知识有一总体印象，然后再进行局部知识的教学，在此基础上进行综合整理，使学生理解知识的整体结构及知识系统中各部分之间的内在联系。

3. 情感激励原理

动机、兴趣和情感是学习的内在驱动力。布鲁姆通过教学实验证明，在教学目标达成过程中，情感的前提特性具有 25% 的影响度。所以，在教学中要贯彻下列三条原则，从而使情感因素推进对教学目标的达成。

第一，强动机、浓兴趣原则。

在目标教学中，教师要通过展示教学目标、创设问题情境、采取主动有趣的教学手段等方式，激发学生的学习兴趣，使学生学习的内部动机（需要、求知欲）和外部动机（分数、表扬、物质奖赏）交替发挥作用。特别要运用正确评价、适当表扬和尝试成功等方法，来调动学生学习的积极性。

第二，自主学习与合作学习相结合原则。

自主学习即充分相信学生的主动性，放手让学生独立思考、独立获取知识、独立解决问题，培养学生的自学、自我调控、自我监督检查的能力与习惯。合作学习即在班级授课为主的前提下，采取小组活动的方式，使学生之间相互启发，取长补短，增强学习兴趣。

第三，主导、主体和谐统一原则。

目标教学要求教师的教学活动组织者、领导者的主导地位与学生的学习主人翁的主体地位和谐统一，只有在这样的前提与条件下，才会达到最佳的教学效果。

4. 反馈调控原理

教学过程是教学信息的传输过程，要实施教学目标，必须运用反馈控制原理，不断对教学目标、学生的学习现状进行比较，调整教学步调，以实现教学控制，达成教学目标。目标教学中要体现反馈调控原理，须贯彻下列三条原则：

第一，反馈及时、准确性原则。

目标教学要求教师根据反馈信息，及时准确地调整教学步骤，学生也要根据反馈信息及时调节自己的学习方法。

第二，前馈、反馈互补性原则。

前馈就是尽力获得充足时间提取预测信息，使系统在偏差发生之前便予以矫正。目标教学中的前置教学（或称前提诊断）就是前馈控制的体现。要取得良好的教学效果，必须使前馈、反馈互补，把前置教学中的随时矫正和教学后的矫正结合起来。

第三，信息开放与过程封闭统一原则。

根据有序原理信息的开放性和反馈原理过程的封闭性，在目标教学中，必须使教学双方信息开放、通畅，以便增强教学结构的功能；同时，在教学过程的各个环节都要贯穿反馈矫正、检测评价，使教学工作形成封闭的回路，以便提高教学效益。

（二）课堂教学模式

廊坊市教研室根据布卢姆的掌握学习理论和加涅的积累学习理论，提出的目标教学的基本模式为：诊断学情，确定目标→激发动机，展示目标→优化程序，实施目标→反馈调控，检测目标→矫正、深化，整体达标。

1. 诊断学情，确定目标

教师在谙熟教学大纲，教科书的内容、重点、难点的同时，要诊断学情，制定符合学生具体实际的教学目标，搞好前置教学。

2. 激发动机，展示目标

教师把确定的教学目标展示给学生，激发学生的学习动机，使学生在迫切需要的境况中进入学习状态。

3. 优化程序，实施目标

要优化讲、练、结三个环节，优选教法，精讲、少讲，要进行综合训练和变式训练，做好教学内容的小结、归纳、系统工作。

4. 反馈调控，检测目标

在每节课、每单元结束前，要进行与之相对应的形成性测试，检测是否达到教学目标。

5. 矫正、深化，整体达标

根据测试结果，师生要采取相应的矫正与深化措施，使差生达标，中、优生提高。

（三）评价指标

1. 学生的评价指标

学科成绩提高与学习能力增长情况；差生转化、中生提高、优生发展情况；各科学习成绩全面提高情况；学习兴趣、学习品质和思想品德等方面的培养与发展情况。

2. 教师的评价指示

课堂教学水平提高情况；驾驭教学全过程的能力及教学素质提高情况；事业心、责任感等思想品德进步情况。

3. 教学管理人员的评价指标

教学管理能力、教学理论水平以及开展教改实验情况。

第七章 中学教育模式向以人为本方向的改革

　　每个人的教育效果如何最终是由自己决定的，所以无论作为社会存在的教育其存在状态如何，坚守我的教育我做主是一条真正对自己负责的底线。长期以来，教育管理者和教学人员僭越了教育当事人的不少权利，教育当事人的教育权利意识尚未觉醒，也缺乏维护和有效使用自身教育权利的能力，以致培养出大量被动型人格的人。人本教育需要创造或自觉选择自由自主的环境，使自己处于觉醒状态，维护并有效运用自己应有的选择权。需要学会在多样性中选择而非跟随，寻找自己的成长路径，生成自己有效的学习方法，充分利用自己可用的教育资源，找到并拥有自己的灵魂，处理好万物与自我的关系，选择适合自己的方式向着自己的人生目标努力，做最好的自己。

　　不少人谈到当下的教育，总会数出诸多不是。其实，当下教育的不理想每个当事人都有一份责任。面对问题成堆的教育，家长和学生本人究竟有没有选择？有人把当下的公共教育比作一块覆盖了全国的巨型蛋糕，蛋糕的供方唯独一家，而每一位受教育者只是这块庞大蛋糕上的蚂蚁，甚至连螳螂都算不上，靠蚂蚁改变蛋糕几乎是不可能的，如果不吃这些蛋糕就会被饿死。

　　这个比喻确实在一定程度上说明了一些问题，但即便是蚂蚁，也都是活蚂蚁，只需观察蚂蚁的觅食便不难发现，多少还是有选择空间的。当下的教育也不能说一点选择空间都没有，每个人都要自己想明白，并设法找到哪怕一点点空间，让自己能够相对正常一点地成长。家长至少可以不要把家庭变成应试教育的第二战场，而是变成孩子的避风港，在家里进行与应试有所不同的教育，每天让孩子多玩一小时，多睡一小时，或者干脆选择用脚投票。即便您只有一点点的选择空间，也要充分利用好自主选择的权利，因为你的选择就是在推动整个教育的改进。

　　个人选择对教育改进的作用机制是，在有了哪怕一点点的教育差异和选择空间之后，教育当事人的自主选择便成为改变的源头，这是一股强大而持久的力量，那些不被选择的教育必然会因为没有需求而难以存在。如果教育当事人不加以明辨和选择，陈腐落后的教育则会依然存在，整个教育就不会得到改进。

所以，每个教育当事人都抱持我的教育我做主的态度，对教育加以明辨和选择是教育向人本方向改变最强大、最持久的动力。

第一节　充分体现学生的自主权利

当下教育的诸多问题，最终都体现为对个体基本权利的僭越，学生身边的成人，包括教师、家长、教育行政人员以管理、评价、教学等各种方式把本该属于学生自己的权利占为己有。改革的关键是学生可以做学习的主人，应该由学生自主来判断怎么学习。从人本教育角度观察，假如能够切实保障教育当事人的学习自主权，中国教育的问题也就解决了一大半。

一、自由自主才最适合教育

当一个人处在被动的状态下也可以学习，并可能取得一定成效，但肯定不能达到他的天性所赋予的最佳程度，所以教育最佳的环境就是让学习者处于自由自主的状态。

1560 年，瑞士钟表匠布克在游览金字塔时做出石破天惊的推断："金字塔的建造者，绝不会是奴隶，而只能是一批欢快的自由人。"这个与世俗观点不同的推论很长时间都被当作笑料。

然而，400 多年后的 2003 年，埃及最高文物委员会宣布：通过对吉萨附近 600 处墓葬的发掘考证，表明金字塔是由当地具有自由身份的农民和手工业者建造的，而非希罗多德在《历史》中所记载的由 30 万奴隶所建造。

400 多年前钟表匠布克凭什么否定了伟大的希罗多德？何以一眼就能洞穿金字塔是自由人建造的？布克原是法国的一名天主教信徒，1536 年，因反对罗马教廷的刻板教规，锒铛入狱。由于他是一位钟表制作大师，囚禁期间，被安排制作钟表。在那个失去自由的地方，布克发现无论狱方采取什么高压手段，自己无论如何都不能制作出日误差低于 1/10 秒的钟表；而在入狱之前，在自家的作坊里，布克能轻松制造出日误差低于 1/100 秒的钟表。

为什么会出现这种情况呢？布克苦苦思索。起先，他以为是制造钟表的环境太差，后来布克越狱逃跑，又过上了自由的生活。在更糟糕的环境里，布克制造钟表的水准，竟然奇迹般地恢复了。此时，布克才发现真正影响钟表准确度的不是环境，而是制作钟表时的心情。因此，布克留下这么两句话："一个钟表匠在不满和愤懑中，要想圆满地完成制作钟表的 1200 道工序，是不可能的；在对抗和憎恨中，要精确地磨锉出一块钟表所需要的 254 个零件，更是比登天还难。"

正是基于自己的体验布克才能大胆推断："金字塔这么浩大的工程，被建造得那么精细，各个环节被衔接得那么天衣无缝，建造者必定是一批怀有虔诚之心的自由人。一群有懈怠行为和对抗思想的奴隶，绝不可能让金字塔的巨石之间连一片小小的刀片都插不进去。"

布克成为瑞士钟表业的奠基人与开创者，他的制表理念保持至今，不与那些强制工人工作或克扣工人工资的外国企业联合。他认为那样的企业永远也造不出瑞士表。其背后折射出一个基本原理：严格监管下，人的智能就难以发挥到极致，也不能指望有奇迹发生，人的能力唯有在身心和谐的自由自主状态下才能发挥到最佳水平。

从管理学上依次发展起来的 X 理论、Y 理论、Z 理论也能看出，若进行简单和初级的技能培训，严格的监管能够提高训练的效率。但教育是一门极其复杂尖端的学问，教育过程也是极为复杂的，以束缚、控制、压制、监管为特征对学生进行大负荷、高速度和快节奏的训练，将每节课都变得很紧张，每次测验都要学生一比高低，用统一的标准要求所有学生，就会严重干扰学生正常的生成过程，破坏人的天性，就没有千姿百态的学生，没有杰出人才，甚至严重到没有正常人才。

自由就是要让人免于恐惧，恐惧会让学生失去生命的安全感，此时学生只有小心翼翼的自我保全，没有活泼的主动发展，在这种环境下出来的学生心灵既不会完整，更不会幸福，还会将平和、充满好奇心的教育禀赋逐渐沦丧。

自主性即在承认个体发展在一定程度上由社会决定的同时，也认可个体有选择其发展的主动权。自主不是自私，自私只能束缚自主性的发挥。自主是自觉地选择自己发展与成长的最佳途径，使之能为社会做出最大的贡献。

没有自主性的个体肯定得不到充分的成长和发展。自主性要求个体自己选择目标，选择思维方式和解决问题的途径与方法。个体发展的自主性与社会性是相辅相成的，没有社会性，自主性就缺少基础；没有自主性，社会性就缺乏本源。唯有具有强烈自主性的个体，才能自觉地适应各种情况的变化，自觉地发挥自身的积极性和创造性，为社会的发展做出贡献。具有高度自主性的个体，其方向明确，成就感、信任感强烈，并能体察到周围的信任感、温暖感、实惠感、舒服感。否定自主，也就否定了生活的意义，也就谈不上什么有效的教育，不善于自主的个体就不善于发展自己。

适合教育的环境必须是你的心不再被恐惧占领，不再被理想、符号、词语所裹挟，你能舒适地敞开你所有的内心和触觉，直接和自然地与社会的肌肤接触、碰撞，闻见世界的味道和气息，触摸到它的质地。你所见的是真实、永恒、不受时间限制、不被障碍遮蔽的东西。你能充分运用自己深刻的洞察力、领悟力，你能坚忍地永远保持你的敏感。

有了自由和自主性，人才能成就其精神气质、文化内涵、内在品格和创造性，没有自主性就无法成就这些。当年把春晖中学办得极有生气的朱光潜、匡互生等人因不满国民党企图将国民党的党部设在春晖中学，愤而辞职，出走上海，创办了自己的学校——上海立达学园。很快，这所充满人文气息又拥有几乎原班春晖优秀教员的学校也成为沪上名校，令海内瞩目。匡互生和朱光潜为这所学校写的办学宣言《立达学园旨趣》散发着一股独立、自由的清新空气，直言："我们坚信人类生而平等，个个人都有享受教育的权利，都应该有机会尽量发展天赋的资能，倘若有人因教育上的缺陷，成为社会进化的障碍，社会自身应负其责。教育是社会的义务，不是社会的恩惠。我们现在也只是本良心主张，履行社会的义务。"面对病根益固的现状"我们决计脱离圈套，另辟新境，自由自在地去实现教育理想"。

唯有自由的人才有感悟的闲暇、创造的快乐。不自由的教育就不会有创造，有了自由的教育才有为自己的创造而感动的机会，才能更深层次感受到自己学习的价值和意义，才能选择自以为更有价值的教育，才会有灵感飞扬、思维穿越、自我实现的愉悦。

现实中教育最缺乏的就是自由，对自由最大的压制就是教训而不是教育，教育当事人需要设法争取自主和自由，摒弃不能使人自由的经验，走出阻碍人找到真正自由的各种局限和模式，以获得对自己的不断认识，从而不断达成对人和世界的不断认识。

教育当事人需要更多地选择主动学习，反对强加于人或被人强加，品味主动学习的愉悦，学会独自一个人行动，自主地控制自己的行为，自动地管理自己的意志，免于不假思索地简单受别人指挥，遇事不必非依赖别人不可，不接受哪怕是教师、长辈不断的干涉、禁止、呵斥、诟骂，不做性格懦弱的可怜虫。

显然，生活在一个沉默、压抑、粗鄙、世故、实用、低俗、竞争激烈、令人焦灼、排斥个性的社会里，纯正的教育也会发生折射、污染，不会有多少精神含量，也没有多少创造性，只能加重人的物质与精神负担，压制人性。真正的杰出人才不会在恐惧和束缚中产生。让学生获得自由，免于恐惧才会有真正的教育。

自由对于教育之所以重要，在于它能唤醒一个人自身的优异与卓越，也能让人理性地实现自己最大的可能性，让每个人自主生成而非全方位地强加与灌输，生成的是一个符合其天性的自然人，大大减少了因强迫而发生变异导致危险的可能性。

自由的状态下，教育才可能避免狭隘而成为对心灵的培育，按心灵的本性对其内在能力进行照料和提升。所以，自由是教育当事人面对分歧时做出自主判断所需要的前提条件，单纯灌输和标准答案虽然来得迅速，却难以生成人的判断能力，也最容易把人引入狭隘的胡同。因此，自由就是兼容并包，就是心灵开放，就能实现有容乃大，实现一个人的杰出人生。

只有在自由自主的状态下，人心内在的一些品质，如献身、专注、好奇、沉思、深邃等，才能有效生成并发挥作用，才能洞悉并识别现实世界中的真伪、善恶，才能清除世俗社会中的腐蚀性存在。自由教育是促使大众各方面素养提升所需要凭借的梯子，让更多的人以其自己的方式走向基于社会需求的属于自己的卓越。

自由的教育当然需要民主、平等的人际环境，在古人与今人、不同种族和国别的人之间形成共通感和共同价值，能顺利地通过阅读他们的著作与人类高尚、伟大的心灵之间的沟通，倾听最伟大心灵之间的交谈，以人本值约等于1的心态与他们"肩并肩"地平等对话，知悉先贤的卓越和高贵之处，得其德性和幸福的熏陶而又不跪倒在伟人脚下。

自由自主的教育是最适合教育的一种状态，它是微妙的、多样的，甚至是没有成法和规范的，它不存在预设的完全真理，需要每个人自主探索；它对普通人来说显示出努力的方向，但它又是现实中可以实现的，最有可能把每个人推向杰出的教育。

自由和自主能使人意识到心灵的尊严的同时意识到人的尊严的基础以及世界的善，让人回到人类精神的发源地去思考在当今或当下难以圆满解释的内容。自由教育本身是一次勇敢的冒险，要求教育当事人抛弃廉价的现成标准，冲破前人设置的知识结构，冲破喧嚣、浮躁、利益，从庸俗中得到解放。自由教育将让人历险后奔向美好。

二、觉醒的孩子成长得最好

不同的人经受不同的教育可能得到不同的成长，相对而言，只有那些确实被唤醒了的孩子，或已经处于觉醒状态的孩子才能得到最好的成长。现实中常见到的是"被动成长"和"成功压抑"的人。

人的觉醒需要身体的发育和生命成长作为前提，需要一定的知性作为基础，需要悟性作为支撑，需要志性作为导向，唤醒则主要是唤醒人的生命内力，唤醒人的悟性和志性。人的这种力量一旦被唤醒，小则可以获得学业事业的迅猛长进，大则可能志比天高、悟彻大道、力大无限，就能改天换地、无坚不摧、势不可挡。

人的一生强大与否、成功与否、幸福与否、快乐与否，不取决于他的肢体力量，也不主要取决于他的知识多少，而主要取决于他的生命内力是否被唤醒。生命内力是人所能掌握的最强大无比的力量，生命内力被唤醒的人会利用自己掌握的知识、技能、人际关系以及其他东西作为工具实现自己的人生目标，而没有觉醒的人只会以追求知识、掌握技术，甚至沦落到追求考分、上名校、出国留学加工资、评职称、争课题、评奖作目标，并在这个方向上越走越远，不知所向。

曾经有一位教师，与学生斗智斗勇了大半年，总是严格要求，指出他们这样和那样的缺点，用严厉的口气震慑他们，关心他们的吃喝拉撒睡，让他们改掉拖沓懒散的坏毛病，让他们热爱学习，让他们变得有礼貌、懂事、上进，殚精竭虑，寝食不安。可事实是班级表面平静如一潭死水，实则波涛汹涌，宿舍里以强凌弱却没有人敢对这位教师讲，闹到家长之间发起责难才被教师知晓。教师才发现自己暴雨下的秧苗不若细雨无声滋润下的苗壮，自己是紧张的，学生是放松的；自己是严厉的，学生是抗拒的；自己是强制的，学生是散漫的。

当孩子自己还没有觉醒的时候，常有一些教师或家长赶着孩子上路，结局往往事与愿违。在孩子没有"睡"好的时候，被别人强硬叫醒，不只是双方都感觉到难受，接下来的行程也会因为孩子未必真醒了而迷迷糊糊。初始条件弄错了，就好比人生扣错第一粒扣子，将留下接二连三的不赶趟。

一个人觉醒的最佳方式是自然醒，这种自然醒就如同种子发芽需要阳光、水分，每个人的天性是他的种子，自然醒需要社会、文化和人际的影响，需要教育的春风吹拂，需要爱的孵化。

然而，这些都是外部条件，觉醒归根结底是每个人自己的事，需要自己以及自己生命的节奏，积极感知外在的各种存在，让自己的生命在反思、觉悟、蜕变中成长，获得更多的能量，让这些能量为自己所用，催发自己醒来。觉醒以后所具有的强大力量足以引导人到达人生的彼岸，上什么学、学什么专业，到哪里去上学，受什么教育都是可以迎刃而解的问题。

一般十三四岁的孩子正处在自然觉醒阶段。觉醒之后，每个人才有相对充分的条件为自己的成长发展做主，才会意识到自己的成长发展不是别人的事，需要自己选择路径和目标，才不会懈怠，才会有持续的动力。

教师、家长以及相关当事人对孩子而言，最为关键的是在适当的时候以恰当的方式唤醒孩子，遗憾的是很多父母和教师恰恰忽视了这件最该做到的大事，在孩子还处于"昏睡"状态下，在孩子生命内力未被唤醒的状态下就给他施压，家长、教师与孩子陷入双累、互恨、互不买账的僵局，其结果只能是残害孩子。

从原理上说，每个人都有自己的生命内力，每个人都会觉醒；但从人生的终点看，总是有不少人一辈子也未觉醒，他的生命内力一辈子也未得到有效发挥。有种子没发芽，主要原因当然在外部环境，包括一个人的人生际遇、家庭、学校等多重因素，或者归结为缺少恰当的唤醒者。

当然，人所受的一切教育都是在激活和唤醒人体内的巨大能量。没有唤醒就既有外部的原因，也有一个人内在的原因，唤醒者与被唤者存在时间机遇或内容、方向等各方面的不匹配。在一个相对宽松的环境里要比在一个相对压抑的环境里更容易唤醒，在一个压力适中的环境里要比在一个完全没有压力或压力过大的环境里更容易唤醒，在一个与自己的兴趣相吻合的环境里比在一个与自己的兴趣不吻合的环境里更容易唤醒，由此可见唤醒是一切教育活动中难度最大的部分。

人们常犯的错误就是把每天完成作业、考上好学校、找到好工作、获得上司的表扬、得到眼前的好处、获得官位和权力这样的小目标当成了大事，而没有觉悟到通过教育寻找机会唤醒孩子。孩子所取得的成绩不是觉醒的结果，而是他的体力加脑力简单结合的结果，这样的力量能够取得短期的效果，却难以维持人生持续的成长，这条费劲的路并不能走多远。在没有觉醒的状态，再大的勤奋努力也都难以充分发挥人的天性内力所能发挥的巨大作用，最多只会有较好的人生结局，而不会有绝妙的人生结局。

中国古人有大成与小成之说，如果只想追求些名和利的小成，靠自己的体力、脑力、关系、机遇就足够了；若想充分发挥自己的天性，强大自己的内心，有幸福感、有满足感、有成就感、有自由、有尊严，这种大成则需要自己充分地觉醒，充分地激发自己的生命力，这样大成的人可能默默无闻，不在名利场上张扬，不为了身外之物放弃自主自由，但可以问心无愧地对自己说一生幸福无憾。

当一个人觉醒了，就能感到自身的强大、安全、自信、幸福、自由，做事有超出一般的自觉，他的成长道路也会有波折，但总体上肯定比其他孩子简单得多、轻松得多、快乐得多、容易得多，一生有用不完的巨大力量，不用成人过多的监督陪护，他自然会在自己感兴趣的领域一环扣着一环地探索新知，提出新的问题，这个过程就是他的自然成长过程。

当一个人没有唤醒的时候，一定要逼着他做这做那，就有可能制造他内心的痛苦，阻碍一个人真正的觉醒。即便一个孩子有某方面的天赋，若采取不当的强制教育，则可能因为阻碍他的觉醒而导致这种天赋无法有效发展起来。

简言之，教育是点燃而非灌输、管束，每个人都要明智地拒绝灌输，充分利用外在的文化和教育环境，寻找适当的时机自主自觉地觉醒，再用觉醒后的巨大力量为动力，用觉醒后的清晰见识为导向，驶上属于自己的人生轨道。

三、维护自己应有的选择权

每个人生来就拥有选择的权利，在成长过程中，幼年人的选择权常常为成年人所僭越。所以在成长过程中，孩子逐渐生成自己的权利意识后，就应该设法维护自己的选择权。

学生在成长过程中，他的独立自主性决定着他可适度行使作为主人应有的选择权利。学生逐步离开父母的保护，逐渐摆脱父母的控制，不断丰富自己的内心世界，拓展独立自由的空间，孩子自立性的不断发展，自尊心、荣誉感、成就欲的萌芽和逐渐增强，意味着孩子行使主人权利的能力在不断提高。

在这个过程中，家庭成年成员和学校教师需要尊重学生，将孩子作为家庭和学校中平等的一员，使孩子的主动积极性得到充分发挥，尤其是在学习方面，尊重他作为学习主人的权利；另外，学生也须本着人本值约等于1的原则尊重他人，不能凌驾于他人之上，不能以"小皇帝"自居，这是维护好自己选择权的前提条件。

维护自己的权利不等于不需要别人帮助，因为幼年人的能力和知识都处在不成熟阶段，成年人在学生自己的事情上对他们给予鼓励、尊重和支持，对于学生自我人格的确立和判断、选择能力的开发都非常必要。这种帮助的主要特征是定位于提供各种可能性的参考，最终的决策和决定须由孩子自己做出。

成年人也需要站在孩子的立场换位思考他们的感受，主动了解孩子们对父母有些什么期望和意见，不要自认为是权威和尊严的象征，是规则的当然制定者。孩子要维护自己的权利，就避免不了向父母和教师说"不"，孩子是有权利说"不"的，当孩子内心确实认为是"不"的时候，就应让他直白地说出来。能够说"不"和敢于说"不"，不仅是一个人独立、尊严和自信的体现，更是一种在各种社会活动中不可缺少的能力。孩子也应该勇敢而坦率地说"不"来维护自己的权利，同时注意这种说"不"不是习惯性的逆反，而是依据自己的天性和理性做出的判断。

"听话"是中国传统文化里好孩子的标准，听话的孩子就会得到好处，听话就可能需要放弃自己的权利，就可能对父母、教师的教诲、训导和要求只能说"是"，不能说"不"，只能遵从，不能拒绝和反对。如果有不同或是反对的意见，不管你说的是什么事，也不管意见对不对，没说之前就已经错了，这种文化常使学生不得不陷入放弃自己权利的陷阱。

在轻视孩子合法权益的事例仍屡见不鲜的当下，需要在《学生权利公约》以及相关的法律框架里依法保障学习者的权利，包括保护未成年人的隐私，保护孩子自主学习的基本权利。

在教学中一个典型的例子是：

某校在晨间活动推广"绳操"，还准备参加当地组织的比赛，所以要求全体同学都参加。7点50分，广播里就响起了欢快的音乐，学生们条件反射性地赶紧收拾好自己的东西，等待着教师的一声令下准备到户外做操。这是多数学生非常喜欢的活动，却也有几个小男孩不喜欢，但碍于大部分同学拿到绳子后都快乐地玩了起来，又不好意思说自己不喜欢，仅是扭捏着不愿拿绳子。待教师心平气和地问："你看，别的小朋友跳得多好呀，这也是本领呢！你们为什么就不学学呢？"他们才说："我不会跳绳！""我怕女孩子要笑话我。"

接下来教师有两种不同的处置：

第一种是：不行，为了班级和学校的荣誉，所有人都必须参加，你们几个不能例外。

第二种是：大家玩得可开心呢！你们还想用这绳子怎么玩？于是有学生说：我们可以用它来拔河！我们还可以玩"马拉车"。教师用赞许的口气说："你们可真会想，让我也和你们一起玩吧？"于是他们到一个空旷的地方开始了愉快的游戏。

上述两种不同的处理体现出对学生权利的不同态度，教育家蒙台梭利强调"给予学生自由的选择权"。每个人心里都应该明白，勇敢地做出自己的选择可能要担风险、遇到困难，但这种方式的学习效果比被动学习好上百倍。

有了自由的选择权，首先要依据自己的兴趣学习，始终保持好奇心，始终保持激情，学习最有成就感的内容；要充分利用好自己的自控力，把自主与自控很好地结合起来，珍惜宽松的环境；有效利用自己的体验，建立自信心，发展坚毅等意志品质，对自己选定的长期目标保持持续的激情和坚守。

第二节 自主学习以合适方式成长

中国教育长期习惯"齐步走"，走得人们都不知道该如何独自去走路了，不会一个人依据自己的兴趣自主地迈开步子；近一二十年又以同一个起跑线为标准，让不少人产生"起跑线上的恐慌"，所有的人都想挤进同一个跑道赛跑。赢在起跑线上的说法只在短跑竞赛中成立，人生是一辈子的长跑，起势凶猛，后劲必然不足，赢在终点才是真赢。让刚入学的小学生突然间承受了极大的压力，这样的"赢法"逼得越来越多的学生厌学。遵从人的成长发展规律，齐步走和所有人在一条跑道上跑步的方式都不对，"散步"才是治愈中国诸多教育病的良方。因为散步是自由、自主地随意走，每人确定自己的目标，不按规定的路线和路程，自己选择时机和路程长短，这样每个人才能成长为最好的自己。

一、学会在多样性中选择而非跟随

中国教育当下需要的正是每个人的自主，每个人迈出自己的脚步，以自己适合的速度、方式，朝着自己认定的方向、目标，用自己的头脑思考如何走，才能从根子上解决教育的各种问题。

然而，现实中遇到的问题是，由于习惯了模仿，千人一面，不少人在面对多项选择的时候，反倒不知所措。英国著名学者李约瑟在研究中国科学史后曾提出"李约瑟之问"：为什么中国的科技在唐宋时代就已领先西方，却在明清时代落后下来。主要原因就在于政府对思想的禁锢，导致人们都不能思考，时间一长就不会思考，进而认为思考就会招惹灾祸，也就不思考了，长期大面积的不思考就会引发这个社会中人的创造力退步。

正因为此，全球市场大到家用电器、小到服装玩具都销售"中国制造"的产品，但大都是"贴牌"产品，中国企业赚到的只是一点点加工费，绝大部分利润被品牌拥有者赚走。中国学生喜欢看动漫，看的却是日本和美国的动漫作品，中国人天性中的创造力远未充分发展起来。

谁偷走了中国人的创造力？这个偷窃者不是别人，正是不思考的教育观念下的教育行为，以及在这种教育观念影响下产生或选择的教育体制、教育方式、教育内容和教育评价。

学会在多样性中选择首先需要有看到多样性的能力，一个人要善于借助他人和外物发现自己，你可以从同学身上，从教师那里，从书本上、网络上，到处寻找自己、发现自己。一个人需要有怀疑精神和实证精神，能够面对现实不断提出问题。跟随和顺从则会多变成一，最终走向常规、习惯、多数人遵奉的习俗；质疑则会使一变成多，进而探求出能够经受更多怀疑、更多考验的原则，最终不断地趋向真理。

创造和创新就是摆脱传统观念的束缚，敢于对权威，对传统理论，对已有的结论、定论和规范进行质疑，从而生成问题意识与批判思维。对人们习惯的事物说"不"是一切创新、创造活动的前提。这种能力是在教育过程中不断养护好自己先天的求异思维而形成的，需要始终保持一种健康的怀疑态度；如果在受教育的过程中不断寻找标准答案，尤其是在幼儿园、小学和中学这段思维形成的关键时期不断进行这样的训练，结局就只能是没有创造力，再想改变已是极其困难了。

学习是多样性的，不存在两个人完全相同的学习，当你的学习与他人不同时，那是正常的；若是完全相同，就应该警惕自己是否已落入简单的接受性学习，缺少自主学习、合作学习、探索学习这三种学习方式。有利于人成长发展的方式是确立学习方式多样性的观念，并依据发展目标、学习内容和自己的特点，灵活地选择适宜的学习方式进行学习。

有效的学习是符合学习者个性的主体性建构，要求学习者能动、积极、自主地支配和调控自己学习的过程，充分利用学习资源。被动的学习常因为目的不明确，即便被学校或其他人测试出学习成绩，对学习主体成长而言也未必是有效的。

简言之，对自己的成长和发展做多样性预期，才有可能打开适合自己成长的门径。卓越的人可以不受眼前干扰，始终保持自己的最高方向和最佳状态，平庸常是被眼前功利浮华淹没。

（二）寻找自己的成长路径

每个人的成长都是一个多维高阶方程，由多重因素以复杂的组合方式决定其程序。打开适合自己成长的门径之后，还需要找到自己与他人不同的成长路径。

每个人的成长路径是自己的先天禀赋与现实的人际关系的多因多果的机遇性组合。从这个意义上讲，每个人的成长路径都不是一条确定不变、看得清晰的现成路径，而是一个个每个环节都需要探索和选择的迷宫。

但是人们在寻找的时候还是有规律可循的。

首先，当然是可以从自己的祖先那里获得信息。从遗传特征上看，每个人的天赋与自己父辈、祖辈、祖祖辈的同质性远远高于其他人，他们的人生经历对自己的成长发展具有极高的参考价值。同时，从文化角度考虑，对祖辈业绩的景仰本身就是一股强大的动力，也是每个人未来生活的引导，在人的成长发展过程中，随着年岁的增长，你会越来越清晰地找到自己与祖辈相对于某个轴的对称。只是这个方面的搜寻是复杂并且微妙的，工作量也很大，不同人只能依据自己所能获得的信息加以不同程度的参考。

其次，当然是依据自己的生活经历，依据自己的体验验证自己的优势潜能在哪个方向，找到特定时间段自己最有可能的突破点，生成真正属于自己的志向。从孩提时代开始就不要去简单模仿任何人，永远依据自己的内心体验和对外在世界的判断做出自己的选择，杜绝依赖某个人或者某个观念做出自己的人生抉择，不要受短期利益的诱惑，不要为权势左右，不要为他人的言辞绑架。正如意大利诗人但丁在他的代表作《神曲》中所言："走自己的路，让别人说去吧。"

再次，就是敏锐地感知社会需求，找到自己的天性与社会需求之间的最大切面，那里有你宽广的成长路径。这条路径常常表现为你发现社会中存在某一重大问题，你最有可能去解决它，你能敏锐地注意到与此相关的一切内容，你一直在兴致极高地学习与此相关的内容，保持永不停息的探索的心态，能从观察、挣扎、快乐与痛苦中学习，这就是适合你的成长路径。

当然，在你的成长过程中，你会发现自己的同路人，他们将成为你探寻属于自己的人生路径的重要参考。你可以通过和他们切磋、探讨、对话、组成团队等各种方式为自己的人生路径进行更为精确的定位、校正，你会因此大大增加独辟蹊径的可能，走出与前人不同的路径，站到巨人的肩上，到达前人尚未到达的境地。

理论上说，人的成长路径没有终点，它不受人的学历阶段、职业状态、生活际遇的影响。现实中，不少人在成长途中就停歇下来，如果你意识到自己走到终点，也就不会再成长。所以每个人都应当永远处在发问之中，做一个真理的探询者、社会的改造者，努力寻找事情的真相，努力寻找推动社会改造的支点，这样你就会永远处在成长发展之中。

如果你自以为你已经很完美，那么表明需要成长的你已经死了；如果你认为自己的人生大方向不错，一直在发现与了解，不急于寻找终点，只问攀登不问高，你就会发现前路遥远，这才是属于你的人生路径。

常言道，路在脚下，意味着你需要开步行走；需要强调的是，适合自己的路在自己的脑子中，需要不断思考，边走边思考，边走边选择，定时记录、总结、反思、提升自己的行动轨迹，用反思积累智慧，用智慧拓宽自己的成长之路，用智慧延伸自己的成长路径到达新的纵深。

三、生成自己有效的学习方法

学习方法很多，当下介绍学习方法的文献可谓浩繁，关键是哪些是对自己有效的，怎样把它们变成真正属于自己的，每个人都应有自己独特的学习方法，获得它的方式只有一种，就是在学习过程中自主生成。

不同的人用相同的方法学习不一定会有相同的学习结果。这表明学习方法是有个性化特征的。对于那些有杰出成就的人，还不仅仅是有适合他的学习方法，他们大多形成了自己使用起来特别有效的学习方法体系。

方法体系无疑是多种方法的组合，比如有人将符号性学习活动（如听讲、阅读、书面作业等以文字符号作为对象和媒介）、感知性学习活动（如观察、参观、调查等对实际事物及其模型、形象的感知）、动作性学习活动（如实验、实习、制作、游戏、音乐、绘画、舞蹈、体育活动等对实际事物的操作或身体器官动作）、交往性学习活动（如对话、交流、讨论等）等不同类型的学习交叉进行，收效高于单一方式的学习。

组合的学习方法形成学习方法策略，它是"学习者在学习活动中有效学习的程序、规则、方法、技巧及调控方式。它既可以是内隐的规则系统，也可以是外显的操作程序与步骤"。通常可以用多种不同的学习方法或策略去实现学习目的。

生成属于自己的学习方法的现实路径就是在学习的过程中，注意对自己使用各种方法进行分析、比较、鉴别，然后不断选优汰劣。在这个过程中也可对别人的学习方法加以观摩，以丰富自己的方法种类，扩大自己的优选空间，即便是未必适合你的方法也可以通过"互补"来自我调节，使自己的智能得到更好的发挥。

通常学习方法单项使用时具有较多的普适特征，比如记忆需要及时复习，使用编码的方法能记住较多的内容，这些对较多的人都适用；越是对方法进行组合，其适用性越低，个性化程度越高，而进行复杂高效的学习则需要对方法进行组合，如何组合就需要每个人细心摸索，很难有通用的法则。

依据现有研究，个人的智力、性格、气质都会对一个人的工作和学习方法适应有着微妙的影响。古代教育家孔子就注意到这点，总结出"求也退，故进之；由也兼人，故退之"。对性格软弱的多鼓励鞭策，对好强过人的让他注意谦逊和忍让。选取哪种方法还在一定程度上与学习内容相关，与所学内容相对于你的学习难度相关，与你学习这一内容的目的如何相关，还与你的年龄特征相关。不区分学习内容、学习目标及相关情况而机械地套用某一方法也是不恰当的，效果未必好。

形成自己独特有效的学习方法是与一个人的成长同步的，所以不要寄希望于短期内形成自己的方法体系，而是需要像建罗马城那样日积月累，当一部分方法能够熟练使用后再寻找新的有效方法，当相对较简单的方法体系能够熟练使用后再建更为复杂的方法体系，这样有效的方法能够助我们更好地成长，我们在成长的同时又积累了适合自己的独特学习方法体系。

总之，适合自己的学习方法才是最好的方法。有自己的一套行之有效的学习方法，设计好学习的方法策略是成长为最好的自己的必备条件。

四、向着自己的人生目标前进

人生目标是人成长的方向，新生活从选定目标开始，你选择什么样的目标就会有什么样的人生。

要成为最好的自己就需要明确自己是什么，从哪里来，现在哪里，去哪里。然而，确定人生目标又不是一件简单的事，不少人似乎有明确的目标，但却没有终身的恒定目标；有些人似乎目标明晰，却不知自己所追求的目标原来是虚无缥缈的一场空；有些人确定了如何升官发财揽权，到晚年方知自己原来追求的目标效价不高；还有些人确定目标后却由于找不到自己可行的路径，最终无法实现而不得不放弃。

中国古人确立人生目标的基本原则是"士志于道，明道济世"，简言之就是寻求真理，再用真理解决社会问题，在这个方向上去确定自己的人生目标。儿时的梦想、现实中遇到某个急需解决的问题都是确立人生目标的源头或素材。

有研究者统计人类大约只有3%的人能设定自己的人生目标，这也就是有成就者总是极少数的根本原因。而对不同人群的研究又表明，不同人群有明确人生目标的人数比例相差巨大，说明是否设定了明确的人生目标是当事人主观确定的，只要你有意愿，你就可以设定自己的人生目标。

设定明确的目标是所有成就的生长点。历史上有所成就的人，几乎都是将全副精力指向于自己设定的目标。有了目标内心的力量才会找到释放的方向，茫无目标的飘荡终归会迷路。研究也表明，不同人的人生目标明晰程度以及与自身条件相符程度是不一样的，最终成就较高的是那些几十年都不改变自己的人生目标的人，他们始终朝着同一个方向不懈努力，几乎都成为社会各界的白手创业者、行业领袖、社会精英。

那些有短期目标的人也能生活在社会的中上阶层，他们的短期目标不断被达成，生活品质稳定上升，他们成为各行各业中的专业人士，如医生、律师、工程师、高级主管等。那些目标模糊的人生活在社会的中下阶层，他们有安稳的生活与工作，却没有什么特别的成绩；没有目标的人几乎都属社会的最底层，生活过得很不如意，常常失业，需要社会救济，并且常常抱怨他人，抱怨社会。

这样说并不意味着人们在确立自己人生目标时可以漫天要价，越高越好，而是要在依据自己意愿的同时，还要依据自己的兴趣和实力来决定，并可以随着自己的实力的变化而变化，无须过高，也不能过低。

确立目标比较谨慎可行的做法是，在起点的时候把目标放低一些。实现一个目标后再在不断超越自己设定的目标中前进。若一开始目标设定太高自己总达不到就会失去前进的动力，半途而废，背负过大的压力，损伤自信心。在实现一个阶段的人生目标之后，才会展开你新的视野，用这种积极的心态去努力，就可以在不断超越目标的过程中体会成功的喜悦，人生的路就会越走越宽。

一个人一旦定下自己的人生目标，就需要竭尽全力去实现。最不完善的行动也要比束之高阁的最好目标强上百倍。即便是不大的目标，不行动就永远不会实现；即便相对较高远的目标，投入兴趣与热情坚持去做，终会梦想变成现实。现实中比较常见的是总有人不知天高地厚地确立了宏伟目标，却找不到实现目标的方向和现实路径；没有做事之前信誓旦旦，但是一到事情真正做起来就只有三分钟热度。

实现自己的人生目标首先就需要找对方向。传说在撒哈拉沙漠中有一个小村庄，村里的人没有一个走出过大漠，他们尝试过很多次都没能走出去。待到一个外地人到了那儿，听说了这件事后不解，他决心带两名村民做一次试验，他们从该村向着北斗星的方向一直向北走，结果三天半就走出了沙漠。原来该村村民之所以走不出大漠，是因为他们根本就不辨方向。这位外地人告诉村里的一位青年，要想走出大漠，只要白天休息，夜晚朝着北面那颗亮星星走就能走出大漠。

实现人生目标还可以将远期目标分解为近期或阶段目标，将大目标依逻辑条理和可实现顺序分解成小目标，逐一实现；对分解的目标还可以从目标的作用、功能、价值、意义、主次关系等方面考虑删繁就简，主攻选择核心目标，并从失败中获得教训，从成功中获得经验，从创新中获得灵感。

需要注意的是，任何目标都不意味着人生的终点，不要认为只要实现目标就万事大吉，忽略了人生还会生成新的目标。在向自己人生目标前进的途中，你没有终点，因为你的最终目标应瞄准创造人类的幸福，有做不完的事。

第三节　充分利用资源成长自我

当你为自己的教育做主的时候，一定要明了自己不是孤家寡人。只要你细心，就会发现身边有不少可用的资源，其中一些是政府应尽的责任，另一些是父母及其他人早就为你准备好的，还有一些是你付出后的回报。你能管理、利用好这些资源，就能更好地成长发展。

一、丢失了自己的成长怎么办

有一则关于成长的寓言，说的是一棵苹果树开始结果了，第一年结了 10 个苹果，9 个被拿走，自己得到 1 个。对此，苹果树愤愤不平，于是自断经脉，拒绝成长。第二年结了 5 个苹果，4 个被拿走，自己得到 1 个。"哈哈，去年我得到了 10%，今年得到 20%，翻了一番。"苹果树心理平衡了。

苹果树还可以这样想：继续成长。譬如，第二年，它结了 100 个苹果，被拿走 90 个，自己得到 10 个。很可能它被拿走 99 个，自己得到 1 个。但没关系，它还可以继续成长，第三年结 1000 个苹果……

其实，得到多少果子不是最重要的。最重要的是，苹果树在成长！等苹果树长成大树的时候，那些曾阻碍它成长的力量都会微弱到可以忽略。

不要太在乎果子，成长是最重要的。

现实中不少人就是过于在意自己做了多少成绩、结了多少果子、得到多少果子而丢失了自己的成长。每个人在成长中遇到的阻力、挫折、冷眼、排挤、算计都不会少，能否因此就放弃自己的成长呢？你能否因此愤怒、懊恼、牢骚满腹，就决定不再努力，得过且过呢？待到暮年回首，发现成长不再，曾经的激情和才华不再，你能得到什么呢？当然不能这样，在人生中无论你失去什么，都不能失去成长，因为丢失成长就意味着丢失了自己获得一切的本金和进行各种改变的可能。

丢失成长的另一种形式是总与别人相比而丢失有自己特点的成长，丢失与自己天赋相匹配的成长，原本自己的成长比较缓慢，却硬要和别人成长得一样快；自己成长的路径不同于其他人，却硬要跟在别人后面，或者是与别人挤在一起，或者是与别人赛跑、赌气，这样都可能丢失自己的成长。

每个人都需要对自己负责，一方面做事积极主动；另一方面做了错事不怪别人，自己承担责任。自己需要管理自己的行为、态度和情绪，不用别人说也会去做正确的事情，没有人在看与有人在看表现是一致的。

常见的诱使人丢失自己成长的诱因有：一是名，为名所囿。为了面子，诸如博士、教授、院士、典范、榜样、人才、优秀、杰出、著名之类的头衔都可能让一个人丢失自己的成长。二是利，为利所困。诸如各种酬劳、福利、奖励、工资、饭碗等，都可能成为限制一个人依据他的天性成长的因素。众多的人在未获得稳定的工作和工资福利前是不断成长的，或许其成长的动力就是要端上铁饭碗，一旦他获得稳定的工作，有的甚至仅仅是考上了大学就丢失了自己的成长，这些人的成长时间只占他一生的四分之一，当然不可能充分。你的成长永远比拿多少钱重要，为利所困放弃成长显然得不偿失。三是权，为权所羁。有了一个权位，就一切围绕着保住权位、保住乌纱帽，向赋权者弯腰，位子决定脑子，从而丢失自己的成长。

当一个人在某一段时间丢失自己的成长之后，当然可以再次回归，前提是需要坚强的意志，需要彻悟，需要抵制得住名、利、权的诱惑，需要独立人格，需要用自己的头脑思考，用自己的脚跟站立，用自己的眼睛看清事实和方向，看到生命是一次历程，是一个整体，不能认为自己已经成长过了，现在该到结果子或摘果子的时候了；不能太过于在乎一时的得失，而忘记了成长才是最重要的。

德国哲学家雅斯贝尔斯有言，如果人被迫只顾眼前的目标，他就没有时间去展望整个的生命。只有那些终身不放弃自己的成长的人，才有可能最充分地发挥他的天性，最充分地体现人本。

二、找到并拥有自己的灵魂

一个人成长为最好的自己就应有属于自己的灵魂，这样才能体现人的最高属性是完整的。现实社会中不少人恰恰处于丢心失魂的状态。不少人把教育之事看得重于教育之人，心灵被边缘化。"心不在焉"状态使教育蜕变为简单的训练，把天性禀赋的人训练成为失去人的灵性的一般动物，其发展的外在动力绑架内在动力，这成为影响人身心健全发展的关键性障碍。

人的生活可以分作三个层次：一是物质生活，解决人的生物性生长和安身立命问题；二是精神生活，解决人的智力发展和心理归属问题；三是灵魂生活，解决人的心灵寄托问题。由于生活的艰难，不少人用过多的精力去解决自己的购房和衣食问题、职业和饭碗问题，投入精神生活和灵魂生活的时间与精力过少，以致很多人不知道自己的心安在何处，灵魂如何安放。

人的成长就是一个多层结构，不只是纺一条线，也不是织一张网，更不是编"美德袋"，做"知识框"，更为重要的是要陶冶一颗健全的心灵。教育原本不仅是灌输知识，更在于涵养个性，确立志向，产生信仰，怀抱理想，生成自由思想，培养独立精神，增强合作意识，追求真理做真人；教育原本在于提升个人涵养，启发自觉性，焕发创造力，养成合格公民，而非仅仅为地位、职业、文凭、学位、报酬、奖励的兑换券；教育原本在于人的成长发展，是社会追求公正、公平、平等、自由、民主的手段，而非直接的政治原则、政绩筹码、经济指标，更非商业机构或行政机构的复制品和附属品。

心灵健全的人需要有信仰、责任、良知。

信仰给予人终极的价值、终极的目标、终极的追求、终极的寄托、终极的关怀，人有了信仰才会真幸福，才会有巨大的精神动力，具有普通人难以具有的心态和毅力去对待生活和人生。没有信仰就缺少自我约束，就没有精神支柱，就会在社会行为中意志行事，忽视道德和真理，忽视公平和正义，做人没底线。

长期以来，社会上乃至教育领域以功利的眼光忽视信仰教育，或以强迫的手段进行单一的信仰教育，造成绝大多数人自觉自主的信仰并未真正确立，用虚假的信仰作为获得晋升的入门券，导致说假话的风气流行，不诚实的品行生成。导致人的精神空虚，没有罪恶感，遇到矛盾分歧时，便显出人性中的残忍和冷漠，衍生出一系列社会问题。

作为社会成员应该诚信并具有责任感，对国家和社会承担责任和义务，然而现实中太多的人不了解自己有哪些权利、哪些责任。简单将责任和义务等同于服从，甚至将服从等同于爱国，反而将独立思考的人当作不爱国的"卖国贼"。认为自己只需对自己的家庭和亲属关心，遇到问题采取情感为主、理性不足的双重标准，对非直接相关人所遇到的困难和遭受的苦难漠不关心。或者认为自己没有获得应有的权利，于是就放弃本应承担的责任。

良知是王阳明时代的追求，不少人只将它当作书斋的讨论，并不能切实履行，没有善待自己、善待他人、善待自然、敬重生命。现代意义的良知还包括科学素养，主要是科学与理性思维，勇气、胆量、正直和诚实的品性。而现实中不少人过于依赖运气或身边的权势，不愿探求规律并一步步付出努力；缺乏冒险精神，不想经历风险寻求完善内心和改善自己生活的机会。还有不少人体面和尊敬的体验不足，不懂得如何为了个人和社会的福祉去进行富有成效的生活，"面子"重于"里子"的心理阻碍着人接受真理并尝试富有意义、有尊严的生活，没有勇气追求自己认为正确的事情，缺少从错误中筛选正确事物的能力。

在法治社会，良知还包括人的法治观念。100多年前商务印书馆出版的《共和国教科书》中就有《公民须知》一册，可谓是中国法治教育进课堂、进教材的肇始，后来由于整个社会法治进程遭遇挫折，中国法治教育长期未得到深入有效实行，中国人的思维、习惯都和法治存在较大距离，人情高于法律，导致徇私枉法、贪赃受贿、法律不公正现象较多。

人与其他动物的最本质性的差别就在于人性，人性又集中体现在灵性，教育需要保护并增长人的灵性，以便更好地去探求真理，提高生活品质，追求更多人共享的幸福。找到并拥有自己的灵魂才能不迷失人生方向。

（三）万物为我所用

一个人的成长在很大程度上是处理"物"与"我"的关系。"物"与"我"两分的人，为物所役的人都不是人本发展。万物为我所用是人本发展中物我的基本定位。

人类生命的诞生就是物质结构的不断发展变化的结果，这种发展变化又导致了物我的不断觉醒，这种觉醒最终导致了物我分离，产生了人类的"生物我"。生物我的思维水平大大超过了原始的物我，有了人的生物本能。

从猿发展到人，可以直接操作的工具的出现是个重要的媒介，使人的神经细胞或大脑进一步发展，也增大了物我的距离，人的成长发展从而更多地依赖于后天的学习，大脑可在一定范围超越基因的控制进行思维，进入"本我"的范围，有更为丰富的自我意识。

正常人的思维都受到他的基因控制，即便是极为杰出的人能够超越基因控制的思维也仅能占到他思维总量的 5% 左右，而那些思维能力有限或缺乏洞察力、理解力的人大多是因为他的思维能够超越基因控制的部分比别人更少，只能进行常规的有限直观思维。

在人的可以超越基因控制的那部分思维中，又有一部分受到他所生活的文化的控制。人们通常只记住那些他感兴趣的事情，甚至只能够看到他想看到的事物，或者只愿意理解他喜欢看到的事物，形成思维定式或成见、偏见，熟视无睹、见怪不怪，其实都是他的思维直接或间接地受到文化的操纵，能够超脱出自己文化进行思维是极其困难的，这样的人又是极少的，扣除可超脱基因的思维中被文化所控制的部分，一个人的自由思维空间所剩无几。

所以，当一个人能够尽可能减少自己思维中的文化控制，尽可能扩大自己思维中超越基因控制的部分（十分有限），就能更深刻地彻悟自己和人生。如果一个人能够自由地控制自己超越基因控制部分的思维，随时调节基因控制思维与非基因控制思维，调节大脑细胞自由地但又服从自己意愿地进行思维，他便达到了一种处理物我关系的最高的境界。这种人的洞察力特别高，理解力特别强，大彻大悟，得道开悟，达到物我同一重构宇宙的地步。

现实中，为物所役是常见的现象，有这样一则寓言：一位喜静的老人家很讨厌一群孩子在自己家门前嬉闹，他一开始劝他们走就是无效，后来他想了个办法，第一天说你们在这里玩很热闹，为了表示感谢每人给 25 美分。第二天孩子们再来时老人又给了每个孩子 15 美分。他解释说，自己没有收入，只能少给一些，孩子仍然兴高采烈。第三天老人只给了每个孩子 5 美分，孩子们勃然大怒，"一天才 5 美分，再也不会为你玩了！"这里的关键是孩子究竟是为谁玩，是"为自己快乐而玩"还是"为得到美分而玩"。

不少人习惯把自己的成长或工作与外部的物质联系起来，使自己的行为被外部因素所左右，甚至成为它的奴役，不少人的成长就是被自己的工资、奖金等各种各样的外部因素限制，以致位子决定脑袋，或嘴巴决定脑袋，限制、定型了自己的成长，或导致不能成长。

在万物中确立自己的主动地位成为能否利用万物的先决条件，可现实中不少人为了养家糊口，需要一份稳定的工作，被迫将外部评价当作参考坐标，就很容易偏离自己的内部期望，久而久之，你就忘记了自己，做什么都很在乎外部的评价，养成为物所役的习惯，并失去成长的快乐。

做到万物为我所用而非所有，还需要建立起自己的内部评价体系，明了哲人所言"古之学者为己，今之学者为人"的内涵，让学习、工作和成长都变成自己的，而非为了别人。

做到万物为我所用就不要把知识放进大脑储藏，而是转化为自己的行动；放进大脑里多年以后依旧是个藏品，还会陈旧遗忘；而转化为行动就会产生新价值，还会不断更新。没有身体力行，知识就只是知识，并没有化成你自己的生命体验，也就没有真正为你所用。有点知识就立即在自己的生命中去施行，知识就变成了你的生命的一部分，就可以帮助自己，并帮助很多人。

无论你遇到千难万险，最重要的力量永远在你自己的身上，任何外在的炫目存在，都远不如你自己身上已有的力量重要。因为用你的力量和智慧可以巧妙组合外部的事物，形成适合你使用的力量。

犹太哲学家马丁·布伯说：你必须自己开始。假如你自己不以积极的爱去深入生存，假如你不以自己的方式去为自己揭示生存的意义，那么对你来说，生存就将依然是没有意义的。

万物为我所用并不需要万物为我所有，在相当多的时候只需要共用、共享或分享，为而不有。如果你想万物为你所有，最终可能会转化为你为万物所累，甚至被万物压死，此时你依然不能健全成长。就如同土壤生长了禾苗，禾苗并不需要拥有土壤，而是禾苗生于土壤，终将归于土壤，人生原本也是来也赤裸裸，去也赤裸裸。因此只有在明确了自己的目标之后，再确定你需要用什么，对于不需要用的就舍得放弃。

人的成长发展受生命的限制，但任何人的成长发展又都是没有止境的，每个人需要建立一个自我完善的机制，这个机制就是你的成长—反馈系统，就是将你成长一段时间的结果反馈到你的大脑中，包括正反馈和负反馈，来修正你今后的成长。正反馈就是使你的某一特性得到加强和激励。负反馈就是使你的某一特性得到减弱或消除，如受到惩罚、批评等。

所有的反馈都需要经过你的大脑进行深入分析，而不是机械地处理信息，要根据你的志向及对人生根本问题的深度认识对各种反馈进行筛选，分析不透或分析不当就会让你再次面临为物所役还是驾驭万物的十字路口。没有反馈，你将会成为孤立封闭的人，得不到完善的发展；有了反馈而不能恰当使用，也可以使你变得庸俗、市侩、圆滑，失去创造力，同流合污，失去应有的个性，同样难以成为健康的人，更不要说成就最好的自己。

陶行知曾说，"出世便是启蒙，进棺材才算毕业"，人的一生都需要不断学习，不断怀疑，探索发现，敢于坚持，执着追求，特立独行。没有自由的灵魂就没有真正的创造，要汲取世间万物的营养，才有可能发展成为最好的自己。

中国乃至人类教育的未来最终是由每个教育当事人能做出怎样明智的选择决定的。

第八章 以人为本背景下的中学教学实践

第一节 交 流

我们在说，但是我们教会了吗？我们在听，但是我们听到了吗？我们说了、听了，但是我们交流了吗？

交流是帮助学生学习的基本方法。作为一个教师，你必须敏感于培养优秀的交流技能，并且监控你与学生之间互动的有效性。

不幸的是，教师常常在课堂上说得很多，学生很多时候在听，可能正因为如此，教师倾向于不能真正倾听学生正在说什么或没说什么。

在你作为一个教师拥有的所有知识和技能中，那些关于交流的知识技能将是这些中最重要和最有用的。通过交流，你与学生互动，你教，学生学。没有交流，教学将无法发生。

作为一个特殊的技能，交流包括了讲的能力、写的能力和读的能力。但是在交流过程中同等重要的是听的能力。大多数教师把重点都放在读和写的能力培养上，忽视说的能力，几乎不关注非语言交流和听的能力。最有说服力的交流不单单依靠于读和写。他们交谈、观察并倾听。因此，在这里我们将检验语言和非语言交流的技能，还有倾听的艺术，这些在沟通过程中都起到重要的作用。

一、交流过程

交流是一个单人或多人进行的发送和接收受到噪声干扰的信息的行为，这种行为会产生一些影响，并为反馈提供了一些机会。交流行为包括下列成分：

第一，发起者—接收者；

第二，信息；

第三，噪声；

第四，发送过程或编码过程；

第五，接收过程或解码过程；

第六，反馈；

第七，效果。

这些是交流过程中的通用元素，无论你是和自己、家长、同事还是学生交流，这些元素都存在于每一次交流行为中。

一个典型的课堂情境将实例表现上述交流的模型。假设你想要给你的学生强调一个特殊的信息。因此，你编码并发送了这样的信息："这个事情应该记录在你们的笔记里。"传送出去的信息经学生接收和解码后，意味着你将在下次测验中检查你所强调的。因此，他们将其写在笔记本上以供日后参考。因为你观察（反馈）到学生们把这个信息记于笔记本上，你感到你的交流是成功的并继续后面的课程。换一个角度，如果你观察到学生并没有在笔记本上加上这个信息，你可能传递一个信息再次强调该信息的重要程度，你会这么说："这个事情很重要，我最好把它写在黑板上。"这个例子阐明了信息准确的重要性，并且指出你在交流过程中对反馈的关注是多么关键。

交流总会产生一个效果或一个结果。事实上，交流有3种类型的交流结果：接收者获得新信息或认知（认知效果），接收者改变态度或感情状态（情感效果），接收者学习到新的技能（精神运动效果）。但是，通常情况是，结果包含了上述3种类型的综合效果。

噪声和干扰有时会扭曲或妨碍我们的交流能力。空调的嘈杂声、大厅的喧闹声、汽车穿过街道、学生的走动、学生穿衣服的声音——这些都可以当作是教室的噪声，因为它们会干扰你的信息有效地在课堂上传递。噪声也可能是心理上的，例如，偏见能歪曲或干扰获得正确的信息。如果学生想要准确地接收和解码你的信息，必须克服这些噪声源。

信息能以很多形式发送和接收：语言的、语音的、身体的和情境的。因此，你必须训练能用这些模式的一种和几种的结合来发送信息。但是同样重要的是你要具有对学生发回的信息（反馈）进行解码的能力。这个能力直接与你听的技能相关。

（一）言语交流

教师通过讲话与学生传递信息，也就是说，通过的是言语交流，但是，学习不会仅仅通过教师的讲话和话语中那些单词就产生了。非语言信息因素有时也决定了一个知识是否能够被学会。

语言信息分为 3 个成分：词语、语音和词语隐含意义。词语成分是指所表达出来的实际单词及其意思；语音成分包括那些发音强度、语调、重音、语速、音调和响度等变量；词语隐含意义成分是指话语中那些暗示和意指的部分。

1.词语成分

词语可以用很多方法来解释，这些解释可能是造成误解的基础。事实上，任何一种交互作用的信息交流都依靠于词语和附着于该词语的意思。因此，把这些意思作为经验的结果去学习是武断的。例如，课堂上讨论女权运动、宗教信仰或民主主义等术语，依赖于学生的经验将会产生不同的结果。尽管有正式的字典定义，但是教育者必须确保教学的言语要尽可能地与学生的先前经验相关。这个决定需要教育者对学生将什么信息带到学习情境中来做出估计，例如，智力、学习的历史、学习能力。这个估计可能显示出教育者所表达信息中词语的方面超出了学生的基本经验。（提示：不要让教育者对学生的评估影响了教育者对他们能力的期望。学生倾向于按照与别人认为的方式相一致的方向来做出行为。）

词语的另一个问题就是滥用问题，这可能源于对词语了解的缺乏。事实上，我们可能在一主题上夸夸其谈并且听起来令他人认为我们相当富有知识，而实际上我们对这个词意一点都不清楚。这种词汇的诈骗行为在课堂上不可避免。学生常常看穿教育者缺少相关知识，而教育者将失去他们的尊重。

一个信息是否能准确地接收和解码，有如下几个方面的变量发生作用：

第一，组织结构。当信息出现在一节课的开始或结束的时候，结构良好的言语信息更容易被完全学习到。

第二，信息多面性。显示出相反观点，有两个侧面的信息学生学习得更好。

第三，语言强度。偏离中立的言语信息显示出更好的学习效果。

第四，具体性和模糊性。信息越具体越好。但是，必须注意，如果信息不够具体，那么基本的概念就会丢失。

2.语音成分

你是如何表达那些特别重要的词语的？声音给词汇赋予了生命力。音调、声音的强弱、节奏、音调变化或基音的变化都能改变一个信息所强调的内容以及信息表达的真实意思。例如，"我同意""是的"之类的信息可能在音调及语调里表达出不同的含义。

作为一个教师，他将与一个群体互动，并且将经常需要通过声音来强调需要重点表达的东西。因此，教师应开发并控制自己声音的强度，让所有学生能听到自己。这需要不断练习，但这种努力是很值得的。通常，短距离交谈的练习或呼气吸气的练习可以提高声音的强度和对声音的控制。

教师说话的节奏也会对学生产生影响。当教师说话很快的时候，其可能传达出这个学科不很重要，并尽可能快地讲完它的信息。相反，那些用很慢节奏说出的词语很重要，因此，要仔细考虑。记住这个事实很重要，因为教师可能需要去教自己不太感兴趣或缺乏准备的课程。这个时候，教师必须仔细注意自己表达的节奏。

声音的音调、音调变化和基音常常会影响词语。音调和音调变化能传达词语的轻重和有效性。例如，"我的意思是""安静点""我已经没有耐心了"之类语言的严肃性会受到音调和音调变化的影响。此外，高音调的声音会刺激解码者产生紧张感，以至于听者会避开说话者。因此，教师需要预防错误地使用音调、音调变化和基音，这些都可能会导致信息受到干扰。

声音的音量、节奏、音调、音调变化和基音传送的是种感情信息。高调的声音响度、节奏和基音传递了兴奋和热情，而慢的节奏和恰好的基音传递了冷淡。欢乐、渴望、愤怒、惊讶、害怕、不愉快、决心和犹豫都能通过声音的变化表达出来。声音变化的技巧能很大程度上帮助教师将学生注意力集中在学习任务上，并且协助教师对教室环境进行一般管理。因此，教师应好好练习自己的声音，它将在教学中一直为自己服务。

教师必须了解单调的声音对学生的影响。单调的声音会令学生昏昏欲睡，导致学生思想走神，并且注意力分散。多样的声音能在某种程度上克服这些消极的影响。事实上，通过变化声音的强度、节奏、音调和基音，教师可以使学生保持一定的注意力，这可能会是更有效的。

3. 词语隐含意义成分

当教师说话的时候，有种暗示或意指的信息不能直接由词意和其表达方式传递出来，这就是我们提到的词语隐含意义成分。例如，教师让一个学生放学后留下来讨论课堂上提出的一个问题时，实际上他是想与学生讨论成绩下降的问题。

通常词语隐含意义成分的应用是需要技巧的，因为教师试图交流的是一个内隐的信息。也就是说，要求学生听出词语本身含义之外的信息。有时候，教师的话语和行为所解释出来的并非是其想要暗示的意思。

当教师教或听的时候，言语交流的所有基本成分都作用于学生接收到的信息。因而，学生在三个水平上倾听教师所说：说的是什么？如何说的？为什么说这个（暗示）？因此，认真练习交流，使你信息的意图和你所生成的表达相一致。

（二）非言语交流

交流也可以不用语言。也就是说，我们可以不用词语发送一个信息。这种交流形式就是非言语交流。因为沟通交流领域的研究者指出我们交流中大约 80% 是通过非言语方式进行的，所以教师精通于非言语交流是很重要的。

教师通过服饰、姿势、眼神、行动、声音以及使用的词语不断地发送着信息。这些非言语信息可能加强、修饰言语信息，甚至与教师的言语信息相矛盾。例如，教师伴随着如释重负的轻叹，说一句"我希望你能够多待一会"。事实上，交流中非言语部分常常比言语部分更重要些，非言语部分表达的是真实的感受。有时，在判断我们在某一情境下将是什么反应或决定下一步该采取什么行动时，非言语信息扮演了重要的角色。例如，当一个朋友说，"我希望不久我们再次相聚"，但是可能这个人在说这些话的时候的行为让你怀疑并非如此。因而，行为有时比语言更有效。

有时，为了引起特别的反应而精心设计非言语的交流，而另一些时候，非言语交流会自然而然地进行。在每次交流中，它都能影响理解、态度和感觉。通常，这些非言语线索没有什么直接价值，但是在决定该去相信什么的时候可以从他们那里得出推论。因而，教师和学生常常通过非言语线索无意中显示出他们彼此之间的态度和感受，以及对学校的态度和感受。换句话说，你必须对你的非言语表达以及其对学生的作用有所警觉。认识到非言语交流和它的结果是达到对其进行控制的第一步。现在让我们来看看非言语交流的一些要素和成分。

1. 面部语言

脸部和眼部是身体最明显的部位，同样地，我们通过面部表情交流了大量信息。事实上，根据研究发现，在表达我们感觉的时候，脸部是仅次于词语的第二个方法。这些面部表情是容易看到的或短暂的，是无意的或自主的。无论什么类型，面部表情能加强、修饰口头表达，或与我们口头的表达相矛盾。

容易看见的面部表情通常是有意图的。它们发送了一个信息（如一个快乐的笑容）或伪装我们真实的感觉（如不满的一瞥）。通过围绕于前额、嘴部、眉毛、下巴、面颊和鼻子的脸部肌肉形成这些表情。例如，皱起前额传递着深思，挑起眉毛显示出惊讶或惊奇，一个冷笑显示出生气或不愉快，突出的下巴表示坚决。相反地，短暂的面部表情常常是无意识的，立刻被其他表情掩盖。例如，你可能突然感觉到厌恶或讨厌你遇到的某人，但是你不想对这个人表现出这样的印象。因此，你必须很快地用其他刻意的表情来掩盖你真实的感受和感情。

无意的面部表情常常出现在令人受创伤的环境或令人愉快的环境里。当你处于恐怖、愤怒、快乐和惊奇的情境里，这些细微的表情就会在你脸上一闪而过。在课堂上，无意的面部表情可以被你用其他表情尽快地去掩盖。但是，在某些情况下，你需要保持这样的表情以传达给学生信息。例如，在课堂上为了控制不当行为，教师常常流露出不愉快和愤怒的表情，为了消除紧张和提高学生注意力，教师常常流露出幽默的表情。

在与学生交流时，教师通常用一些自主的面部表情。事实上，有效的教师有完美的面部表情。例如，他们通过一个眼神、一个认可的笑容或一个不愉快的皱眉来传递信息。

眼睛能传达多种信息。你的眼睛"是变化的和模糊的，能够传达憎恨、内疚，能够表达自信、爱和支持"。同样，通过眼神的接触你可以打开交流的大门，延长交流，或者完全断绝交流。

正如许多教师所知，眼睛的接触可以用于控制课堂上的互动。当他们想让某个学生发言时，就与这个学生直接目光接触。相反，当他们想继续讲课的时候，他们避免与想发言的任一学生进行目光接触。此外，我们大多数人都记得当我们试图避免回答一个我们不会的问题时，我们目光会从教师身上移开。在那个时刻，我们变得对我们的课本或作业非常感兴趣。因而，当学生撒谎时、当学生不能回答问题时、当学生未能完成作业时，教师通常从目光接触中来评估判断。事实上，你可能也曾听过，当人们撒谎或者没有做其应该做的事情时，他们会避免与别人目光接触。但是，这个假设没有得到研究结果的支持。事实上，要小心使用这些没有被证明的概括，因为它可能会不恰当地影响你。例如，你可能不太信任那些和你说话不正视你的人。但是一个害羞的人——他发现自己与人目光接触非常困难，也可能是完全值得信赖的人。

特别的目光接触—凝视，会改变学生的行为。伴随着沉默的凝视对获取不当行为或漫不经心的学生的注意力是相当有效的。事实上，凝视能导致学生正确行为的产生。

2. 身体语言

人体动作学或身体研究显示，交流中运动和姿势是听者一个重要的信息源。事实上，头、臂、手和身体其他部分的姿势作为非言语交流是普遍的。

正如当你指出方向的时候，姿势可以提供信息；正如当你同意某人谈话点头的时候，姿势可以交流感情；正如当你轻打你写在黑板上的东西时，姿势可以强调重点；正如当你踩脚的时候，姿势可以引起注意。事实上，我们常将个体的身体活动解释为他或她的性格表征。那么，我们的身体动作不断地对那些观察敏锐者和留心者传递着信息。

过度使用身体动作或姿势可能对有效交流是个阻碍。当你做手势太频繁时，听者很困难去辨认讲话的高潮，不能真正知道信息中哪些是重要的。另外，太多的姿势使得听者注意姿势本身而不是注意信息了。

姿态和普通的姿势是身势语交流的另一种类型。紧张、刚硬的身体倾向于传递封闭和不安全感，而放松的身体表示强壮、开放和友好。你站的方式也可以交流信息。朝向听者的身体表示出安全和在交流中感觉很舒服。

触碰是非常有力的非言语交流。在交流中的触碰主要受到由谁来进行触碰的影响。例如，学生的教师常常用拥抱来表示强化，而与中学生这么触碰就不太合适了。

尽管触碰异性学生常常并非明智之举，但记住恰当地轻拍背部对学生是一个很好的强化方法。在与你的学生进行交流的过程中，你应该运用最佳的判断去决定是否应该触碰以及何时触碰。

你的服饰也传递着多种的信息。例如，穿着不合体的、皱巴巴的服装，认真严肃地讲话是很困难的。相反，我们倾向于注意穿着吸引人的讲话者。那么，建议教师应该穿那些适合在教室里作为领导者的衣饰。

3. 空间和运动语言

你对教室的布置和你对空间的利用可以形成交流。在教室里你如何放置目标？在空间界限里你选择如何走动，都是很重要的。

环境。学习环境中的硬件设施可以创造心情，借此影响与环境的交互作用的效果。在丑陋空间里，人会单调、疲劳、头疼、易怒和不友善。而在漂亮的空间里，人会顺利地反映出舒服、愉悦、重要的感受，并且很乐意完成分配的任务。从而，一个装饰良好、令人愉悦的教室有益于开始交流并且对学生在学习上保持注意力是十分有效的。

颜色会影响学生的行为。例如，有研究显示比起其他颜色，蓝色更让人平静，红色更活跃。或许在教室里颜色也能用于影响行动。可能像蓝色或红色这样的颜色结合起来可以创造出一个积极的交流模式。

区域。在教室里通常可以看到区域的现象。事实上，学习环境也常常排列成各种区域的样子，教师的讲台形成教师的区域，每个学生的座位和课桌形成学生个人的区域。这样的安排容易导致每个人保持他或她对自己区域的理解。这样的安排也常常导致学生之间几乎没有互动。这样的限制环境传递着封闭的信息，把教师和学生分割开来。

区域现象常常见于教室或没有分配座位的其他地方。例如，当一个学生正常地坐了由另一个学生占据的座位的时候，有秩序的占有者变得混乱和愤慨。同样地，在图书馆里，当你离开座位的时候，你会用夹克衫或书来标记这是你的区域。

教师动作。教室里教师的动作能帮助或阻碍交流过程。例如，走向某个正说话的学生可能传达了感兴趣的信息，而离开某个学生则意味着对其失去兴趣。教师的动作常常可以延长互动。事实上，教师常常通过在教室里不同地方的动作来帮助学生保持注意力。

空间关系学。空间关系学是研究空间使用和空间含义的科学。有研究指出，进行交互的人们倾向于选择一个特定的间隔距离，这个距离取决于他们对与之进行交流的人（人们）的感觉、谈话的背景以及他们的个人目的。例如，亲密伙伴之间的会话距离常常是 0.45 米（亲密距离）。朋友谈话距离常常是 3～4.5 米（人际距离）。商务交流和社会交流的距离一般是 4～7 米（社会距离）。在很多展示中，通常是 15 米或更多（公众距离）。

通常，教师在与学生互动时采用人际距离或社会距离的范围。与单个学生互动时可能是人际距离，而与整个班级互动时一般是社会距离。

4. 时间语言

时间及其微妙之处可以被精明地用于成功的交流。你决定如何使用课堂时间传递着重要的态度信息。当你花很少时间在标题上时，或者你完全略过标题时，你表达出标题不重要或你对标题不太感兴趣。这样的动作无意中转化为学生的态度。

停顿或沉默是交流中时间应用的另一种方法。例如，在你讲述一个知识点之前或之后停顿片刻以此来说明这个知识点是很重要的。此外，停顿可以暗示学生重要内容就要出现了，或者刚才的那个知识点对他们来说是很重要的，需要他们去反思。

时间也可以传递各种情感反应。例如，沉默表现出害怕、不合作或试图挑衅。当然，沉默也常用于表示缺乏兴趣。事实上，当你的话题没什么趣味或你没激发大家参与的时候，你的讨论常常会引起沉默。

教师常会提出很多问题；但是，教师发现从他们提出问题到接收到学生反应很难有足够的时间。教师希望学生对他的问题几乎不间断地进行反应，当这种情况不出现的时候，教师只好自己来回答那些问题。这些教师必须学会增加他们的等待时间，这样才能改善课堂上的互动效果。

5. 声音语言

声音对听者的理解发挥着很大的影响作用。事实上，声音的语调可以显示出成见、情感和说话者的背景信息。它还可以传递激动、恐惧和其他强烈的情感。这些理解通常是基于与多种音质、声调、特征等相关的经验和传统。

俗语说得好："说什么不重要，重要的是怎么说。"兴奋地说"这是个好主意"与简单音调的同一句话传递和表达的意思完全不同。正如前面提及，当言语信息和语音信息表达的意思发生矛盾的时候，人们通常会相信语音信息的表达。

作为一个教师，你必须审视自己的语音信息。你的语音声调有时候传递的完全不是你想要传递的意思。你的信息可能被声音的强弱、重音的变化以及语音的特点等影响。你必须认识到而且注意这些因素的作用和影响。也就是，你的言语信息与语音信息必须保持一致。

（三）倾听部分

听见和倾听不是同一回事。听见是倾听过程中的一个自动的、物理的成分。当耳鼓膜由于声音的刺激产生振动并将此传向大脑的时候，这就是听见。当大脑获得传递过来的刺激的意思，这时候才是倾听。因此，倾听是一个积极的过程，是一门艺术。

很多时候，我们听见了但是没有倾听。例如，我们听见令人厌烦的讲演，但很少去倾听这些讲演。真正的倾听是一件很难的事情，比说话要难得多。尽管倾听需要很多努力和训练，但其对教师的回报是持续的，在教室内外都有益处。

事实上每个人都在倾听，但是，很少有人能做得很好。提高倾听能力的先决条件是先要意识到有这样的需求。当我们比较自己所接受过的有关读、写、说和听的训练时，我们将发现听的训练很少。当我们意识到自己围绕倾听部分而做的交流占到自己交流60%的时候，上面的发现就更具有讽刺意味了。

倾听首先需要学会的是减少你的滔滔不绝。当我们还年轻的时候，我们倾向于闲聊，忘却了我们周围的人也正在说话，不久后，我们从成人那里知道了人们不喜欢面对滔滔不绝的谈话者。成为一个好的倾听者的前提是减少我们自己的话语。

倾听不仅仅是保持沉默。正如思考一样，倾听是一个强烈的、积极的过程。

它需要专心和自律。事实上，倾听过程分为4个部分：听见、注意、理解和记忆。

1. 听见

正如前面提到的，听见是一个物理过程。它是一个无法选择的，声波敲击耳鼓膜的过程，产生一个电化学的刺激传向大脑。因此，任何你希望去处理和理解的听觉信息都伴随有噪声。

2. 注意

尽管倾听始于听的生理过程，但当你决定是否去留意和注意你所听见的东西时，它很快就变成一个心理过程。这个决定直接与你的需要、要求、兴趣相关，也与信息设置、强度、具体性以及信息的持续时间相关。

听见包含说话人和被传递的信息。在一些情况下，我们可能不喜欢说话人所讲的东西，或者觉得那些对自己并不重要，但是只有我们耐心听完并且认真倾听，我们才能真正发现对自己重要的内容。虽然我们不能全部控制影响倾听的变量，但是对这些变量的认识已经向控制它们迈出了一大步。我们必须加强自己的注意力，不要说话，不要急躁，不要让自己的思想开小差。我们必须把脑子"锁定"在说话者说的东西上面，而把周围其他东西遮蔽起来。

屏蔽多余的刺激不是件容易的事，事实上，这也并非是对教师的要求，教师需要意识到在教室里任何事情都会发生。实际上，教师必须学会既能意识到课堂上所进行的内容，同时在情况需要的时候还要注意学生的行为。

我们看待演讲者的态度也影响着我们倾听的自觉性。如果我们认为一个演讲者是非常智慧或很重要的时候，我们倾向于表现出极大的热情去倾听。这个倾向也适用于那些有吸引力的演讲者以及思想、态度和价值观与我们相似的演讲者。其他诸如身高、服饰、名字等因素也对我们倾听能力产生一定的影响。如果我们想提高我们的倾听能力，那就必须尽可能地控制这些因素的影响作用。

听也包括言语及非言语两个部分。我们听见的词语仅仅是其中的一个方面。我们也可以通过非言语的方式来获得信息。因此，人们有时候认为他们正在发送一个信息（言语），但是他们的声音、词语的选择以及姿势（非言语）信息传递了与言语信息完全不同的意思。

事实上，4个非言语线索影响了交流。

第一，目光交流。直接和说话者进行目光交流，但要注意这种直视不要引起说话者的不安感。

第二，面部表情。让你的面部表现出你真正是在倾听的样子。这些表情对演讲者将是一种反馈（积极的或消极的），使他们了解信息是否已经按照其意志所接收。

第三，身体姿势。作为倾听者要放松。放松的倾听者能使演讲者也感到放松，并且激励其表达更多内容。

第四，身体空间。安排好自己的位置，使得你与说话人有一个舒适的距离。

尽管很多时候我们是有意识地去接收非言语信息，但我们有时候也下意识地从其他一些地方收集一些信息——例如，当我们知道某人对我们所说的东西并不真正感兴趣的时候。

3. 理解

理解包括信息接收的心理过程。在这个阶段，听者必须积极判断信息的价值、相关信息。你必须认真判断那些信息并决定"我真的对它感兴趣吗？"这个判断基于几个因素。首先，它包括我们对制作信息所用语法规则的认知。其次，判断常常基于我们对信息源的认识——该源头是否可靠，是来自朋友的还是专家的等。然后，理解取决于社会背景。例如，在教师休息室和校长会议上，同样的信息可能引出不同的判断。最后，我们常常依靠将信息组织成一个可认识形式的能力来判断信息的价值。

4. 记忆

记忆是倾听过程的第四部分。我们对信息的回忆直接与如何对其评估相关联。换句话说，在我们将信息送入长期记忆系统之前，必须决定它是否值得记忆。在这个评估过程中，我们是在做——根据自己的理念掂量这个信息的分量、探询说话者的目的、质疑该信息的思想、怀疑信息的有效性、将说话者的想法与优秀的标准进行比较、想知道有什么疏漏、思考该信息如何进行改善，还要用其他方式评估"这个信息表达了什么"。该评估常常是根据我们持有的内心信仰和价值观而产生的。但是，我们必须基于信息本身的价值对其进行评估和判断。这个能力是很难的，并且还需要自律，但它是值得付出努力的，特别是对于教师。

经验和内在情感常常会对评估产生影响。我们都有情感过滤器，它会对我们如何来评估我们所听见的事物产生影响。这个过滤器会阻止一些单词和段落通过，或者相反，它会容许一些单词和段落闯入，并深深地打动我们。在某些时候甚至改变我们所听到的东西。与观察相似，在某种程度上倾听也是具有选择性的。

以下是为减少过滤器对评估的影响而提出的 3 条指导：

第一，做到自律。直到接收全部信息后再进行评估。

第二，寻找自己所接收信息的一些反面例证。不要只注意那些自己所听见信息的表面价值。

第三，对自己所听见的信息做一个现实的自我分析。依靠自己的爱好、价值观和感觉检测这些信息。

对信息的回忆能力还与你听到该信息的频率以及是否反复复述该信息相关。当然，你听见信息的某段越多，你就会越好地保留之。同样，复述的信息也更容易被记住。

一些人倾听技能很差是因为他们有不太好的倾听习惯。这些习惯包含下面所列：

第一，假倾听。假的倾听是一种对倾听的模仿。好的模仿者看着你的眼睛，点头或微笑表示同意，他们的表情显示出很关注，但实际上，他们脑子里在想着其他东西。

第二，隔绝地听。当我们不愿意对某个话题或当这个话题需要动用我们心智努力来理解其所表达的内容时，我们中的一些人会避开倾听。如果你有这个习惯，那么你必须锻炼自己去听那些难于理解的信息的能力。

第三，选择地听。选择性的倾听者只注意说话者谈话内容中引起他们兴趣的话题。当对信息不感兴趣的时候，倾听者会自动停止去听。他把兴趣等同于价值。这个习惯的谬误就是无兴趣的信息常常是有倾听价值的。当然，我们有时候也会对信息进行选择，比如，当我们工作时，我们从商业媒介里筛选出背景噪音。

第四，特征倾听。特征倾听者对信息传递方式或说话者的外貌更感兴趣。这样的个体常常更关注于说话者的信息传递风格或身体外貌，而不关注所听信息本身。他把信息的重要程度与信息传递方式和说话者的外貌相联系。实际上，更应该记住的是那些信息而不是它是如何传送的或传送者的外貌。

第五，表达欲过强。表达欲过强者想说话，他们只感兴趣表达他们自己的思想。似乎只有当他们需要喘息的时候，他们才容许别人发言。例如，许多教师想占据课堂上所有的发言。这些教师很少给学生表达他们观点的机会。当他们说话的时候，他们打断学生发表的议论。简言之，教师们必须特别注意这种表达欲过强的习惯。记住，表达欲过强并不是真正的健谈；实际上，仅仅是说话而已。

第六，防御性地倾听。防御性倾听者将无意的评论当作人身攻击。十几岁的孩子是众所周知的防御性听者。他们常常将父母或教师对他们行为的评论看作是不相信他们而进行的探查，教师必须认识到这一点。教师还必须认识到十几岁的孩子对于同龄者关于其外貌或身体特点的评论是过度敏感和具有防御性的。有时，十几岁的孩子彼此之间会造成极大的伤害。

在大多数时候，认识到倾听中的这些坏习惯已经足够帮助你克服其不良影响。如果教师希望成为一个好的倾听者的话，就需要不断练习，设法改掉这些坏习惯。

深思熟虑通常会影响倾听。比起将信息传授给我们，我们可以以更快的步伐来掌握信息，这是一个已经确凿的事实。因此，当我们听的时候，我们有时间去注意我们的环境和思考——去让思想离题漫游。这些额外的思考时间最好用于反思和分析正在听的东西。

尽管我们想成为一个好的倾听者，但我们仍缺少一些技能。对不同倾听类型的审视可以帮助我们更好地理解这些必要的倾听技能。

（四）倾听类型

我们倾听有不同的前提，在脑子里也会有不同的结果。事实上，倾听在不同情境下确实是发生变化的。例如，听学生背诵就需要一种与帮助学生解决他或她的问题时所不同的倾听类型。下面我们将介绍3种倾听类型：单向倾听、双向倾听、倾情倾听。

1. 单向倾听

当教师不是积极地参与信息的时候，进行的就是单向倾听。简言之，单向倾听是一种消极的倾听。教师在听的时候，不说话，也不做出非言语的指示给说话者。单向倾听使说话者不受听者影响地表达自己的思想和观点。单向倾听常见的例子是看电视和听一个演讲。

单向倾听给了说话者自由。倾听者成为演讲者观点或问题的传声筒。十几岁孩子常常需要这么一个人，他仅需要听完他们所说的，无须给出反应。人们偶尔对传声筒的需要就解释了为什么人们喜欢对着没生命的物体或宠物说话。

当我们坐在后排的时候，一般进行的也是单向倾听，轻松自在，让听的输入刺激自己的感觉。为纯粹享受去听音乐是单向倾听的完美范例。

单向倾听对教师的价值是有限的。事实上，除了很少情况，大部分时候它是无效的，因为最简单的一个原因，听者常常错误理解说话人的一些想法。例如，那些不太清晰的信息常常被听者错误地进行解释。另外一些情况，说话者发送不正确的信息，或者仅仅是听者错误地获得了信息。总体上看，尽管单向倾听有其作用，但单向倾听无法确保总能完全理解说话者的信息。幸好，我们还有其他更好的倾听类型。

2. 双向倾听

双向倾听者积极地参与信息的交换。实际上，听者通过询问更多信息或通过解释说话者信息的方式为说话者提供反馈。

当某一信息不清晰时，寻找额外的相关信息是寻求理解的一个有价值的工具。一般地讲，教师只不过请说话者详细描述其信息。例如，教师可能想让学生更细致地描述他用于解决此数学问题的方法，学生可能请你重复写主题的指导，或者学生可能要你详细阐明如何使用一个实验室的设备。

教师用自己的语言重新叙述说话者的信息是提供反馈的另一项技术。教师用自己的语言来重述他人意思的一个例子是"那么你是在告诉我因为你的父母太严厉，所以你与他们之间存在问题"。记住一件事情，重新叙述说话者信息是换用措辞来表达那些话，而不是鹦鹉学舌。

尽管积极的倾听通常包括言语反馈，但反馈也可以是非言语的，例如，一个微笑或点头表示理解／或者一个皱眉表示不理解。如果说话者是善于观察的人，积极的非言语倾听技巧通常比言语技巧更有效。

双向倾听对教师有真正的好处。首先，双向倾听能提高你准确、完全理解学生所说内容的可能性。实际上，积极的倾听可以作为你对学生陈述解释准确性的仔细检查。其次，激励学生更深入地探索问题。最后，运用倾听可以通过给予学生深入讨论问题的机会来鼓励他们解决自己的问题。

3. 倾情倾听

倾情倾听是一种富有感情的听。真诚地试图体验说话者的经历或感情并且对这些感情做出反应。仅仅通过这样的倾听，你能完全理解别人的意思吗？倾情倾听要求仔细注意说话者的言语与非言语的线索。听者通过将这些线索共同置于反应内容及情感的陈述里来收集说话人完整的意思。

在倾情倾听的反应部分，听者努力避免让说话者误解或尽量阐明信息。教师在倾情倾听过程中的作用好似为学生的言语、感觉和行为举起一面镜子。通过倾情倾听的过程，教师试图提供关于学生交流成功的直接反馈。这种反馈可以采用简单的重新解释说话者言语的形式，也可以是对说话者言语和非语言行为中所反映出来的信息的真正解释。例如，如果学生传达出他或她不喜欢你的科学课的信息，教师对这个信息内容认真思考后的反应可能是，"我相信你说的是你不喜欢科学，因为你发现实验太难了"。

你对学生陈述的反应可能与信息内容成分或信息有效成分有关系。例如，教师对一个信息内容的反应可以以这样的短语开始："我相信你说的是"或者"你好像认为"。然而对反映一个信息有效成分的反应就应该以这样的短语开始："我认为你感觉"或"你似乎感觉"。

对学生完成全情投入没有快速方法。但努力达到这样的结果是很重要的。

教师必须学会用学生的视角进行观察。例如，如果学生交作业迟了，教师应该努力将自己置身于学生的处境来理解他晚交作业的原因。这样，教师常常会发现一些愚蠢和可笑的行为。但是，教师该做的，就是要站在学生的角度来考虑这样的情境。

总的来说，各种类型的倾听技巧是有效教学的基本工具。事实上，如今教师具备良好倾听能力的重要性已经比以前更被大家接受和认可。目前倾听技巧被认为与教学有效性是直接相关的。所有的教师必须是一个熟练精通的倾听者。

（五）倾听反馈

教室内的交流需要你编码和传递的信息能够被学生接收并准确解码。这通常是个双向交流的过程。学生不断地对教师发过来的信息进行解码，并依次发还信息给教师。通常，学生这些反馈是非言语的信息。

学生不断发送理解或不确定、同意或不同意、喜欢或憎恶、关心或漠然、注意或疏忽等非言语信息。当教师接收到这些反馈，应该解释它并且结合这些反馈修改或阐明自己最初的原始信息；也就是，教师可以通过解释、进一步提供事例、改变自己的教学模式等方式对反馈进行反应。对于教师而言，对学生这样反馈的辨认和反应也是必须掌握的技能。

在教学环境下成功地使用反馈也是改善教学的有效方法。但是，许多教师很少显示出他们将反馈作为教学策略的一部分。但是，反馈对整体教学过程是很重要的，不能逃避或忽视。

二、对中学教学实践的建议

青少年喜欢交流。他们抓住每一个机会与同伴交流。这种倾向应该应用于中学课堂环境里。青少年萌芽状态的自我概念和正在发展的个性需要你特别关注。

倾听在中学是个被忽视的方面。因此，中学教育工作者应该强调在课堂上利用一些时间进行倾听教学。教师应该认识到在小学大部分孩子没接受过倾听方式的教育。同样地，中学教育必须教会青少年学会互相倾听。

第二节 学习动机

促进学生的学习愿望是你的最大的教学挑战之一，也就是激发学生的学习动机。传统的激发方法是向学生鼓吹学习和作为一个有知识的人的益处。不用说，这种方法是无效的。

现代的青少年是在电视、电影和刺激性的音乐中成长起来的。当伴随着这些强烈刺激成长起来的青少年进入学校时，他们也希望能够得到高水平的刺激。显而易见，当他们进入课堂时发现课堂这么缺少乐趣会多么失望。因此，在许多中学，中学生的学习动机都很低。

所有的教师无疑都同意学习动机是课堂学习的一个重要因素。但是，什么是学习动机，更重要的是，如何提高学生的学习动机？由于学习动机概念的复杂性，许多人在试图解释它的时候产生了不同的观点。让我们从它的起源开始了解学习动机。

一、内部动机和外部动机

动机可以定义为激励和指导我们行为的一种需要。显而易见，这种影响可能来自个体的内部也可能来自个体的外部。内部动机是学习者自身带入学习环境的一种需要，也就是他们内部的特点（态度、需要、个性特点、价值观）。人们常常将这些内部因素看作动机的认知方面。基本上，这个观点认为个体内部独特的特点会指导个体的行为。相反地，外部动机源自学习的环境，是人们在这个环境中表现出做某件事的适当的动机。这种奖励的使用是动机的强化。

内部动机比较难以改变，即使发生改变，改变的速度也很慢。事实上，不论你和学生在一起的时间有多长，你改变学生内部动机的可能性都很小。因此，你必须学习如何激励已有的动机特征。

外部动机利用动机改变学生的行为。这种动机用人为的方法促进学生努力学习。理论上，动机不能成为完成课堂作业的基本原因。因此，你需要谨慎地使用动机。

许多理论家认为内部动机和外部动机是互相联系、互相影响的。这个观点认为外部、环境的因素可以用于影响内部的因素。

二、动机的认知方法

和大多数人一样，学生也根据自己对事物的感知做出相应的反应。这些感知会导致不同的需要。

（一）学生态度

有些学生一开始就喜欢学校和你所教的科目，而有些学生则很不喜欢。这些先前的态度，或者对人或事的态度，是他们对于学校和相近科目的先前经验导致的。有的人喜欢学校和你所教的科目是因为他们觉得这学科有趣或容易学；而有的人由于发现学校很没意思，你所教的科目很难，所以不喜欢学校和你所教的科目。你的工作就是要改变他们的消极的态度。因为你不能强迫学生喜欢学校和你所教的科目。这不是一件容易完成的工作。你的最好的策略是通过使用创新的动机激励的方法去诱使他们改变。

首先，很重要的是要改变他们对于学校和学习消极的想法。因此，你必须告诉学生学校的价值。换句话说，你必须让学生明白学校中的学习要求对于生活技能的成长和实现职业目标具有很重要的意义。完成这个任务的一个方法是，邀请社区中令人尊敬的领导者或者成功商人到学校为学生讲述学校和学习的重要性。

其次，学生通常关注有关学科事务。因此，你应该准备好如何回答这些问题，如"为什么我们要学这门课"，"这门课对我有什么好处"。如果你不能有说服力地回答这些问题，那么你可能就需要再评估一下你的教学内容。你和所有人都必须知道为什么这个学科是有价值的。

最后，如果你想引起学生对学校和学习的积极的态度，你就必须使学生融入他们的学习并引起他们对学习的兴趣。在下一部分，当我们讨论激励动机时，我们将讨论引起兴趣的方法。

（二）学生需要

需要可以定义为"机体内部的一种不平衡状态，或者人的某种要求的不满足，或者个体要求的全面发展"。显而易见，学生进入你的班级时具有广泛的需要。马斯洛认为人的需要有 7 个水平。前 4 个是低水平的需要，被定义为缺失需要，它们是生理需要、安全需要、归属需要和尊重需要。而后 3 个是高水平的生长需要，包括学术成就的需要、审美需要和自我实现需要。生长需要和缺失需要不同，它很难真正满足。因此，满足这些需要只有激励个体去寻找进一步的满足。

马斯洛的需要层次理论对学生的行为做了有意义的解释。总之，学生满足低水平需要的愿望会影响你希望他们达到高水平目标的愿望。例如，学生的归属与同伴团体的需要和保持尊重的需要会影响他们的学业成就。事实上，学生有时违反规则甚至违抗教师只是为了同伴的认可。此外，每个个体不同，需要的强度也是不同的，并且会随着时间和环境的改变而改变。

安全需要对于教师来说有重要的意义。就是说，当学生犯错误时，要避免羞辱学生；要避免过分强调测验和分数。事实上，当学生觉得能很安全地分享他们的观点时，他们的动机就很好。有一点压力的环境可以较好地激励学生的动机。

所有的学生都希望获得成功，避免失败。因此，学生的所有倾向（目标动机）就是获得成功，避免导致失败的情况。所以，当你计划的时候，需要考虑哪些学生有高成就需要，哪些有低成就需要，哪些害怕失败。你可以给那些高成就需要者提供高水平的挑战，鼓励和强化那些害怕失败者。

（三）原始动机

人们生来就具有好奇心，就有冒险、表现的愿望。因此，教师需要在准备教学活动的时候将原始动机考虑进去。例如，在教学中进行教学游戏、猜谜、计算活动等调动大部分学生的原始动机。尽可能选择活动，使学生有机会满足个人的兴趣和需要。

三、动机的激励方法

当学生具有很好的内部学习动机时，教学会变得很容易。但是，实际情况并非如此。大部分中学生对学习并不感兴趣。因此，你必须学会激发学生的学习愿望。下面让我们来学习集中激发学习动机的方法。

（一）课堂气氛

学校和教室的气氛经常决定了学习的氛围。领导风格、物理环境、教室布置和课堂交流等因素对于学习动机强的学生和学习动机弱的学生的影响是不同的。

1. 领导风格

你希望拥有一个怎样的领导风格？你是否希望成为一个有激情、令人温暖、细心、公平和有趣的人？还是你更愿意成为一个居高临下的、专横的、尖锐的、批评的和苛刻的人？也许你选择成为一个懒洋洋的、完全放任自由的人？以下特征决定了你的领导风格：独裁的、民主的，或者放任主义的。你选择哪个领导风格是依据学校的政策、你的学生的情况和你的个性特征决定的。有的教师认为学生不成熟，缺乏做出正确决定的能力，因此，他们需要一个独裁的教师。

具有独裁的领导风格的教师具有以下特点：强权的、控制的、压力和批评。独裁的教师认为自己有为班级做决定的责任，他们使用压力、尖锐的声音和威胁来强迫学生依从。因此，独裁的教师是用批评和"羞辱"来激励学生，这往往导致学生中出现敌对气氛，学生觉得无力，并且疏远学科事务。学生在这种气氛下常常会害怕失败，低自尊和产生失败情绪。因此，一旦学生遇到新的困难，往往选择放弃。

具有民主的领导风格的教师是友好的、有同情心的和热情的，但也同样坚决的。民主的教师更愿意通过分享责任和鼓励而不是命令来激励学生的动机。通过分享责任能提高学生的自尊，当他们出现错误时，给予鼓励。民主的课堂气氛是开放的、友好交流的和独立的，它能使学生达到一个高水平的学习。

放任主义的领导风格的教师是完全放任自由的。任何事都可能发生，这往往导致混乱。课堂经常是无序的，这会导致学生的挫折感、压力增加，并感到被完全抛弃。

从独裁的风格到基于自由、选择和责任的民主风格的变化会有助于学生对学校和学习产生积极的态度。学生需要学习自己承担责任。

2. 物理环境

你的教室是多姿多彩和具有吸引力的，还是单调、阴冷的？许多中学教室都是阴冷的。但是，一个有吸引力的教室对学习更有好处。引人注目的公告牌和展示能够活跃教室的气氛。事实上，当允许学生进行教室布置时，教室会被设计成多姿多彩和包含大量信息的，教室公告牌和展示可以有效激励学习动机。

教室中学生位置的安排是一种有效的激励方法。也就是说，位置安排可以培养团体凝聚力，这种凝聚力可以引起高水平的团体归属感。由于归属感属于一种基本的需要，它对学习动机有积极的影响。更好的方法是，让学生有机会重新安排自己的位置。

3. 交流

交流是一个包含了广泛、复杂的人际关系的主题。缺乏课堂交流必将导致低水平学习动机。事实上，当存在动机的问题时，必定存在交流的问题。但是，交流是一个双向的活动：你说，同时你听。你必须允许学生说并参与解决课堂动机的问题。你必须持续提高你的沟通技巧，并且以开放的心态倾听学生的感觉、意见和观点。

4. 模仿

模仿是一种激励动机的方法，学生通过模仿他所崇拜的人的行为、观点和价值观来获得学习。例如，那些经常观察政治领袖、音乐家、诗人或科学家的学生会因此产生相关的兴趣。此外，学生有时也可以作为其他人的模仿对象。也就是说，当学生在一个他所尊敬的同伴身上看到一定的期望的行为时，他们可能会自觉地学习这些行为。因此，团队合作可能引起同伴之间的行为的互相学习。

大部分课堂上的重要扮演者是教师。事实上，教师对所教的学科表现出来的积极性和热情会传染给学生。因此，如果教师对学科表现得有兴趣，那么学生会被传染，他们会积极地去寻找是什么东西那么有趣。事实上，有研究显示，教师的热情能引发学生的高学术水平。因此，教师的热情和学生的成就需要有直接的关系。

（二）激励兴趣

当学生为了变化或者挑战，持续地寻找有兴趣的事情来做的时候，他自然会去寻找激励。因此，学生更喜欢那种有丰富激励的环境而不是那种单调无趣的环境；做点事情——无论多琐碎，总好过什么都不做。

人们需要激励具有重要的动机暗示。学习环境总会受到来自外界的激励，如受到街道的交通、走廊的声音和学校院子中的交谈声的影响。所有这些激励不同程度地影响了学生的学习注意力。因此，你必须持续地和这些无关的外界激励作斗争，吸引学生的注意力。如果学生对外界无关激励比对学习活动更感兴趣，那么他们会将注意力转到这些无关的外部激励。

学生总是具有疏忽和注意时间短的特点。如果在学习环境中不定时地改变激励，学生将失去兴趣。换句话说，除非学生特别融入学习过程，否则他们的注意力会转到外部激励或者自己的思想中去。因此，你必须改变你的行为或者学习的活动，以便学生能够不断得到新的激励，将注意力保持在学习活动上。你必须有意识地将激励变量融入你的课堂中，以实现保持和提高学生注意力和兴趣的目的。以下行为或行为模式能够帮助实现这个目标：手势、提醒技巧、不同的互动方式、不同感觉通道的转化和运动。

手势可以抓住学生的注意力。例如，在桌上的一声轻叩、一个手部动作或者身体位置的改变都能将学生的注意力拉回课堂。这些手势动作是对学生的激励的变化，它能引导学生将注意力带回课堂。事实上，一个特别的强调的意思可以通过使用不同的肢体动作来传达。手指的响声或者点头都可以将学生的注意力引回课堂。

提醒是将学生的注意力引向教师的教学的一种方法，它可以通过语言或者手势实现。语言提醒在指导学生特别关注某个教学内容时十分有效。或者当教师发现学生注意力开始转化时可以使用这个方法。语言提醒的一个常见例子是"这点很有必要记住"，"这是今天的主要问题"，或者是"你们确定将这些重点记在你们的笔记本上了吗"。如果语言提醒和手势结合起来使用会有更好的效果。例如，一边敲着粉笔盒一边提醒"记住这些定义"。

教师可以和学生使用以下任何一种基本互动方式：教师—团体、教师—学生、学生—学生、学生—团体。当教师需要向全班讲解某个问题时，可以使用教师—团体互动方式。例如，当教师做一个报告或者做一个演示时。另外，如果教师需要向某个学生解答问题那么就适合使用教师—学生互动方式。当教师广泛地使用这种方式时，它会提高学生对这门课的兴趣。

有时教师可能希望指导一个学生向另一个学生说明一个问题，那么就可以使用学生—学生互动方式。有时教师可能想结束讨论并请一个学生向整个团体报告讨论结果，那么就可以使用学生—团体互动方式，但是记住不要让学生觉得不舒服。

虽然大部分的课堂交流是口头的。教师还可以有其他4种重要的交流渠道：观察、接触、体会和闻。教师可以通过转化这些感觉通道激励兴趣。当教师进行这些转化时，应及时地提醒学生做相应的转化，这个过程也就是重新聚焦注意力的过程。例如，使用放在上方的投影仪就是一个有效的重新聚焦注意力的方法。学生需要将他们的初始的接收方式转为听觉和视觉的模式。

在大部分情况下，教师是课堂上最重要的人。因此，教师的任何行为都会吸引学生的注意力。因此，教师可以通过在教学中使用一些简单的动作来聚焦学生的注意力。例如：

第一，在教室中左右走动。

第二，在教室中前后走动。

第三，在学生中间走动。

通常，教师必须避免在教学时站在讲台或课桌后固定不动（或者隐藏起来）。我们也许曾经受过那些教师严格地站在讲台后面，用低沉单调的声音教学的教室教育。明显地，这种经验说明学习吸引学生的注意力和对学习的兴趣的技巧是多么重要的事。

最后，不能将教师的热情仅仅看作是吸引学生注意力的方法。

当教师很热情时，就会吸引学生的注意，学生会对这门课更感兴趣和专注。

虽然提醒的技巧是用来吸引学生对课程的注意力和兴趣的，但是如果过度使用会使学生失去兴趣和注意力。换句话说，如果教师过于使用提醒，学生可能会更多关注教师的表现而不是教学内容。例如，持续地"噢""对"，踱步或者轻敲你的脚都可能转移学生的注意力。事实上，即使是教师的过度热情也可能转移学生对教学内容的注意力。

（三）导入

一般来说，教师必须在教学一开始就吸引学生的注意力和兴趣。也就是说，教师必须吸引班上的每个学生的注意力并准备让他们认真听讲（建立一个认知机制）。

在教学开始时有许多因素会影响学生的注意力和兴趣——气候、假期、学校活动等。因此，教师必须学会一套吸引学生注意力和兴趣的技巧。例如，如第五章所述，面对全体同学沉默不说话，就可以吸引学生的注意力和兴趣。当教师面对一个小团体的时候，这个方法特别有效。沉默和热切地盯着学生看都会很快吸引他们分散的注意力。沉默和暂停是获得学生注意力的有效方法。

另一种常用的培养学生注意力和兴趣的方法是：使用全班同学感兴趣的主题作为教学的开始。事实上，这个主题本身不一定要和当天的教学内容完全相关。例如，关于汽车的一个有趣的故事可以引出有关运动和摩擦力的主题。一个关于海滩的讨论可以引出关于太阳系的主题。这种技巧需要逐步培养，它是一门艺术。

和手势的使用一样，其他一些技巧，如教师的走动、悬念、模仿和图画都能很好地吸引学生的注意力。一个有趣的演示、一件特别的事件或者一幅图画常常能吸引学生的注意力。更好的是让学生进行这个有趣的演示，分析这个特别的事件或者展示这幅图画。教师应该尝试各种不同的吸引注意力的方法，找出对学生最有效的方法。哪种方法最有效会由于教学内容、社会经济水平、背景、动机、年级和班级大小等因素的不同而不同。

（四）动机的理论

当学生用自己的方法去学习概念并获得成功时，那么他们的能力感（应对环境的内部需要）和期望水平会增强。因此，使学生最大程度地融入学习过程的教学策略是很好的激励成就感的方法。此外，如果学生能够参与计划和选择活动，那么他们会找出更有意思的活动。

学生期望变化、行动、激励和新奇。事实上，他们宁可阅读小说中的许多次要情节或者许多有趣的情节也不愿阅读一个缓慢发展的、单一线索的故事。此外，他们更喜欢那些新奇的激励而不是那些常规的、熟悉的激励。换句话说，教师应该努力在教学中加入生活的因素，如介绍一些有趣的激励的教学内容和教学技巧，使用幽默或者暂停的方法等，这样可以使课堂更生动。例如，幽默可以使学生得到放松，暂停可以使学生有时间思考和反思。

（五）教师期望

当教师对学生有较高期望时，学生往往能表现得更好。这种对学生自我实现预言的功能是教师工作的一个重要部分，也就是，学生的表现和教师对他的期望一致。

有关课堂互动的研究显示，教师倾向于喜欢那些表现出高成就感的学生。事实上，高成就感的学生常常获得更多的时间去回答问题并得到更多的积极的反馈。同时，他们和教师有较高水平的互动。

这些发现建议教师要对那些看起来有更大潜力的学生提供更多的支持。这样，这些有巨大潜力的学生和他们的教师之间的互动会更积极。

学生的动机、渴望和自我概念在相当程度上受教师的观点和行为的影响。当教师觉得某个学生很难做好时，其可能不自觉地给他较少的鼓励、较少的回答问题时间和教师关注。当这种情况持续一年以上，这个学生可能就和教师的期望越来越近。要知道，学生会使用教师的行为作为他们自己的镜子，所以应给学生更大的期望和挑战，提高他们的自信心。

四、强化

强化，或者说对所期望出现的行为的奖励，是一个需要长期认证的动机的方法。这个方法是基于那些引起快乐并被重复的行为的原则。基本上，我们趋向以那种导致有价值结果的方法行动。因此，如果一个学生致力于获得某些东西，这些东西（事件、目标、行动等）就可以作为学生的强化物，也就是激励物。但是，一个特别的强化物可作为某一个学生的激励物，但是不一定可作为另一个学生的激励物。换句话说，只有当目标行为增加或者提高时，才能认为强化是一个激励物。例如，成绩并不是对所有学生都是强化物。学生的任何重复的行为，适当的还是不适当的在某种程度上都是强化，因此，学生往往被他自己的行为所强化。当正确使用强化时，它可以是一个有效的激励物。现在让我们认真学习一下教师强化和它作为激励物的功能。

（一）正强化和负强化

强化可能是积极的也可能是消极的。当作为学生行为的结果有价值的时候，正强化就发生了。可能的正强化是成绩、赞扬和社会认同。

负强化包含不良激励的消除，例如一个测验或留堂的威胁。学生从一个依靠适当行为的情境中逃离，被安置在一个不合需要的情境中。这显示学生控制着负强化，也就是，可以通过适当的行为脱离消极的情境。

（二）强化的技术

哪种类型的强化最适合激励中学生呢？这是个不容易回答的问题。在任何情境下，最有效的方法依靠于诸如年级水平、学生、学习活动、教师等因素。但是，对中学生来说，有四种强化的资源是有效的激励物：教师赞扬、对其他学生的观察、对结果的认识和奖励机制。

教师赞扬有两种形式：言语的和非言语的。当教师观察学生的行动并给予积极评价的反馈时，就发生了言语强化，典型的例子是一个词"好"或简短的评价"十分正确""好主意"。教师需要注意不要过度使用这些短语，如果只使用一个词，那么它的效果会减弱。因此，教师应该成为一个聪明的言语强化者：使用不同的评价，并确保在适当的时候是用它。同样，不要忽略，学生的观点也可以成为强化物。

非言语的强化是使用肢体动作来传达对学生的行为的赞扬。例如，一个赞许的点头、一个微笑、一次目光接触、一个面向学生的动作，或者其他积极的姿态都可以告诉学生他们是正确的。非言语强化是一个强大的激励物——甚至比言语强化更有效。

当学生的表现只有部分是正确的时候，教师也需要激励学生，以使他们能够继续向着目标行为前进。例如，教师应该强化解决一个几何问题的尝试或者一个正确的解决问题的步骤。教师应该有选择地强化学生行为中的正确的部分或者学生的努力。这种情况下，教师应该使用有效强化的技术。有效强化能够使害羞的学生和能力较低的学生积极地参与到课堂活动中来。

（三）替代动机

当学生看到其他学生的行为受到强化时，他们也会受到激励。因此，如果一个学生看到另一个学生的正确的行为受到强化，那么他也希望以同样的方式进行活动。例如，如果一个学生因为在章节测验中取得好成绩而被免去单元测验，那么这个强化也会激励其他学生在章节测验中取得好成绩。这种动机的类型被称为替代动机。实际上，第一个学生被当作目标行为的榜样。

替代动机在快速习得目标行为中常常很有效；不需要教学。因此，选择正确的强化物，适当地应用，替代动机可以很好地激发起期望的新行为。

（四）反馈作为激励物

给学生提供反馈有3种方法：赞扬、公布结果和成绩。必须认真并系统地运用这些反馈方法才会有效。如果仅仅是简单地使用这些积极的反馈方法，那么将会减弱这些方法作为激励物的有效性。因此，必须视目标行为，特别是那些需要被强化的行为的情况，恰当地使用反馈。换句话说，积极的反馈是对学生认真完成作业的真诚认同。

教师早就知道赞扬作为激励物的作用。赞扬比其他一般方法更有效，因为它需要教师的注意并且不仅仅是使用标准的一个词或一个短语来做反馈（好、回答得很好、不错等）。赞扬为持续的内部变化铺垫了基础，因为它可以提高学生的自尊心。

公布一份作业的结果也可以激励学生，因为它提供了作业的正确性的反馈。那些象征成功的结果可以导致更好的活力，而那些需要改正的措施则指出了那些改进行为需要的那些行动。如果教师想了解学生是否从作业成绩中获益，那么其必须及时批改并发回作业。事实上，如果教师对每一份作业都认真批改并写上有关学生优点、缺点的评价，那么教师就可以从批改作业中实现对学生最大的激励。仅仅在作业的边上做出简单的评价是不够的，它不能满足学生需要的指导。

教师经常认为测验和成绩是很好的激励来源。但是，研究结果并不支持测验和成绩激励学生的学习这个观点，测验仅仅逼迫学生——为测验学习。实际上，测验和成绩仅仅对那些高水平的学生起到激励作用，而对那些低水平的学生的作用则很有限。因此，教师应该很明智地不要将成绩作为主要的激励物。相反，教师应该诉诸学生的内在动机并依赖合作和个别化的策略。这种结构更有利于激励学生的动机。

（五）奖励机制

这里，奖励机制是一个更正式的强化系统。它是关于学生的某个特定行为为何获得奖励的一个协议。在这个成功的体系中，学生因为表现出目标行为而获得代币、点数、小星星或者记号——或者任何适当的事物。这些代币可以定期地交换一定的奖励，例如，减少家庭作业的数量，奖励实物、游戏或者其他学生喜欢的事物。

教师可以在奖励机制系统内列举出一系列的奖励。学生可以用不同数量的代币交换不同的奖励，例如，少量的代币交换较小的奖励，较多的代币交换较大的奖励。学生可以用一些代币换取不用做家庭作业，或者用一些代币换取在课堂上听音乐。

使用这种更正式的奖励系统的一个优点在于学生不会被不小心忽略。但是，有时很难找出对中学生有足够吸引力的强化物。有两个简单的方法可以了解学生所希望的强化：一是直接问学生，二是让学生填一份问卷。此外，在课余时间简单地观察学生也可以了解学生的需要。最好的强化物常常依靠学生、课目和情境来实现。

（六）意外事件合同

意外事件合同是学生和教师之间正式的、书面的协议，它明确描述了学生必须做什么才能够得到奖励和特权。这个合同可以由教师起草，然后给学生；也可以由学生起草，然后给教师。但是，当合同由教师和学生互相协商、共同起草时，它的效果最好。不论合同起草的过程如何，合同必须准确地描述学生做什么才能得到特权和奖励。

合同可以鼓励学生对自己的能力产生现实的期望。因此，你可以规定合同是可以更改的，但是任何变化都有一定的处罚。

五、对中学教学实践的建议

青少年十分需要他人的接受和承认。他们需要被人们认为是有能力的，特别是被同伴认同。因此中学教师应该避免过多地批评青少年。

第三节　阅　读

阅读是为了打开通向世界的大门，在那里可以找到快乐、奇妙和满足。

包括中学教师在内的所有教师都是阅读教师，因为他们必须帮助学生阅读并理解课堂的阅读材料。实际上，大多数的学校学习都要依赖于理解书面材料的能力。但是，很多学生在阅读文本材料的时候会遇到困难，结果是他们在试图完成作业的时候受到了挫折。教师安排的印刷材料常常不适合他们班级学生的阅读水平。因此，教师必须学会引导学生成为具有独立阅读能力的人。

中学教师常常想当然地认为学生都具有阅读的能力。但是，阅读是一项需要很多年才能真正掌握的复杂技能。如果教师希望学生达到他们学科领域预期能力水平的话，他们就必须注意学生的阅读水平如何以及人们通过阅读可以学到什么。学生可能是高效率的读者，但是有些学生可能会遇到阅读困难。教师必须教那些具有阅读困难的学生如何更好地阅读。

成为一个熟练阅读者的过程常常持续到成年。即使是到了那个时候，很多成年人在阅读的时候仍然会遇到困难。因此，中学教师提出很多学生具有阅读困难是不足为奇的。

一、阅读困难

大多数中学教师认为他们自己是学科内容专家，因此他们以学科内容定位。"我必须教授我学科的内容。如果我不教这个数学概念，他们会在哪里学到这些呢？""我必须在 16 周内完成第二次世界大战教学，如果我不能完成这些内容的话，我就不会教这本教科书了，而学生也不会从这个课上获得他们应该获得的所有东西。"那些认为自己的首要任务是教授特定内容的教师常常表达这样的或者其他类似的观点。他们怎么可能关注教授"阅读"呢？仅仅是因为没有时间。

大多数中学教师认为所有的学生都能够阅读他们课堂上提供的课文内容。不幸的是，这样的假设是没有根据的。实际上，班级里到处都是疲于将印刷的东西转化成有意义概念的学生。

另外一些学生被阅读说明性课文的要求所困扰，这样的课文需要"读中学"的技能，而与之相反的叙述性课文，阅读的目的则是"学中读"。

大约在四年级的时候，认知要从学中读转换到读中学。在这个时候，学生面对的是以说明形式出现的概念和事实。对词汇、先前经验、课文结构以及观点复杂性的需求与日俱增。同样地，教师的责任是确保学生在他们从学中读向读中学转化的过程中取得进步。

迄今，仅仅是阅读这个行为本身被作为青少年潜在的问题所关注。动机的问题也会影响阅读。事实上，动机不仅影响到学生是否读，而且还影响到他们如何读。一项对不阅读教科书作业的学生进行的调查表明这些学生并没有选择阅读作为获得信息的一种可行的途径。但是这项研究还显示，这些学生不能确定地说阅读是他们老师的优先权。通过教师安排作业的方式，以及通过他们的课堂教学方法，学科领域的教师能成为传达阅读重要性的一部分吗？在课堂上，教师为了激发学生进行读中学所做的事情，对于学生如何阅读以及是否阅读课本内容会产生很大的影响。

是否所有的教师都应该成为阅读教师？或许不是这样，但是他们必须面对的是确定学生能够阅读并理解他们的课的内容的必要性。实际上，学科教师主要关注的重点应该是教授他们学科的内容。但是他们要想这么做就必须先教学生把阅读当成是获得、保持、扩展他们的学科内容领域的实际工具。也就是，学科教师应该教学生如何从课文中学习知识。但是在他们能够这么做以前，必须确定学生能做什么，不能做什么。他们必须对学生的阅读能力做一个诊断。

二、诊断的策略

适当的教学材料和活动的选择有赖于学生的理解能力。因此，正如第三章所指出的，有效教学的第一步就是诊断学生的起始程度。与课堂材料的阅读困难相比，这一诊断应该包括学生的阅读熟练程度。

（一）学生的阅读水平

中学学生的阅读能力往往存在着非常大的差异。实际上，仅仅是一个班级的学生他们在阅读水平的等级上可能就会相差 8 年的水平。教师可以用一个公式来估算自己班级学生阅读水平的差别范围。年级水平 +1= 相差的年数。因此，一个九年级班级的阅读水平的差异范围就可以计算出来是：9+1=10。

根据四个阅读水平可以考虑学生中阅读能力的变动：独立的、指导的、挫败的和倾听能力的。学生在最高水平——独立水平上可以流利地阅读并且完全理解。独立水平的学生不需要辅助，很少出现词汇识别错误，记忆情况非常好。指导水平也是最高的水平，在这个水平上，学生可以在有指导的情况下取得阅读的进步。在这一水平上，学生需要准备和监督，偶尔会出现词汇的认知错误，对内容有较满意的理解和记忆。在挫折水平上，学生不能读出很多单词并常常不能令人满意地理解材料。这是最低的水平，学生无法理解。在这个水平，学生丧失了基本的阅读技能——不流利、很多词汇识别错误、错误的理解、粗略的记忆、明显的情绪紧张和不适。最后，倾听能力的学生当材料被大声阅读的时候可以理解材料。这一水平也被称为潜能水平，因为这个水平的学生，如果他们能够流利阅读的话，他们的理解将没有任何问题。

独立水平的学生在阅读的时候表现出典型的高度自信和对任务非常感兴趣。在指导水平，学生阅读比较流利，他们在帮助下可以理解，而且他们通常会遇到困难，但不会被困难压倒。相比之下，挫折水平的学生常常拒绝阅读或者无法继续阅读。他们在口头阅读的时候缺乏表达能力，这表明他们缺乏对材料的理解。最后，倾听能力水平的学生可以理解和讨论材料。对学生倾听能力水平的确定对于学科教师来说特别有用，因为与课程内容相关的其他交流信息的方法成为可能。

（二）确定阅读水平

班级学生的阅读水平常常会因课程内容而异。确定学生阅读水平的最有效方法可能是通过非正式的技术，如朗读和默读评估、完形填空法、内容领域阅读调查。

1. 朗读和默读评估

通常情况下，教师没有时间依据所有学生的大声阅读来进行非正式的朗读考察。但是，在学生已经通过观察和标准化测验过程中确定了水平，但有人还需要更进一步的分析时，非正式的朗读考察就变得十分有用。当教师准备一个朗读评估时，应该从课本中选择一个有 250～300 个单词的短文。教师还需要设置一个简短的介绍为理解短文提供必要的背景，以及能够帮助设立阅读目的的陈述。教师可以通过使用自由回答回忆的方法或者提问特定问题的方法来评价学生的理解情况。如果教师使用自由回答回忆法，其就可以对学生说，"用你自己的语言来给我讲讲这个故事"，或者说，"告诉我这篇短文的主要思想"。在把短文交给学生阅读之前为确定短文主要思想确立一个标准是非常重要的。通常比较有效的分类是优、良、差。

如果教师使用问题来估计理解水平，则需要设计 5～10 个可以反映字面理解水平和推理理解水平的相关问题。字面理解是指理解明显的原文信息，或者文中直接陈述的信息。推理理解水平需要应用推理能力。

教师在确定理解水平的时候，除批判性字面问题和推理问题以外，还应该将批判性阅读和创造性阅读包括进来作为评价的一部分。批判性阅读需要在对观点的分析和综合的基础上做出关于原文的评价性决定。创造性阅读需要超越原文而达到能够通过从原文中学到的东西得到新的思想或结论的目的。

当实施一项朗读评估的时候，教师应该留出与学生一对一的私人空间。如果教师想获得学生阅读水平的准确估计的话，就要保留学生的隐私。教师还要注意其他能够影响阅读表现的因素：兴趣和背景经验。研究表明，学生的阅读水平会根据他们对阅读材料的感兴趣程度而发生波动。此外，认知心理学的研究也强调了背景经验在阅读能力和广泛学习中的重要作用。当阅读材料十分有趣或者学生有足够的背景知识来说明信息的时候，学生的阅读水平会表现出明显的偏高。反之亦然。当学生缺乏对学科或者阅读任务的兴趣或者缺乏适当的背景信息的时候，学生就会显示出比实际水平低一些的阅读水平。在阅读文章之前设计一个目的陈述可以帮助关注潜在兴趣与经验差异。此外，通过认真听取学生回忆的陈述或者对理解问题的回答，教师常常会注意到需要进一步的调查以弄清事实，这将使教师增加评估的准确程度。朗读表现的精确分析不是教师的目的。教师的目的是发现学生大致的阅读水平以便提供适当的材料。

教师也可能会选择用默读评估来评量学生的阅读水平。这种方法的优点是可以同时对一个小组或者全班进行评价。此外，教师还要从学科的课本上选择合适的文章。像前面描述的那样设计理解问题。如果教师对一个小组或者班级进行评价，其必须依靠那些对问题的书面回答。使用这种评量方法既有优点也有缺点。当然，能够同时测试很多学生是它最大的优点。此外，匿名感的小组环境非常重要，特别是对那些自觉的学生来说。但是，这个程序无法进一步对回答进行探察和详细思考。还有，因为答案是书写的，有些学生会因为书写的问题而处于不利地位，就会影响他们的真实写作能力。然而，在测验及结果分析后，跟选定的学生进行单独谈话可以弄清你所关心的个人表现的任何问题。

2. 完形填空法

或许评价一个人阅读水平更加有效的方法是使用完形填空法。完形填空是指完成的心理原理，当作为一种诊断工具使用的时候主要是用来评价学生的阅读水平。程序包括系统化地删除一篇课文的部分词语，然后评价学生准确补充缺失词语的能力。学生正确补充缺失词语的能力可以作为他或她能够阅读课文及根据课文构建意义的一种指示物，反映了学生背景知识的扩展和语言的流利程度。因此，完形填空法可以作为衡量阅读过程的操作，而不仅仅是衡量阅读的结果。

（三）内容领域阅读调查

教师制作的内容领域阅读调查是通过真正在课堂上使用的材料来评价学生阅读表现的一种有效方法。内容领域阅读调查可以使教师了解学生在一些领域如何处理阅读任务：课文中的信息定位、从多种水平回答问题、使用词汇的技能、根据课文的需要调整阅读的速度。可以通过教师构建的测验来进行这四个领域的评估。就像使用完形填空法一样，教师一定要告诉学生这个"测验"不是为了给出等级，而是为了做出适当的教学决策。介绍将要阅读的课文的选定部分，提供指导默读的目的陈述，让其成为"一目了然"的评价。任何关于评估结果的讨论都应该在私人会谈中进行。

三、内容阅读策略

"读中学"的关键是理解。提高对原文的理解能力所使用的策略可以围绕着你应该在阅读任务之前、之间和之后实施适当策略的观念来组织。

（一）阅读前策略

因为对原文的理解依赖于读者与原文的互相影响，所以读者在开始阅读之前就意识到对于这个题目他或她已经知道什么是非常重要的。

教师为学生的阅读和完成一项作业所做的准备将对他们完成作业的情况甚至是否完成作业产生极大的影响。可以通过在学生完成作业之前使用策略来实现为了与原文进行交互而构建的"认知准备"。例如，教师可以预览理解原文所需的信息，或者可以带领学生浏览原文的结构（如标题、副标题、图表等）。换言之，应当注意原文的结构以及它如何能够帮助理解。原文结构与对原文的理解水平具有高度的相关性。原文结构既包括内部结构也包括外部结构。内部结构通过使用阅读和词语信号给出了作者的组织结构。这样的阅读信号包括：首先、其次、最后、然而、但是、作为……的结果和原因。在阅读作业开始之前就可以向学生指出这些信号。此外，原文的外部结构提供了原文材料的组织线索。黑体印刷字、副标题、标题、图表和章节划分可以作为外部结构的例子。教师不能以为学生自己就会认识到这些结构的重要性。通过对原文结构预先的纵览，学生就能够学会认识原文的组织或结构。

此外，教师可以实施能够帮助学生激活并使用他们先前知识的策略。通过使用头脑风暴和讨论的方法唤起学生对他们已知知识的注意，他们就可以认识到这些知识的存在图式。此外，教师可以确定学生在他们背景经验中遗忘的信息，并且据此为他们提供这些信息。

预读计划可以帮助辨别那些对于概念有很多知识、一些知识，或者几乎没有知识的学生。那些具有重要背景知识的学生能够定义并提出相似的情境，这会帮助扩大班级的概念，可以引导概念链接和直接思考。具有一些背景知识的学生能够举例并引用概念的特性，但是可能无法认识到观点之间的联系或者无法在他们所知和新材料之间建立联系。最后，几乎没有什么背景知识的学生常常是在头脑风暴的过程中不会做出任何贡献，甚至提供与主题错误的联系。然而，对于学习的研究表明"错误"可以被看作是通往思维过程之窗的"误差"。误差常常是一个人努力弄清一些事情的结果。预读计划策略实际上可以提高鼓励冒险的开放环境，在这里学生乐于出现失误；然后，它可以为你提供跟随学生思维过程的线索。

教师可以通过集中兴趣和为任务设立一个目的来让学生为学习任务做准备。或许教师最广泛使用的集中兴趣的方法就是提出问题。但是，教师应该明智并且谨慎地使用准备好的问题。"为什么"问题是较高水平的问题，可以激发兴趣，比一些较低水平的问题更加有效，那些较低水平的问题会将提问过程引入背诵结果而不是激发思维。教师可以通过设置一个预期指导来引导学生预期他们将阅读什么。

预期指导也被称为反应指导或预言指导。预期将要阅读什么的过程帮助学生在阅读的时候具有极大的兴趣和注意力。使用预期指导有3个好处：第一，学生了解了关于新信息他们已经知道了什么，这可以帮助他们更好地理解；第二，学生倾向于变得有兴趣并参与到积极的讨论中，这将激发阅读；第三，当使用预期指导的时候，阅读和写作教学很容易整合。此外，预期指导可以在阅读活动之后作为对读到内容的反思方法来使用。

（二）阅读中策略

帮助学生成功地在阅读过程中完成他们的阅读任务开始于认识阅读的目的。这样的目的可以由教师来确定，也可以当他们问自己"我需要知道些什么"的时候由他们自己来确定。

学习指导可以围绕着 3 个理解水平来构建：字面的、说明的和应用的。这些"水平"应该被看作是呈现认知活动一般种类的普遍的原则，而不是离散的、相互隔离的分类。学习指导包括每个种类中的陈述，但是，它很容易促使学生超越对文章字面的理解来处理信息。一种学习指导的类型是三级阅读指导，它可以通过将集中于阅读节选主要观点的陈述与支持你内容目的的陈述整合而构建多种模式。这个三级阅读指导测量学生对作者说了什么的理解（字面水平）、作者的用意是什么（说明水平）、阅读的内容是什么（应用水平）。

（三）阅读后策略

在学生阅读之后教师所做的和阅读之前以及阅读过程中所做的事情同样重要，然而最常用的阅读后活动常常就是简单的学生独立活动或者小组复习。独立活动典型地由回答章节最后选出的问题组成，复习常常严格地以教师为中心，这种活动倾向于从学生那得到答案而不是学生的热情。在涉及全文的过程中，几乎没有考虑阅读后的活动。

教师必须了解如果忽视了阅读后的重要性就会忽视实质的学习过程。关注已经阅读了的内容可以帮助学生构建整篇文章的意思，评估完成目的的情况，以及巩固和应用学到的知识。潜伏于这些目的之下的是产生知识所必需的批判过程。如果学生通过阅读学到了知识，他们就应该能够对这些信息分类并将这些信息整合到他们自己已经存在的认知图式中。应该概括观点并弄清联系。当重新检查为阅读设立的目的的时候，学生将能够确认预期、确定知识之间的缺口、产生新的问题，并在超越原文所呈现的信息之上扩展自己的知识。最后，学习文章的学生应该能够将获得的知识迁移到新的情境中。当学生开始自主地进行他们的学习过程的时候，他们开始认识到什么样的"学习"是时时处处的：不仅仅是记忆事实和图表；也不是鹦鹉学舌一样重复课堂上权威所说的信息。而是通过学习形成、修饰、巩固、控制和扩展学生实际的认知结构图式。换句话说，就是产生了知识。如果你遵循所有教学过程的方法——从阅读前、阅读过程中到阅读后阶段，这个崇高的目标是很容易达到的。全国的中学正在研究和实施的关注阅读后的策略有很多。尽管这些策略是作为阅读后策略提出的，但它们可能在整个阅读过程中都可以成功地使用。这些策略中应用最广泛的有合作学习分组、摘要、构建图解表现，以及写中学。

通过让学生之间交流他们的想法，大大提升了他们对所读内容的讨论过程。但是，有两点特别重要。第一，学生需要学会作为一个小组成员的多项责任。第二，他们需要学会熟练交流他们关于阅读到内容想法的方法。

清楚地界定学生的角色将会使小组活动更加有效。例如，一周可以选一名学生作为小组的主席，领导对学习指导的讨论。其他的角色可以包括一个书记员和看门人（记时员）。这些角色可以轮换以确保所有的成员都有机会服务于多个职位。实际上，研究发现，不同能力的学生倾向于表现不同的长处，这就使小组经验比个人学习经验更有益。例如，对特殊细节的定位是较低能力学生的长处，而较高能力的学生更善于发现从特殊到一般的联系。最重要的是学生可以互相学习。

因为摘要需要的思维类型是选择和简化，所以摘要对于学生来说，是非常有力的阅读后使用的策略。选择的过程是指必须做出对于原文的信息应该保留什么、放弃什么的判断。简化的过程是指通过用概括的观点代替低水平和更细化的观点以使观点得到浓缩。能够概括文章内容的学生表现出选择应该包括内容的能力和重新构建原文意义的能力。此外，有效地写出摘要可以说明学生理解了上位概念、从属概念，以及它们之间的关系。这样的理解要远远超出仅仅是简单的对事实的记忆。

摘要至少有两种类型：基于作者的摘要和基于读者的摘要。基于作者的摘要是为了让写作的人理解所概括的文章而写的，而基于读者的摘要是为了让其他人读而写的。因为目的不同，这两种摘要的表现十分不同，写作时的处理方法也有差异。基于作者的摘要包括很多细节，却很少注意语法和句子结构。相比之下，基于读者的摘要作为一个成果来反应对全文意义的理解就显得更加精练。应该教给学生这两种类型摘要的差异并让他们获得两种摘要都写一写的机会。

当你教学生写摘要的时候，要从选择难度合适的文章开始。一开始，引用的文章应该短小并且写作清楚，这样主要观点会比较明显。然后当学生表现出已经比较熟练的时候，再选择长一些、复杂一些的文章。让学生在写摘要的时候可以参考该文章。要将注意力集中在作者认为重要的地方。摘要应该包括重要的信息，但是教师一定要确定自己的学生指导重要是指对作者的重要，而不是对自己来说重要。作者的文章结构可以用一些标志显示出什么是重要的。如帮助学生找出介绍性的陈述、主题句、概括陈述、加下划线的、斜体的、重复的、粗体的等。以基于作者的摘要开始；然后逐渐转向为其他人阅读而写的摘要——基于读者的摘要。

此外，口头摘要也是合作学习策略的一部分，被称为"互教"。在这项策略中，要教会学生形成关于阅读内容的问题、概括内容、弄清要点，并根据文章的线索或对于这个题目的先前知识来预测即将出现的内容。对话是小组（合作学习）交流这些信息的模式。口头摘要将补充书面摘要工作。

第四节　课堂管理

教学的重点是关注全班所有学生，而懂得如何管理课堂是实现这个目标的必要条件。

处理课堂中的各种细节进而达到教学目的是每一个教师的职能，这一职能要求教师具备有效的管理技能。课堂管理常常很困难，因为这一过程往往是由许许多多必须进行监控的交互作用组成的动态系统。换句话说，课堂管理不是一件容易完成的工作，它需要有良好的计划。

所有的教师都有管理问题。因此，如果教师希望完成自己的教学目标，就必须有效地处理学生的不良行为。如何处理不良行为又依赖于管理哲学和教师偏好的管理方法。基于以上方面，下面将介绍三种当前广泛使用的课堂管理方法的原理和一些范例。

如果课堂管理者希望管理有效，他们还需要对不良行为有所了解。为此，我们将讨论如何处理不良行为。我们将探讨以下问题，如为新学年开个好头的一些方法、规则的建立、对课堂的有效监控、惩罚的适当使用。最后，还将列出一些教师应用的课堂管理方法。

有效的教学需要有效的管理。事实上，教师、管理者、父母和学生都认为不良行为会强烈干扰教师教学的能力和学生学习的能力。尽管这些报告显示在公立学校中存在严重的管理和纪律问题，但是这并不是说学校现在处于失控状态。

课堂管理的角色是什么？在我们开发促进课堂管理的技术之前，我们必须了解课堂管理的功能应该是什么。

一、课堂管理的角色

课堂管理是指组织和处理课堂事务从而减少行为问题的过程。课堂管理经常被人认为就是维持秩序和控制学生。然而，这种看法是过于简单化的；课堂管理还有更多的内涵。事实上，它包括课堂环境的建立和维持，从而实现教学目标。

有效管理的核心就是提供积极的、有助于学习的社会和物理环境。除此之外，课堂管理的另一重要成分就是纪律，就像前面提到过的，纪律永远是教师、管理者、父母和学生关心的主要问题。纪律不应该仅仅与惩罚相联系。惩罚针对的是不良行为的结果，而纪律则包括预防课堂不良行为的产生以及处理不良行为。这一节主要探讨纪律而非惩罚，因为一名成功的教师必须在以上两方面都有能力做出正确的决断。

作为一名教师，你必须意识到你希望实施的任何一种课堂管理决定和策略的原则与后果。为了对不同的策略有一个了解，让我们先学习 3 种不同的管理方法：自律法、指导法和终止法。

二、课堂管理的方法

（一）自律法

自律法的前提是我们信任学生能对自己做出评价并能改变他们的行为，所以，这些行为对他们自身和全班都是有益的。这种方法将课堂管理视为教师建立和发展有效的"师—生"关系的能力。总的来说，提倡这种方法的教育者指出教师需要承认学生是有自尊的，并展现自己真实、信任、宽容与共情的态度品质。带着这些品质，我们来一起了解以下两种以自律为着眼点的课堂管理模型。

1. 现实疗法

现实疗法，旨在帮助学生承担检查和解决自己问题的责任。学生是具有理性的，只要他们愿意就能够控制他们的行为。例如，在入学的第一天学生一般都会表现出一些通常好学生表现出的行为。

学生通常都需要在别人的帮助下才能做出好的决定。实际上，学生必须接受指导，这样他们才能成为负责任的、能够在现实生活中满足自己需要的个体。也就是说，必须有人指导他们如何面对现实生活。教师的工作正是提供给学生所需要的指导以便帮助他们做出正确的选择。教师必须帮助学生学会判断自己的行为是否对自身和全班有利，从而以此对自己的行为进行检查。

如果发现某种行为不当，学生应该得到帮助，制定一个可行的、书面的计划来改变这种不当行为。任何不实行已订计划的借口都是不能接受的。学生已经做出了承诺，就应该坚持履行制定好的计划。如果发现最初的计划并不充分，关键的一点就是需要教师和学生都愿意再次检查计划，并更新或改变原先的承诺。如果学生不愿意做出承诺，就不应该允许他/她再留在课堂上。

值得注意的是，现实疗法将责任放在学生身上，而非教师身上。教师并不进行惩罚。事实上，惩罚阻碍了个人发展，是无效的。如果一个学生扰乱了课堂，他/她就应该被带出课堂直到他/她承诺改正自己的不良行为。所以，教师的责任就是帮助学生成为有责任感的、有创造性的课堂成员。

那些强制执行的规则是必不可少的。实际上，背景和不良抚养环境并不能成为不良行为的借口。应该不断地强调学生的责任。学生必须承认自己的行为，并对自己的行为做出价值判断。例如，当不良行为产生时，教师永远不应该问学生他们为什么会做出这样的事情；相反，教师应该问："你正在做什么？"重点强调的是"你"，这样就不会关于谁应该对这次不良行为负责产生任何的误解。在这个问题之后，教师还应该紧接着询问诸如此类的问题："这样的行为有没有违反纪律？"或者是"这样的行为对你或者对班级有好处吗？"如果不良行为还在持续，教师就需要和学生做一个（私下）沟通，让学生保证改正自己的不良行为。如果破坏行为仍在继续，或者学生不做出改正的承诺，就需要做出更为严肃的处理：和做出破坏行为的学生会谈，如果不行，接下来就需要和家长会谈，接下来就是在校察看，再接下来就是校外察看，最后的办法就只有将学生彻底驱逐出学校。

课堂讨论是处理问题的关键环节。学生们围成一圈讨论课堂情境和相关问题。教师的角色就是提供小组所需要的背景信息并偶尔提出一些自己的看法。课堂规则、结果和流程都能在这样的讨论中得到发展，所有的学生都应该参与这个发展过程。当然，纪律是灵活的，当情境改变时可以通过新的讨论确定适用的课堂纪律。

2. 教师效能训练

教师效能训练强调的是在教师和学生之间建立起积极的合作关系。教师可以通过更清晰、不伤害学生自尊的交流来减少学生的破坏行为。另外，如果教师希望在开放和信任的氛围中和学生互动，非言语信息和倾听技巧就显得非常重要。

教师效能训练的关键是当学习环境中出现问题时，找出问题出在谁的身上，是教师还是学生？如果教师因为学生行为的影响而不能完成教学目标，那么问题就还是出在教师身上。例如，如果因为学生在教师授课的时候不停讲话使教师不能达成教学目标，那么课堂问题的责任就出在教师的身上。另外，如果教师因为学生的行为而感到烦恼，或者是如果教师希望一名学生能够改变他 / 她的行为，那么问题可能就出在学生身上。那么，说自己讨厌教师或者讨厌某一门课程的学生就是有问题的。

当问题出在教师身上时，"我"信息就应该被传达。"我"信息告诉学生教师对某个问题情境的感受，并传达教师期望学生改变行为以使情境有所改善的信息。例如，"我对这种在课堂上不停讲话的行为感到很生气"，"我对你在集会上的行为感到失望"，或者"我不能允许在课堂上出现这种噪声"。如果这些处理有效，学生（或者班级）应该可以意识到自己的不良行为所造成的危害并进而改变他们的行为。但是，如果"我"信息不能矫正问题，教师和学生就会陷入冲突，这时就需要通过问题解决来找到一个可行方案。在这种情况下，可以采用一种"双赢"策略。"双赢"策略是分六个步骤进行的协商过程，在这个过程中教师和学生（班级）的贡献是相对平等的。第一，要明确存在的问题或冲突。第二，对于如何解决这个问题，教师和学生都提供相同数量的主意。第三，对这些主意进行评价，排除那些不可行的主意。第四，将留下来的主意排序，挑选最好的主意。第五，思考如何实施选定的方案，让大家都对此感到满意。第六，也就是最后一点，即对该方案的实施效果进行评价。一般来说，在"双赢"策略中惩罚是不可取的，因为惩罚会将学生置于一种感受到失败的情境中。

如果问题出在学生身上，就需要教师主动地倾听（或者是共情地倾听）。也就是说，教师应该仔细地听，让自己成为学生的顾问和支持者，鼓励学生表达自己的看法。同样地，教师也应该只对学生的观点本身做出反馈，并帮助学生找出他们自己的问题解决方案。教师的职能并不是给学生提供或是强加给他们某种解决措施。

（二）指导法

构成课堂管理的指导法基础的前提是拥有良好的计划和执行情况的教学能够预防绝大多数的课堂问题。这个方法的基本假设就是当教学与学生的兴趣、需要和能力契合时，他们就不会表现出破坏行为。换句话说，指导法可以通过这样的假设来预测：具有良好的计划和执行情况的教学能让学生专心于他们自己的学习，能提供给学生成为成功学习者的机会，这样的教学就能够预防和解决大多数的课堂问题。现在，让我们一起来看一下两种以指导法为主要原则的课堂管理模型。

1. Kounin 模型

Kounin（库宁）在比较了有效和无效的课堂管理者之后发现，教师们在课堂问题发生后所采取的措施是几乎没有分别的。主要的区别在于有效的课堂管理者倾向于防止课堂问题的发生。首先，这些教师对环境很敏感。也就是说，他们了解任何时候发生在课堂上的任何事情。其次，有效的课堂管理者是熟练的团队领导者，能够保持活动不偏离任务。这些教师在任何时候都能使学生投入学习并且产生应有的效果。没有学生会枯坐在座位上等待任务或者是看别人做事。教师对课程有很好的计划，并以平稳、连贯和适当的进度执行课程计划。Kounin 认为一些教师之所以能成为更好的课堂管理者是因为他们具有 4 种能力：全面关注、重叠活动、小组聚焦和移动管理。

全面关注指在任何时候都清楚课堂上发生的任何情况的能力，任何事情都不会被遗漏。觉察能力强的教师能很快意识到课堂中的干扰，并又快又准确地对之做出控制。他们可以防止小的课堂破坏行为变大，他们知道谁是问题的制造者。

有效的课堂管理者也擅长于重叠。重叠意味着在同一个时间内处理两个或更多的活动和小组。关键的是，它是一种在任何时候都能够监控全班的能力。例如，它在保持一个小组不偏离任务的同时还能帮助其他学生也完成各自的任务。

最后，Kounin 指出成功的课堂管理者也需要移动管理和小组聚焦，这是指进行课程转换、使课程保持适当的进度，并让所有学生都参与到教学中来的一种能力。不仅如此，有效的课堂管理者还不能让课程在教学目标有所变化时停滞不前，也不能让课程在不同主题或活动之间来回变换。他们能通过吸引学生注意力使学生保持警觉，也能使学生对课堂充满责任感，使所有学生都能参与到教学中。

2. Jones 模型

Jones（琼斯）对课堂中教师遇到的问题进行了超过 10 年的研究，他发现，大多数的管理问题是由学生的时间浪费引起的。也就是说，大多数的管理问题是因为学生与任务分离而造成的。事实上，Jones 估计因为学生的时间浪费，教师可能失去了 50% 或更多的教学时间（例如，在教室里交谈和走来走去）。Jones 坚信，通过正确地使用四种策略，这些被浪费掉的教学时间可以得到重新利用：限制设置、熟练运用身体语言、激励体系以及有效帮助。

限制设置是为课堂上的适当行为建立标准。根据 Jones 的观点，这些限制应该包括以下内容：制定行为规则，适当工作行为的描述，获得资料或物品的步骤，如何完成课堂任务的指导说明，以及完成分配的任务以后应该做什么的说明。

Jones 还提出 90% 的守纪行为和使学生集中在任务上的效果都需要熟练运用身体语言。身体语言是一套身体上的特殊习惯，它可以使学生回到学习中来，对学生最有效的身体语言是接近学生、直接的眼神接触、身体位置（身体面向学生）、面部表情和语调。

Jones 认为激励体系也能使学生集中于任务和完成学习活动。他还建议将一些学生喜欢的活动，如电脑使用时间、自由活动时间、教育游戏的使用、自由阅读等，作为对学生表现出的教师所期望行为的动机上的强化。另外，Jones 还提及，同伴压力也能成为有效的激励因素。例如，如果一名学生表现出不良行为，就会减少整个班级进行所喜爱的活动的时间。他还建议，可以将需要减少的时间记录下来，在房间的前方放一个较大的时钟，让全班学生都能看到。如果没有大的时钟，那么每发生一次不良行为，就扣除固定长度的时间（例如一分钟）。

最后，Jones 认为有效地提供帮助与学生集中于任务上的时间是相联系的。他的研究表明，教师每帮助一名完成课堂任务有困难的学生，平均就要花费 4 分钟左右。他建议说，这些时间可以减少至 20 秒以下。这样就可以使更多的学生得到帮助，并减少学生产生只有教师站在旁边才能进行学习活动的倾向。

设置限制、使用身体语言、使用激励体系和提供高效帮助并不能消除所有的行为问题。当这些方法不能解决的问题确实发生时，Jones 建议使用一些备用的措施，如课堂隔离或者是将学生请出教室。

（三）终止法

课堂管理中的终止法将调解课堂的责任全部交给了教师。教师强制执行一整套特定规则来控制学生在课堂上的行为。在课堂管理的终止法中，教师有权力对不良行为做出迅速、有力的处理，因此这种模式被看作是权力系统。终止法可能是目前在公立学校中使用最广的方法。常见的两种终止法模型是严格的纪律和行为矫正。

1. 严格的纪律

教师的基本权利就是要求学生在课堂上表现出得体的行为。基于这样的目的，可以使用严格的纪律，而这种方法需要的是同样严格的教师。严格的教师清晰、坚定地向学生表达自己的需要和要求，能够在说出这些要求之后采取适当的行动，他们以尽可能保证学生服从的方式对待学生，但绝不会遏制学生的兴趣。严格的教师以沉着而又有力的方式管理着课堂。

严格的教师不能容忍破坏教学的不良行为。通常使用的一些理由，例如同伴压力、家庭环境和遗传都不能作为不良行为的借口。严格的教师建立规则并限制行为，同时指出合适的行为和不合适的行为会带来的结果。那些遵守了规则的学生可以得到积极的奖励，如物质奖励、自由活动时间或者是某种特权，而那些破坏了规则的学生将承受不良后果，如放学后留在学校，迫使他们缩短午餐时间或者是去校长办公室。在学年开始的时候，教师就会向学生、家长清楚地解说各种规则、限制和各种行为的后果。

严格的教师坚决地要求他们的学生表现出得体、负责任的行为。教师在一开学时就对学生提出自己的期望，然后不断地强调已经制定好的措施和指导守则。换句话说，教师是在做出承诺，而非胁迫。他们并非通过胁迫让学生遵守规则和指导守则，而是对不良行为确实采取惩罚措施，就像一开始许诺的那样。这个方法假设只要学生愿意，他们就能表现出适当的行为；这对于他们来说只是一个选择的问题。

2. 行为矫正

行为矫正的思路来自斯金纳的思想和工作，这种方法基于这样的假设：学生会为了获得一定的奖励而改变自己的行为。

行为矫正的基本前提是学生的行为可以通过改变伴随在活动或行为之后的结果而改变。从技术上来说，强化原则在改变教育实践或学生行为的某些方面都进行了系统的运用。那些遵守了已制定的措施、规则或者在要求的任务中表现好的学生就可以得到强化物，也就是奖励。强化物可能是教师的表扬、一个好分数，甚至是一些实实在在的奖励，如看一场免费电影。那些没有遵照要求行事，表现出不良行为或者是表现不佳的学生就得不到他们想要的奖励，甚至是受到某种惩罚。

学生不恰当的行为可以通过使用惩罚来消除。就像强化一样，惩罚也可以分为两类，即正惩罚和负惩罚。正惩罚是最常使用的惩罚形式，它指施加一种学生不愿意接受的刺激。例如，如果一个不希望发生的行为出现了，可以对其私下训斥、将其隔离或者送去校长办公室。与正惩罚相比，负惩罚指取消一个学生愿意接受的刺激或者抑制预期的积极刺激的施加。例如，如果不适当的学生行为出现了，可以给予这样的负惩罚：取消自由时间、不许观看学校放映的电影、取消一周使用电脑的时间。如果使用得当，两种惩罚形式都可以消除，或者至少是减少不希望学生发生的行为。

强化同样可能是一个复杂的体系。例如，代币系统就是这样一个复杂的强化系统，学生可以通过积极的课堂行为和优秀的学业表现获得代币。代币可以定期兑换以获得想要的活动或奖励。

三、不良行为原因

课堂不良行为常常是由许多不太明显的因素引起的。因此，如果你想要成功地处理不良行为，就必须尽量确认引起这些行为的深层次原因。你必须找出学生做出不良行为的根源。对学生的课堂行为进行仔细的检查，不管这些行为是你希望发生的还是不希望发生的，你就可以发现这些行为受到来自课堂内和课堂外的驱动和压力。

（一）家庭环境

学生与父母和兄弟姐妹之间的关系经常会影响课堂行为。父母亲通常都以自己作为榜样向孩子传递自己的个人观点和感情。如果这些父母的影响是消极的，学生可能就会发展出相似的消极思想和感受。

通过每天的相互接触，父母替自己的孩子建立了大体上可接受的行为标准，这种标准会直接影响孩子在课堂上的行为表现。所以，如果父母对孩子非常容忍，没有教育孩子要尊敬他人，在家里面允许孩子顶嘴、漫骂和打架，这些行为就会延续到课堂上。相反，来自父母严格管教的家庭的学生可能就会倾向于服从，不会挑战权威，或者他们会怨恨具有权威的人，甚至包括教师。因此，只有先了解了学生在家庭中建立起来的行为标准，你才能有效地处理课堂上的不良行为。

如果学生的家庭有持续的摩擦存在，缺少父母支持的学生就可能引发纪律问题。长时间的卷入家庭中的情感冲突，长期感受到排斥都会引起课堂问题。你应该对学生突然的行为改变保持敏感，因为这可能是由学生的家庭问题引起的。

缺乏家庭监督是我们社会的常见问题。许多学生来自单亲家庭或者父母都忙于各自的工作而没有时间关心自己孩子的家庭。因此，教师会遇到做作业做到很晚的学生、在外面待到夜里的学生或是看电视看到深夜的学生。这些学生常常在课堂上睡觉或是不能集中注意力。有的学生天天吃垃圾食品或者不吃早饭就来上学。这些学生常常没有精力完成教师布置的作业，甚至不能集中注意力。你必须和这些学生（或者他们的父母）谈一谈休息与合理饮食的重要性。

父母对待孩子上学的态度也会影响学生的课堂行为。例如，认为教育没有什么价值的父母常常也会把这种想法慢慢灌输给他们的孩子。更有甚者，那些经常在言语中表达出对教育者的负面感觉的父母（例如说课堂上的教师就像个监工一样）常常把这种感觉传递给他们的孩子，结果是这些孩子就不会对教师有任何尊敬之情。

相反地，有一些父母非常重视教育，他们对孩子有着非理性的期望——父母对孩子没有什么额外的要求，只是希望他们能在每一门功课中都拿到优秀。当父母对孩子有不现实的要求时，同样也会产生问题。例如，父母想要他们的孩子成为医生，因此坚持让孩子选修高等科学的课程。如果孩子缺乏相应的兴趣或是足够的能力就会产生问题。高预期和不现实的要求都会使动机减弱，降低自尊，引发行为问题。

（二）教师

那些没有做好良好计划的教师就会在课堂控制上有一些麻烦。如果教师在上课铃打响之后还不开始授课，如果他们在课堂上偏离主题开始说其他的无关事情，如果他们不能肯定接下来要讲些什么，都会使学生感到课堂没有秩序。如果经常发生这种情况，这些代表无序的信息就会使学生不尊敬教师以及对这门学科产生厌恶。

教师必须根据学生的能力水平进行授课。如果课程太简单就会使那些聪明的学生感到厌烦；如果课程太难就会打击那些能力偏低的学生。然而，如果教师根据学生的平均水平设置课程难度——这也是大多数教师的做法——就既没有给聪明的学生值得挑战的目标，也没有给能力偏低的学生可能成功的机会。这样做的结果就是两种学生都会变得淘气、注意力不集中或是扰乱课堂。简单地说，你必须设置出既能给聪明的学生挑战，又能给能力偏低的学生合乎情理的成功机会的课程。

教师必须把学生当作有自己的权利、价值观和感觉的个体来对待。教师不管在其他学生面前还是和学生单独相处时，都要避免奚落学生。嘲弄和讽刺会让学生采取一种防御的态度来保全他们在同伴中的面子，这种防御态度也会引发问题。同时，教师也应该避免要求学生保持过分安静的状态。少许交谈、用脚互相打闹一下、把纸推来推去都是不可避免的行为。你要记住，青春期的学生需要为他们的精力找一些发泄的出口。事实上，青春期的学生常常不能如教师所强调的那样，在较长时间的课堂中保持完全的安静、不乱动和高度集中的注意力。简单地说，教师不需要对课堂里的噪声过度敏感，你需要根据常识做出判断。你可以制定自己的规则，但是，不能让学生在你的课堂上为所欲为。

（三）人格和健康问题

一些学生的课堂问题可能是由于不成熟或者是健康问题引起的。不成熟是存在于中学学生中的一个问题。

青春期的学生常常会对自己的外表感到不自信，缺乏同伴认同和父母的尊重。这种感觉可能是因为缺乏自尊和自我控制，而其结果就是不断地讲话、不考虑其他人、做出不成熟的举动并且缺乏责任感。这些行为看似微不足道，但是确实需要立即做出处理以避免问题扩大。

一些严重问题，如考试作弊、与教师顶嘴，常常可以从家庭环境甚至更深、更潜在的地方找到原因，这就需要专家的帮助。教师需要留意的是，一些学生会采取极端行为来获得父母、教师和同学的关注。

还有一些学生是因为健康问题才表现出行为问题。过敏、近视、呼吸不畅、听力困难都会影响课堂行为。当我们呼吸不畅、听不清或看不清时，也很难保持注意力集中。事实上，所有的疾病都可能引发问题，它们会使学生没有精力来完成需要的课堂活动或课后练习。关注学生的健康是非常重要的，你需要及时将这些学生交给校医、校长或他们的父母，让他们及时处理孩子的健康问题。

一旦教师形成了自己的课堂管理原则，了解了不良行为发生的原因，就应该使用适当的管理风格，防止问题继续发展，并处理已经发生的不良行为。这就需要你在管理课堂的同时对其进行组织以防止问题的发生。

四、为有效管理进行组织

有效的课堂管理需要适当的组织。事实上，可以通过组织课堂达到有效管理，而组织课堂的过程也可以体现我们所讲内容的效果。激发动机和教学计划多样化是防止管理问题时需要考虑的主要因素。但是，让我们先来看一看预防问题产生的其他几个关键方面。

（一）计划

很明显，维持课堂秩序需要事前计划。计划必须以出现最少的课堂问题和保证最大的教学时间为目标来制定。换句话说，如果教师希望教学有效，就必须做出准备：教师应该完全了解自己要教什么和如何教，事先准备好给学生的材料。事实上，教师应该估计在指定的一段时间内你最多可以取得怎样的效果。如果教师在课堂实践的 15 ～ 20 分钟内什么也没有做到，这将是一件令人受挫和尴尬的事情，就更不用说可能会在这堂课中产生的问题了。因此，教师需要对课堂做出充分的计划，包括可能让人感兴趣的活动、刺激和其他课堂上会用到的东西，保持课程以轻快、适当的步调进行。最后，最好还应该准备一些备用活动计划以防不时之需。

在制定计划的时候需要考虑校历安排，因为某几天或某几个星期可能需要特殊的措施来防止潜在的行为问题。例如，主要假期的前一天、赛前动员会的日子、举行足球比赛或篮球比赛的日子、圣诞节或春假前一周都需要教师给予特别的注意和准备。在这样的日子里，学生对某些活动的动机和兴趣大大地超过其他外部事件。

（二）建立常规

许多学校和课堂活动都是常规活动，如记录和报告出席情况、值日生站岗不让学生随意离开教室和教学楼、分发和收集试卷。这些常规活动有的是由学校制定的，适用于所有教师，有的是由个别教师单独制定的。

什么是标准的学校运行程序或常规？为了找到答案，教师应当查阅学校手册，向年级组长、其他教师和校长咨询。在大多数学校，常规或者是程序包括：①记录出勤率；②处理迟到学生；③在教室或教学楼门口站岗；④课后留下学生；⑤记录和报告成绩；⑥使用学校日志；⑦帮助身体不舒服的学生；⑧发放大家没有注意到的通告；⑨组织家长会。这些学校的常规程序是所有教师都需要坚持执行的，因为如果每一个教师都制定他自己的常规程序，结果就会比引起学生的不确定感和纪律问题还糟糕。所以，教师应当把已经制定的学校常规程序放在优先的位置。

但是，教师也必须为课堂建立常规程序。可以为以下的活动制定常规程序，如走进教室、开始上课、检查出勤、发放材料，以及收作业和检查作业。例如，当学生们进入教室后，教师应当准备一个简短的小活动（比如提一个一般性的问题，或是针对将要学习的内容提问）让学生们完成，对待这种小活动要像对待学校的常规程序一样。

出勤情况是课堂问题的一个方面，因为许多教师可能会花10分钟的时间来点名。学生们常常就在这段时间内开始说话和做出不良行为。教师应该为每一个班级制定一个座位表来代替点名。这个座位表最好是袖珍型的，因为在整个学年中教师和学生都会要求对座位做出调整。在第一堂班会上，应该给学生挑选座位的权利（不要像给小学生安排座位那样安排）。一旦学生做出选择，就让学生自己或是由教师来把名字写在小纸片上，然后教师可以把小纸片放到合适的位置上。最后教师可能不得不做出一些调整，但是在开始的时候需要给学生一个选择的机会。

收集和分发试卷应当尽量做到流水化作业。在这个任务上花费的不必要的时间往往导致学生的不良行为。收集和发放课堂上使用的资料可以通过沿着座位的竖排自前而后地传递。在其他的座位安排方式中，还可以在每一个组中指定一个学生负责收集和分发资料。

（三）管理空间

教师的课堂应当是有利于其和学生完成学习任务的环境，在这个环境中，不良行为是不受欢迎的。例如，削铅笔用的铅笔刀就应该放在大家都容易拿到的地方，否则去拿铅笔刀的同学常常就会干扰到别人。另外，将废纸篓放在教室的前面也是不明智的做法，因为这个废纸篓会引发学生练习投篮动作的欲望。

大多数的教室设置了可移动的椅子。因此，不要按照习惯将学生的座位安排成一列列的。教师应该尝试不同的座位安排方法。实际上，教师可以根据学生将要完成的任务的特点安排座位。教师可以尝试不同的座位安排方法，直到找到最适合学生的安排方法。

建设性地使角墙上的空白能够促进学习，并激发起班级中更积极的学习氛围。例如，可以在墙上贴上励志型的言语、激起学生某方面兴趣的资料或者是课堂的规则。教师甚至可以尝试在开学之前就挂起一块公告板，然后准备定期更换它。教师可以将这块公告板设计得非常吸引人、充满趣味并且多姿多彩，它可以帮助教师提高学生对自己的教室和课程的积极性。而且，教师还可以将公告板设计成一块告示牌，在上面可以公布打铃时间表、每周的午餐食谱、班级上发生的令人感兴趣的新闻、课堂规则和一些行为后果。

（四）制定适用的限制

限制规定了在课堂上期望哪些行为和禁止哪些行为。学生需要而且想要了解有关限制（规则）；也就是说，他们想要知道教师期望他们做什么以及这么做的原因。那些没有设置限制、没有将必需的规则加诸学生的教师常常发现课堂会产生混乱。但是不要为了有规则而设置规则。事实上，教师还应该注意不要制定太多无法执行的规则和不必要的规则；只需要设置关键的规则就可以了。

建立规则时要注意清晰度和持续性。教师的规则应该总是在强化学生"上学是为了学习"这一基本思想。当不再需要规则时，就应该废除它或是改变规则。但是只要规则一天没有废除，师生就必须恪守规则。教师应该不断向学生解释并和他们讨论为什么某些规则是必要的。教师甚至可以在学年开始的时候和学生一起讨论、协商、制定某些规则。

最好有 5～6 条适用于大多数细节的一般规则，这样做比在每一个细节都列出规则要好。但是，如果某一特殊活动代表了某一方面的问题（如嚼口香糖或使用参考书），就应该有一条针对这一方面问题的规则。

再次强调。教师应该不断地和学生讨论规则并教给他们规则。事实上，有的教师会在学年开始的时候就举行一次课堂规则的考试。在学年开始的时候，就应该针对那些被包含到或是没有被包含到一般规则中的特殊行为做出解释和讨论。教师可以让学生把规则记录下来以备将来参考，甚至可以把课堂规则的复印件分发给家长。

一旦教师建立起自己的规则，就需要确定破坏规则的后果。当规则被打破时才考虑如何处理，事情就会变得很困难。通常来讲，教师的恰当反应就是让学生"正确地做事"。例如，将脏乱打扫干净，完成未完的试卷或是再做一遍，将弄坏的物品换掉。对于其他违反规则的行为，教师可能需要根据结果的严重程度对其进行分级，例如：

第一次违反：将名字写在黑板上；

第二次违反：和教师谈话；

第三次违反：午餐的时候留在办公室；

第四次违反：和校长谈话；

第五次违反：请家长。

当教师建立起课堂规则，并制定好违反规则的后果时，其就已经迈出了让学生了解在课堂上什么可以被接受，什么不可以被接受的第一步。

五、管理一节课

有效的课堂管理是每个教师每天都会碰到的挑战。管理一堂课基本上先是包括一个好的开始，接着就要推动课堂平稳地向既定目标前进。

（一）分享控制

控制学生是大多数教师最关心的事情之一。他们害怕课堂混乱，他们害怕学生的公开挑战。新教师甚至会为完成一节课而感到十分焦虑。

一些专家认为通过分享控制可以避免大多数对课堂的担忧。也就是说，教师在决策之前，应该给学生一定的发言权。学生可以有机会在制定课堂规则和课程设置的时候做出自己的贡献。这种分享后的决策让学生对整个教育过程心中有底，同时产生一种主人翁精神。你不需要"盲目听从"学生的意见，而是和学生"一起就学习空间进行协商"。

分享控制并不意味着学生可以做任何他们想做的事。仍然存在限制，只是学生参与了限制制定的过程。在这个过程中，学生讨论了适当的和不适当的课堂行为，以及处理课堂问题的方法。这个过程让学生感觉到他们是课堂环境的主人。它将更多的控制学生行为的责任放在了学生自己身上，但是教师仍然需要设置和监督那些学生可能一般不会违反的规定。

（二）启动教学

开学的最初几周就会决定这一个学年的基本内容。在这关键的几周内，教师能否建立起管理者的信用就很重要。事实上，最初的这几周也能决定今后学生是否会尊敬教师。

在这关键的最初几周中，有效的课堂管理者会做什么呢？有经验的教师指出成功管理的秘密就是组织。开学最初几周的焦点应该是教学生学习规则、组织系统、课堂程序和教师期望。在最初的阶段对学生的适当行为做出反馈也很关键。换句话说，教师应该创造一个积极的课堂环境，建立起课堂规则和行为后果。计划是管理的关键：确定你的授课内容能令学生感兴趣，对学生是有意义的。不仅如此，向学生清晰地说明作业的标准和创建自由交流的氛围也很重要。应该尽可能地使学生进入学习进程。最后，密切监控学生的行为，迅速果断地处理不良行为。

（三）逐渐了解学生

教师应该尽可能地了解自己的学生。当然，一般来说，一个班级会有25～30个学生，在教师所开的课程中就会有150多个学生。只是记住这些学生的名字会相当困难。然而，尽快记住学生的名字表示你对学生有一定的兴趣。座位表能够帮助教师记住学生的名字。

（四）执行规则

如果不能严格执行已经制定好的规则就会使规则变得没有价值。事实上，学生很想知道自己当前的处境，所以他们会过一段时间就试一试你对规则的执行程度。如果这种情况发生了，教师应该迅速和坚定地实施在规则中制定的相关行为后果。如果一个学生对教师做出试探（总有学生会这样做），教师不能忽视这种破坏规则的行为，因为这种行为会影响其他学生，他们也会想要对你做出试探。相反地，如果学生试探教师时，教师做出坚决的反应，这种影响也会扩散到其他学生身上，于是他们在今后就不太可能对教师进行再次试探。

对于那些在班级中有较高地位的学生，连锁效应就很有效。如果教师对这部分学生坚定地实施规则，其他学生出现的问题也就会更少。

教师在执行规则时要保持一致和公平。平等对待所有的学生，但是要保持仁慈。有时候教师需要考虑到不良行为产生的原因，对惩罚做出例外处理。但是，教师要让全班都了解为什么会例外处理。

（五）监控课堂

教师应该随时了解课堂上正在发生的任何情况。因此，教室安排就是一种重要的监控课堂的方法：教师必须能在讲台的位置或者是教室的任何其他地方监控整个教室。如果教师发现有一个问题可能要发生了，就可以做短暂的停顿，在这段停顿里注视该学生或是和他进行目光接触，这些做法通常都能抑制一些不良行为的发生。

教室管理的以下两个方面对于做到有效监控非常关键：在任何时候都能观察到学生所作所为的能力以及在教室里的走动方式。教师的观察学生的能力和迅速接近将会发生问题的地方的能力常常能够抑制不良行为的产生。所以，教师需要仔细考虑如何安排教室。去除那些可能会影响你观察教室某一个区域的障碍。

在教学的同时监控课堂不是件容易的事。教师必须好好做准备，熟悉自己授课的内容，时刻保持与课堂内所有区域的接触。如果教师的教学目标不够清晰，或者是在课堂中有死角存在，学生们就会意识到这一点，变得注意力不够集中。

（六）解决冲突

现代社会崇尚暴力。它把那些通过暴力取得胜利的人称为英雄。这种做法使得学生倾向于采取暴力。他们逐渐学会伤害他人、搞破坏，甚至杀人之后没有自责的表现。没有任何一所学校没有暴力问题。

无论如何，暴力都是需要制止的。年轻人必须意识到在解决冲突时他们有许多选择而不仅仅是采取攻击行为。他们需要学习冲突解决技巧。冲突解决鼓励年轻人公开地讨论他们的冲突。年轻人需要根据他们所理解和欣赏的文化，来学习面对冲突时做出其他选择的技能，无论这些文化是他们自己的还是其他人的。因此，教师必须创造一个鼓励使用冲突解决技能的氛围。

教师也需要学习和使用新的阻止和解决冲突的技能。教师要和学生分享他们的权力，这样学生就能够自行解决发生在学生内部的争吵。要做到这一点，培训出专门调解冲突的学生组织就是必不可少的。同伴调解教给年轻人如何进行着眼于问题解决的谈判，如何调解同学的冲突。

（七）使用惩罚

无论教师做出多好的计划来预防问题的发生，学生或早或晚总会表现出一些问题行为让教师不得不使用惩罚。一些学生的不良行为非常严重，就需要采取一些不太好的刺激物来减少问题的发生。然而，教师必须了解对某人来说是惩罚的刺激物对另一个人来说可能并不具有惩罚的作用，甚至有可能被另一个人认为是奖励。教师在使用不太好的刺激物惩罚不良行为时，要先确定学生事先已经认可对他们采取这样的措施。他们应该已经了解了如果他们选择做出不良行为，也就意味着选择了这种不良后果。

最普遍的用来制止破坏课堂行为的方法可能就是言语斥责。但是通常这些斥责都变成了唠叨。作为一种规律，中学生处于这样一个年龄阶段：当他们感到自己没有被当作一个成人对待时，他们会倾向于做出负面反应。使用不良刺激，如批评，可能会激起学生的敌意。学生可能会突然爆发，无意识地说出一些话。因此，批评、嘲讽或者是使学生尴尬常常会引起学生和教师之间的强烈对抗，这种情况并不利于解决长期的行为问题。

一种避免伤害到学生的方法就是在私下批评学生而不是公开批评。这样做，学生可以保全面子，就没有必要和教师对抗。而且私下批评有利于进一步建立教师和问题学生之间的私人关系。如果私下谈话不能解决问题，就采取一些更严厉的措施。当严重的不良行为发生时可以采取的方法根据严重顺序排列有：剥夺某种权利、隔离、在校察看和校外察看。

剥夺权利是一种常用的有效惩罚方法。可以剥夺的权利包括自由活动时间、使用电脑的时间、不用做周末作业的权利。其他的选择还包括当其他人参加集体活动时，让学生留在教室里。遗憾的是，这种形式的惩罚存在的问题就是对于大多数课堂来说学生并没有什么权利，因此，剥夺权利常常也就不会起到什么作用。

处罚学生放学后留在学校是最常使用的惩罚形式之一，一般来说，它有两种形式：一种形式要求所有需要留置的学生在某个特定时间到留置地点报到；另一种形式要求学生提前到校或是推迟离校。但是，由于交通或是工作方面的原因，教师只能在一天之中的课余时间里把他们留在教室（例如，一部分午餐时间）。当把留置作为一种惩罚的选择时，应该要求学生完成一些正规的学习任务。而且，在处罚期间，教师应该避免和学生进行交谈。和教师交谈很可能是一件令人愉快的事情，因此，为了再次获得这种愉快体验，不良行为就很可能会再犯。

有时候，不良行为可能持续了很长时间，而且非常严重，因此教师必须寻求外界的帮助。一般来说，这种帮助可以来自两个方面：学校管理层（例如，副校长或校长）和学生家长。当一名学生被叫到校长办公室时，教师应该先给办公室打个电话或带个口信，告诉他们有一名学生将被送去以及送去的原因。对于学生的行为问题，给家长打电话也会产生比较积极的效果。绝大部分家长非常关心孩子的行为和在学校的情况，愿意与教师合作，共同矫正孩子的任何不良行为。但也有例外，有的家长会认为矫正孩子在学校的不良行为是教师的责任。

在校察看变得越来越普及。这项技术是把有不良行为的学生带离班级，留在一个专门的地方完成他们的学校作业。他们通常被安排在一个空房间里，只有一张桌子和一把椅子。他们早上到这儿来，晚上放学的时候才能离开。有人负责送饭，并且教师会把当天的课堂任务和作业告诉该生。如果在校察看对矫正不良行为仍然不起作用，紧接着通常就会进行校外察看。但校外察看只应该应用于极个别案例，在迫不得已的时候当作最后一个办法谨慎使用。

因为不良行为而给学生布置额外的任务或者是在成绩上扣分的做法都应该避免。把成绩和学科任务与惩罚联系起来只会让学生更讨厌这门科目的学习。但是，要求学生把没做好或是没做对的作业重做一遍常常是不错的方法。实际上，对没做好或是没做对的作业置之不理只能是鼓励学生下次继续这样应付了事。

由于一两个学生的不良行为惩罚整个班级常常会产生负面作用。实际上，这种方法可能的确会减少不良行为的发生，但其他学生可能会感到教师的做法并不公平，并因此而形成一种对教师的负面态度。但另一方面，如果教师受到学生尊重并被认为是公平对待学生，使用同伴压力就会成为矫正不良行为的有效手段。

值得一提的是，我们不赞同把体罚作为一种惩罚的手段。首先，在绝大多数地区，体罚学生是违法的。其次，中学生年龄较大，不适合体罚。另外，体罚很难解决长期问题。总而言之，体罚已经被证明是无效的，对于年龄较大的中学生，其他惩罚技术常常会更有效。体罚很可能使你因为残忍对待学生而受到法律的制裁。

如果要使用惩罚，那就应该在出现不良行为之后立即执行，而且要保证公平，也就是说，犯了什么样的错误，就给予相应的惩罚。对不断说话的学生和不断伤害其他同学的学生的惩罚绝对不应该相同。当然，教师应该处理所有的不良行为。因此，教师必须控制好自己的情绪，以一贯的方式公平、专业地处理问题。换句话说，当教师确实要使用惩罚时，就应该用得及时、准确，使人印象深刻。

使用得当，惩罚就会成为对不良行为的一种有效威慑。但惩罚只应该在万不得已的时候使用。如果不良行为并不严重，应该先进行警告。警告无效的时候，再考虑惩罚。

六、对中学教学实践的建议

中学生很难管理，因为他们处在一个开始检验权威的阶段。他们表现自己，希望得到同伴的认可与赞许。因此，这些青少年常常不自觉地挑战你制定的规则。所以你应该做好准备对每一条规则进行合理解释。

总的说来，青少年还是会按照外界对他们的期望行事。他们了解其合理的原因以后，就会遵守规则。同样，当你纠正中学生的不良行为时，你应该明确地告诉他们之所以要纠正的原因。与青少年相处没有什么特别的规则，但你应该表现出对学生的尊重以及倾听的意愿，你应该认识到中学生能够对自己的行为负责。

参考文献

[1] 朱天利．新课改背景下教师教育课程改革的理论与应用 [M]．广州：广东高等教育出版社，2010.

[2] 顾明远．热点问题冷思考：透视中国基础教育（下册）[M]．北京：教育科学出版社，2010.

[3] 安文铸．在基础教育的真实世界里耕耘 [M]．北京：社会科学文献出版社，2010.

[4] 姚李超．让管理赋有境界 [M]．上海：上海教育出版社，2010.

[5] 杨杰．成长在这里加速——上海市普陀区教师专业发展成果集 [M]．上海：上海教育出版社，2010.

[6] 周荣．信息化时代应用文写作理论和教学的改革与创新 [M]．成都：西南交通大学出版社，2011.

[7] 陕西省教育学会．基础教育科研论文和成果文集 [M]．西安：西北大学出版社，2011.

[8] 褚子育．长三角教育建筑纵横（三）[M]．杭州：浙江大学出版社，2011.

[9] 刘绍华，刘正荣．整体课堂管理：理论与实务 [M]．北京：知识产权出版社，2011.

[10] 上海—加州"影子校长"项目组．碰撞与融合 [M]．上海：生活·读书·新知三联书店，2011.

[11] 陆真．中国基础教育学科年鉴（化学卷）[M]．北京：北京师范大学出版社，2011.

[12] 钱再见．中国基础教育学科年鉴（政治卷）[M]．北京：北京师范大学出版社，2011.

[13] 张鸥，陈俊深，赵复查．以情启智——潮安县宝山中学促进教师专

业成长的实践 [M]．广州：暨南大学出版社，2012.

[14] 汪名杰．基础教育的实践与沉思 [M]．合肥：合肥工业大学出版社，2012.

[15] 云南教育信息中心．云南现代教育——教育信息化论文集 [M]．昆明：云南人民出版社，2012.

[16] 赵雅洁．校本培训是创新立美之本 [M]．哈尔滨：黑龙江教育出版社，2012.

[17] 赵国忠，李添龙．构建学校规范化管理的方法 [M]．合肥：安徽人民出版社，2012.

[18] 景民,张兆勤.农村学校管理改革实践论[M].兰州:甘肃文化出版社，2012.

[19] 刘佳一，孟泰．中国名校成功之路 [M]．北京：团结出版社，2012.

[20] 谭吉华．新课改新教法 [M]．北京：光明日报出版社，2012.

[21] 马存锁．追寻德育之美——内蒙古中小学幼儿园优秀德育论文选 [M]．北京：新华出版社，2012.